国家社会科学基金项目资助（13CZX079）

中国参与国际气候合作的价值立场研究

史军　　著

中国社会科学出版社

图书在版编目（CIP）数据

中国参与国际气候合作的价值立场研究 / 史军著. —北京：中国社会科学出版社，2018.10
ISBN 978-7-5203-3366-5

Ⅰ.①中…　Ⅱ.①史…　Ⅲ.①气候变化—国际合作—研究—中国　Ⅳ.①D996.9

中国版本图书馆 CIP 数据核字（2018）第 240283 号

出 版 人	赵剑英
责任编辑	谢欣露
责任校对	李　剑
责任印制	王　超
出　　版	中国社会科学出版社
社　　址	北京鼓楼西大街甲 158 号
邮　　编	100720
网　　址	http://www.csspw.cn
发 行 部	010-84083685
门 市 部	010-84029450
经　　销	新华书店及其他书店
印　　刷	北京明恒达印务有限公司
装　　订	廊坊市广阳区广增装订厂
版　　次	2018 年 10 月第 1 版
印　　次	2018 年 10 月第 1 次印刷
开　　本	710×1000　1/16
印　　张	17.75
插　　页	2
字　　数	302 千字
定　　价	75.00 元

凡购买中国社会科学出版社图书，如有质量问题请与本社营销中心联系调换
电话：010-84083683
版权所有　侵权必究

目 录

第一章 气候变化：从科学到伦理 …… 1

第一节 气候变化及其影响 …… 2
一 温室效应与全球变暖 …… 3
二 气候变化的影响 …… 6

第二节 国际气候合作历程与中国的立场 …… 8
一 国际气候合作历程 …… 9
二 中国参与国际气候合作的立场变迁 …… 17

第三节 气候变化：从经济、政治到伦理 …… 20
一 气候经济研究 …… 21
二 气候政治研究 …… 27
三 气候伦理研究 …… 31

本章小结 …… 34

第二章 气候变化的伦理价值维度 …… 36

第一节 气候变化的哲学批判 …… 36
一 二元论的认识论与气候变化 …… 36
二 机械论的世界观与气候变化 …… 40
三 人类中心主义价值观与气候变化 …… 44

第二节 气候变化与资本主义批判 …… 46
一 气候危机与经济增长 …… 47
二 气候危机与自由市场 …… 55
三 气候危机与消费主义 …… 60

第三节　气候变化的伦理重构 …………………………… 65
　　一　个人伦理：心和 …………………………………… 66
　　二　人际伦理：人和 …………………………………… 71
　　三　环境伦理：天和 …………………………………… 77
本章小结 …………………………………………………… 83

第三章　中国对气候变化问题的基本价值判断 ………… 86

第一节　气候变化是发展问题 …………………………… 86
　　一　发展与气候变化 …………………………………… 88
　　二　为什么要发展 ……………………………………… 93
　　三　以发展应对气候变化 ……………………………… 97
第二节　气候变化是环境问题 …………………………… 106
　　一　气候变化的环境影响 ……………………………… 107
　　二　环境目标还是社会目标 …………………………… 109
　　三　气候变化与生态社会主义 ………………………… 111
第三节　气候变化是全球治理问题 ……………………… 114
　　一　气候安全与全球治理 ……………………………… 115
　　二　全球化与全球气候治理 …………………………… 120
　　三　中国参与全球气候治理 …………………………… 124
本章小结 …………………………………………………… 129

第四章　国际气候合作的价值立场分歧 ………………… 131

第一节　个人主义与国家主义 …………………………… 131
　　一　发达国家立场：个人主义 ………………………… 131
　　二　发展中国家立场：国家主义 ……………………… 143
第二节　代际正义与代内正义 …………………………… 155
　　一　发达国家立场：代际正义优先 …………………… 155
　　二　发展中国家立场：代内正义优先 ………………… 158
第三节　形式平等与实质平等 …………………………… 161
　　一　发达国家立场：形式平等 ………………………… 162

二　发展中国家立场：实质平等 ·············· 165
　第四节　善优先与权利优先 ·············· 170
　　一　发达国家立场：善优先于权利 ·············· 171
　　二　发展中国家立场：权利优先于善 ·············· 174
　本章小结 ·············· 177

第五章　国际气候合作的伦理原则 ·············· 178
　第一节　底线伦理原则：非伤害原则 ·············· 179
　　一　作为底线伦理原则的非伤害原则 ·············· 180
　　二　非伤害原则之气候伦理意蕴 ·············· 183
　第二节　中线伦理原则：共同但有区别的责任原则 ·············· 186
　　一　平等主义责任分担是否正义 ·············· 186
　　二　共同但有区别的责任原则与代内正义 ·············· 192
　第三节　高线伦理原则：风险预防原则 ·············· 194
　　一　气候变化的不确定性与风险预防原则 ·············· 195
　　二　风险预防原则与代际气候正义 ·············· 206
　第四节　上线伦理原则：能力原则 ·············· 208
　　一　能力原则的伦理意蕴 ·············· 209
　　二　能力原则与全球正义 ·············· 213
　本章小结 ·············· 215

第六章　中国气候责任报告及其回应 ·············· 217
　第一节　中国气候政策制定中的伦理与正义考量 ·············· 217
　第二节　对报告的回应 ·············· 229
　第三节　应对气候变化的挑战与机遇 ·············· 244

参考文献 ·············· 256

后　记 ·············· 278

第一章　气候变化：从科学到伦理

迄今为止的人类文明史似乎都是人类这一物种自身的历史，地球系统和其他物种都被排除在这一历史之外。在人类的所谓文明史中，人类通过人与人之间的冲突与交往建构了各种旨在维系不同人际（与国际）关系的社会结构，以使人类自身的利益最大化。但实际上，人类的文明史也是人与自然关系的历史，正如孟德斯鸠的地理环境决定论所发现的那样，人类来源于自然并依赖于自然。人类文明与地球的气候系统之间就存在这样一种关联：人类是气候变化的产物，是"冰期的孩子"[①]，人的性格与人际关系的建构与维系都受到气候与环境潜移默化的影响，人类无法完全挣脱气候条件的束缚；同时，人类的活动也在不断发挥着"蝴蝶效应"，不断影响着气候与环境变化，打破自然平衡或创造新的平衡，终结了"自然的"气候时代，开启了全新的人类塑造地球气候的时代。然而，人类的肆意妄为最终使地球生病了。人类活动打乱了自然的生理节奏，使地球患上了以全球变暖为症状的"气候病"。人类活动引发的气候变化已经成为我们这个时代所面临的最大挑战之一，它不仅会危及当代人的福利，也会危及无数未来世代的生命，没有哪个国家、地区与民族能够逃避气候变化的影响。面对这一关系人类社会生死存亡的共同挑战，国际社会必须放弃持续了数千年的狭隘利益争夺，以全新的"人类命运共同体"的伦理精神携手应对气候变化的挑战。

[①] Rolf Meissner, *The Little Book of Planet Earth*, New York: Springer, 2002, p. 81.

第一节 气候变化及其影响

虽然从"事实判断"推导不出"价值判断",但伦理价值判断不能脱离事实,对气候问题的伦理判断也要以气候科学为基础。气候系统本身并非人们想象的那样一直是适宜人类生存的稳定状态。气候变化本身是一个自然现象,这种变化包括气候变暖和气候变冷。早在人类出现之前,地球上就经历了无数次的气候突变。数十亿年的地球自然演变史表明,即使没有人类的活动,气候也一直处于变动之中。人类本身就是气候变化的产物,人类和其他许多物种的产生得益于特定的相对稳定气候的出现。人类和其他物种在长期的相对稳定气候中进化,也使得人类及其所依赖的生物圈只有在一定的温度范围内才能够维系,如果气候的变化幅度超过人类和其他物种所能忍受的最大限度就会造成生物大灭绝。人类文明从农业时代进入工业时代以来,对地球自然面貌的改变日益加剧,不仅改变了地球的地表结构,也改变了地球上空的大气结构。随着全球工业化进程的加速以及资本主义生产、交易与消费模式的全球扩张,人类的生产、生活与消费活动不断突破极限,排放的二氧化碳等温室气体制造了严重的温室效应,已经远远超出了地球生态系统的自净化能力以及大气空间的承载力,使全球气温每年不断创造新高,最终造成全球气候变化。人们常常把气候变化当成一个未来问题,认为它只会影响我们的后代而不是我们自己,其实,我们当前所生活的世界已经变得越来越温暖了。全球气候变暖即将超过人类和其他生命所能适应的范围,气候危机及其引发的人类社会风险也一触即发。正如著名的环保主义者比尔·麦克基本(Bill Mckibben)所指出的:我们不必去想象未来的气候变化,因为它已近在眼前。[①]

[①] Bill McKibben, "Don't Imagine the Future – It's Already Here", *Organization*, Vol. 20, No. 5, 2013, p. 745.

一 温室效应与全球变暖

近百年来的全球气候变化主要是由人类活动引发的,人类活动排放的温室气体所引发的温室效应是人为气候变化的主要原因。法国数学家傅立叶（Joseph Fourier）早在1829年就发现,二氧化碳等气体会在地球表面上空的对流层形成循环系统,滞留不消,产生使气温升高的效应,这些气体被称为温室气体。瑞典化学家斯凡特·阿伦尼斯（Svante Arrhenius）在19世纪80年代推算出了温室气体的物理特性。从太阳辐射出来的光线波长较短,若是没有被云遮挡,就可穿透大气层而抵达地球表面。但温室气体像是一片片覆盖在地球上的无形玻璃,抵达地球表面的阳光,经地表反射后波长变长,无法穿透二氧化碳等温室气体,因此不易消散。人类活动使温室气体在大气中的浓度日益增加,使地球变成了一个大"温室":一方面它们让太阳光辐射到地球,另一方面却捕获了太阳辐射所产生的热量。虽然温室气体如此"厉害",但它在整个大气中的含量是微乎其微的,只占0.1%（氧气和氮气共占99%）。当然,温室气体也不是一无是处,如果没有温室气体和温室效应,地球将与月球和火星一样寒冷,温度将比现今下降33℃左右。[①] 温室气体使太阳辐射容易进来,但难以消散,因此,如果没有温室气体,人类生命就不可能存在。可见,温室气体也是生命孕育所必不可少的。但凡事过犹不及,温室气体过多就会使地表吸收的热量无法消散,使气候持续变暖,最终超越生态可承载的极限,从而对人类的生存造成灾难。温室气体与人类生命之间的关系反映了从量变到质变的自然辩证法：只有在一定范围和限度内的温室气体排放才能孕育和维系生命,超越这一限度人类就会灭亡。这警示人类的行为要遵循自然的限度法则,不要越界,只能在一定的限度内排放温室气体。

---

① IPCC（Intergovernmental Panel on Climate Change）, *Climate Change 2007*: *Mitigation of Climate*, Contribution of Working Group 3 to the Third Assessment Report of the Intergovernmental Panel on Climate Change, S. Solomon, D. Qin, M. Manning, Z. Chen, M. Marquis, K. B. Averyt, M. Tignor & H. L. Miller eds., Cambridge and New York: Cambridge University Press, 2007, p. 946.

二氧化碳并不是唯一受人类活动影响而增加的温室气体,尽管到目前为止它是人类排放的最重要的一种温室气体。水蒸气是大气中另一种正在大量增加的温室气体,这是由二氧化碳的增加而引起的一种自然正反馈现象。空气的温度越高,所容纳的水蒸气就会越多,而水蒸气本身也是一种温室气体,所以就使地球变得更加温暖,也就是说,由人为因素导致的二氧化碳增加而引起的地球变暖又被大气中增加的水蒸气明显地加剧了。甲烷和氧化亚氮是另外两种重要的温室气体,它们也受到人类活动的影响。甲烷的释放主要是由细菌引起的,这种细菌消化碳化合物。释放甲烷的三个主要场所分别是:水下稻田、牲畜的胃和垃圾填埋场,其中,甲烷在牲畜的胃里同时以饱嗝和排泄这两种方式释放(二者比例大约是2∶1)。因此,随着人口的不断增长和生活水平的日益提高,地球上的畜牧业迅速发展,这使得大气中的甲烷浓度大幅度增加。煤层和油气田,以及燃烧生物质,也都释放出甲烷。氧化亚氮是人类使用氮基肥料的结果。一组被称为氟化气体的化学气体(即六氟化硫、氢氟烃和全氟化碳)是另外三种人造温室气体。尽管对所有这些温室气体的控制都将会很重要,但眼下对二氧化碳的控制是最重要的。各类温室气体与气候变暖之间的复杂互动关系虽然是一种自然现象,但却反映了自然系统中万物之间的紧密关联性。在丰富的自然奥秘面前,人类仍然是无知的,人类不可能对所有的这类机理都了如指掌,因此,对自然需要保有敬畏之心,对任何任意侵扰自然的行为都要十分谨慎——尤其是在人类掌握了征服自然的一些能力之后,因为能力越大,破坏自然进而自我毁灭的风险也就越大。

由于我们生活在一个全新的地质时代——人类世(anthropocene)①,在这个时代,化石能源的开发利用重新塑造着地球系统,超越了"人类安全运行空间"的边界。② 人类世最引人注目的事实是,

---

① Paul J. Crutzen, "Geology of Mankind: The Anthropocene", *Nature*, Vol. 415, No. 6867, 2002, p. 23.
② Rockström, J., Steffen, W., Noone, K. et al., "A Safe Operating Space for Humanity", *Nature*, Vol. 461, No. 7263, 2009, p. 472.

人类目前正在导致温室气体浓度的大幅增加，我们正在改变着地球自然系统的基本组成部分。我们燃烧矿物燃料的时候，就会将二氧化碳等温室气体排放到大气中，从而加剧温室效应。

IPCC（联合国政府间气候变化专门委员会）成立于1988年，于1990年、1995年、2001年、2007年和2014年发布了五次全球气候变化评估报告。1990年评估报告强调，人类活动所排放的温室气体使地表温度显著增加。1995年评估报告指出，如果人类继续当前的温室气体排放趋势，全球平均气温到2100年将上升1—3.5℃。2001年评估报告警告：全球平均地表温度比20世纪升高了0.6℃；20世纪90年代是整个世纪气温最高的十年，1998年是有温度记录以来气温最高的一年；20世纪可能是过去1000年升温幅度最大的一个世纪，这"可能是由于人类活动导致"（这种可能性在三分之二以上）。2007年评估报告进一步强调，人类活动对过去50年的全球气候变暖负有九成的责任。2014年评估报告揭露，即使国际社会已经就应对气候变化出台了各类减少温室气体排放的政策，但全球温室气体排放量仍再创新高。此次报告更为确定地指出，人为温室气体排放是气候变化的主要原因。

联合国的气候变化评估报告所反映的全球变暖幅度由于太过"科学"而无法让普通公众认识到问题的严重性。对于公众而言，一年比一年炎热的暑期以及冬季越来越稀少的降雪是对全球变暖最直观的感受。[①] NASA戈达德太空研究所说，2016年7月是有记录的136年里最热的7月，公众的反应是"每年你们都这么说"[②]！之所以每一年都可能是最热的一年，是因为人类的温室气体排放量每一年都是最多的一年！人类已经如此强烈地影响了气候，以至于"自然的气候"时期已经一去不复返。从工业化出现开始，人类所制造的各类温室气体

[①] 2017年8月，笔者在西藏那曲地区安多县（海拔4800米）从当地居民那里了解到，20年前，当地在8月就会下雪，如今连附近的雪山上都没有雪了。他们虽地处较为闭塞的边远高寒地区，没有听说过全球气候变化，但对气候变暖也有着十分真切的感受。

[②]《2016是至今以来最热的一年？每年你们都这么说！》，http://news.163.com/16/0822/18/BV3IA1EA000155IV.html，2017年9月18日。

就在很大程度上改变了地球的大气,人类的"入侵"已经打乱了"自然的"节奏,我们目前正迈向一个会继续变暖的"人造气候"时期。

二 气候变化的影响

气候变化是一把"双刃剑":气候孕育并影响着人类文明发展的进程,如果地球气候系统没有演变为适宜人类生存的稳定气候,人类和其他生命就不会在地球上出现;但如果气候变化的幅度超过了人类和其他生命长期以来所能承受的范围,又会对人类社会和自然系统产生灾难性影响。虽然从短期看,气候变化不太可能是灾难性的,但是从长期看却具有潜在的严重破坏力。人类与其他物种的一个重大区别在于,人类虽然活在当下,却会关注未来,不仅关注自己,还关注他人和其他物种。气候变化负面影响的最极端表现是物种的大量灭绝——所谓的"第六次大灭绝"。[1] 人类活动造成的气候变化是所有环境风险中最大的一个,因为大范围的气候会破坏所有生态系统。

全球平均气温的小幅改变就会产生巨大的后果。当气候从工业化前的基准温度线上升到高出工业化前的平均温度1℃时,全球所付出的代价可能不会很大。但如果气温继续升高1℃(即上升到高出工业化前的基准温度线2℃),那么全球所付出的代价将会高得多。就像发烧一样,体温每上升1℃,情况都会变得更加危险。对地球气温的任何轻微改变都可能引起危险的、突然的和未知的变化。气候变化所引发的"幸运和不幸不均匀地分布着"[2],因为全球变暖,全球平均气温升高1℃,并不是指地球上每一个地区的气温都升高1℃,这只是平均值,有些地区可能升高的幅度较大,有些则没有改变,甚至温度下降。这1℃是全球所有地区的平均值,尽管1℃看起来并不显眼,

---

[1] 伊丽莎白·科尔伯特(Elizabeth Kolbert)在其2014出版的纪实小说《第六次大灭绝:一个非自然的历史》(*The Sixth Extinction: An Unnatural History*, New York: Henry Holt)中声称,地球正处于人为的第六次大灭绝过程中。该书获得了2015年度普利策奖(非小说类)。

[2] [德]沃尔夫刚·贝林格:《气候的文明史:从冰川时代到全球变暖》,史军译,社会科学文献出版社2012年版,第250页。

但其实隐藏了各地惊人的差异。

产生这种非线性效应的一个原因是，自然系统和人类系统都会触及一定的温度阈值。一个变暖的世界也是一个"融化"的世界。例如，如果地球变得足够热，格陵兰岛和南极的大冰原将会因融化、冰震而破碎，由此产生的冰水流将会从陆地进入海洋，提升海平面，并且迫使生活在低洼沿海地区的数亿人口背井离乡，马尔代夫等低洼岛国"可能会写下其历史的最后一章"①。当气温上升到超出某一温度时，粮食作物产量可能会骤然下降，因为种子将不再发芽。同样，疟疾等疾病可能会传染到目前尚未出现这些疾病的地区。超过一定温度时，土壤水分将会迅速蒸发，半干旱的土地将会变成沙漠而无法支持农业生产。许多物种的生存范围都受到温度的严格限制，因此，超过一定阈值后，气温继续上升将会把这些物种赶向灭绝。气温还会继续上升，这样就进入了恶性循环。

气候变化会导致气候异常，并以极端气候灾害的形式，给全球社会带来悲惨和苦难。极端气候灾害包括热浪、强降雨、洪水、干旱、冰雹和雷雨、热带气旋、林区大火、特大风暴等。② 气候变化会使这些极端气候灾害发生得更为频繁，强度更大，分布更广。IPCC第五次评估报告更强调气候变化的社会经济影响及其对可持续发展的意蕴。气候变化已经导致小麦和玉米每10年分别减少1.9%和1.2%。全世界200条大河中近三分之一的河流径流量减少。21世纪，气候变化将恶化很多地区尤其是低收入发展中国家的公共健康状况，会通过热浪等直接影响人体健康，或通过干扰自然生态系统（如使蚊虫数量激增加大疾病传播风险）间接影响人体健康。气候变化所造成的极端大风和降雨会加速建筑材料的老化，从而缩短建筑物的寿命，并增加其维护成本；气候变化会通过降水量的变化使农业产量减少。气候变化会放大贫困人口所面临的风险。气候灾害通过影响生计、农作物减

---

① ［美］约翰·麦克尼尔：《阳光下的新事物：20世纪世界环境史》，韩莉、韩晓雯译，商务印书馆2012年版，第113页。
② ［澳］郜若素：《郜若素气候变化报告》，张征译，社会科学文献出版社2009年版，第41页。

产或民宅被毁等直接影响贫困人口的生活,并通过粮食价格上涨和粮食短缺等间接影响他们的生活。21世纪,气候变化将减缓经济增长,进一步削弱粮食安全,加深已有的贫困并引发新的贫困,在贫困比较严重的地区,特别是非洲部分地区的贫困家庭受食品价格上涨带来的影响尤为严重。

由于极端气候灾害频发,各国受到气候变化的不利影响越来越严重。在中国,气候灾害造成的经济损失呈增加趋势。1990—2013年,气候灾害导致的直接经济损失年均值为2308亿元。预计到21世纪末,中国仍将保持升温趋势,粮食、水资源、生态、能源等领域将面临更大的风险。气候变化是"自然终结"的一种表现,而自然的终结是一个极其恐怖的未知陷阱。[①]

第二节 国际气候合作历程与中国的立场

气候变化是一个全球性问题,需要国际社会的共同努力才能应对,但由于国际社会缺乏强有力的合作模式与措施,没有及时做出反应,危险正在升级。我们还抱有希望的理由是,强大的技术可能会使我们以非常低的代价缓解气候变化的冲击,而且这个代价将会远远低于不采取任何行动所付出的代价。但是,如果我们继续无视这些危险,从技术上缓解气候变化冲击将不过是微不足道的安慰罢了。

虽然全球气候危机日益严峻,国际社会也从20世纪90年代初就开始就应对气候变化进行广泛的谈判与合作,但强大的传统政治力量与经济利益的结合不断阻碍或弱化了合作的成果。气候变化体现了南北政治:气候变化是发达国家历史排放的结果,这些历史排放使其达到如今的福利水平,但是发展中国家却未享受到这些排放所带来的收益,并且可能是未来受气候变化冲击最大的国家。如娜奥米·克莱恩

---

① [美]比尔·麦克基本:《自然的终结》,孙晓春、马树林译,吉林人民出版社2000年版,第202页。

(Naomi Klein)所指出的，由于缺乏来自发达国家的援助资金使其摆脱"肮脏能源"（dirty energy），一些发展中国家（如玻利维亚和厄瓜多尔）被迫加大了化石能源的开发利用。① 中国虽然已经成为全球最大的温室气体排放国，但中国的温室气体排放不仅来自供国内使用的化石能源燃烧，也来自发达国家对廉价制造品的需求。② 发达国家不仅输出了它们的制造业，还输出了大量的温室气体排放。③ 可见，要解决气候变化问题，国际就必须重新开启真诚的国际气候合作，放弃各自的利己主义立场，为人类的未来共同努力。

一 国际气候合作历程

温室气体排放已经成为一个全球性"公害"，这一问题需要全球性解决方案，因为"全球问题的有效解决需要全球合作"④。从1988年联合国政府间气候变化专门委员会（IPCC）成立至2016年底，国际社会已经举行了21次《联合国气候变化框架公约》（UNFCCC）缔约方大会，在全球气候变化问题上进行了最广泛、深入的谈判、博弈与合作。如果从1979年世界气象组织举办的第一次世界气候大会开始计算，国际社会已经用了近40年时间讨论一个事关当前更危及未来的环境层面的问题，这在人类历史上是从来没有过的，相比历史上以战争为主旋律的国际关系（1979年还是冷战时期），这本身就是一种进步——虽然我们看到了人与人、国与国之间在利益上的你争我夺，但也看到了各国对自身发展道路与方式上的自我变革，以及人类对自身生活方式与未来世代和其他物种之间紧张关系的自我反省。1997年的《京都议定书》、2007年的哥本哈根大会以及2015年的

---

① Naomi Klein, *This Changes Everything: Capitalism vs. the Climate*, New York: Simon & Schuster, 2014, p. 181.

② Lin Boqiang and Sun Chuanwang, "Evaluating Carbon Dioxide Emissions in International Trade of China", *Energy Policy*, Vol. 38, No. 1, 2010, p. 613.

③ Glen P. Perters, Jan C. Minx and Ottmar Edenhofer, "Growth in Emission Transfers via International Trade from 1990 to 2008", *Proceedings of the National Academy of Sciences USA*, Vol. 108, No. 21, 2011, p. 8903.

④ ［新西兰］吉莉安·布洛克：《全球正义：世界主义的视角》，王珀、丁祎译，重庆出版社2014年版，第82页。

《巴黎协定》都是国际气候合作历程中具有里程碑意义的事件,它标志着国际气候合作从分歧对抗到妥协、共识的艰难曲折进展。

目前,国际气候合作希望达成以下三个层面的目标:①影响目标,即根据气候变化的影响,将气候变化的多种影响浓缩为一个变量,使全球平均温度上升幅度不超过工业化以前水平1.5—2℃。②浓度目标,即将关于气温的任何目标都转化为大气中温室气体的浓度目标,如使大气中的二氧化碳浓度稳定在400—450ppm。③排放目标,即将大气中剩余的安全排放空间量化为一定的温室气体排放量,再按照不同的原则和计算方法分配给不同的国家。对于前两个目标,国际社会已经基本达成共识,各国争议的焦点集中在第三个层面的目标上,因为这一目标涉及分配正义这一尚未达成共识的伦理问题。

国际气候合作历程简况见表1-1。

表1-1　　　　　　　　　　国际气候合作历程

时间	地点	事件	内容与意义
1979年2月12日至23日	瑞士日内瓦	世界气象组织第一届世界气候大会	通过了《世界气候大会宣言》。科学家公开确认了二氧化碳浓度与全球变暖之间的联系;温室效应和气候变化首次引起国际社会的关注——在当时的冷战背景下,有助于推动国际合作,促进世界和平;人类对环境的关注从短期的环境污染转向长期的地球大气成分变化
1985年10月9日至15日	奥地利菲拉赫	气候变化科学会议	向世界发出警告:如果以当时的排放趋势,大气中的二氧化碳浓度到21世纪30年代就会达到工业化前的2倍,使全球变暖1.5—4.5℃,使海平面上升0.2—1.4米。此次会议的重要意义在于开启了一个重要转向:从单纯强调气候科学转向强调国际社会的共同政治行动。不过气候变化问题在当时仍处于国际社会关注的边缘(臭氧层损耗问题更受关注)
1988年11月9日至11日	瑞士日内瓦	IPCC成立	由世界气象组织和联合国环境规划署共同成立。IPCC是一个政府间机构,其工作职责是对全球范围内有关气候变化及其影响问题进行科学评估和技术咨询。虽然IPCC是作为一个科学评估机构出现的,但随着所评估的内容日益涉及经济、政治与社会层面,其评估报告越来越多地成为国际政治与气候谈判的依据

续表

时间	地点	事件	内容与意义
1990 年	—	IPCC 第 1 次评估报告发布	指出近百年的气候变化可能是自然波动或人类活动两者共同作用造成的
1990 年 10 月 29 日至 11 月 7 日	瑞士日内瓦	世界气象组织第二次世界气候大会	由世界气象组织和联合国环境规划署、国际科学聪明委员会等联合举办。会议通过一项《部长宣言》，呼吁国际社会立即行动起来应对气候变化。虽未规定各国减排目标，但提出了一些应对气候变化的原则，包括公平原则和"共同但有区别的责任"原则，这些原则为后续的全球气候合作定下了基调
1992 年 6 月 4 日	巴西里约热内卢	《联合国气候变化框架公约》通过	是第一个全面应对气候变化的国际公约，有"气候宪法"的地位。确定了国际气候合作的目标是稳定气候，防止人为干扰，保障生态系统的可持续运行；进一步确定了包括"共同但有区别的责任"原则和公平原则在内的国际气候合作的基本原则；强调发达国家应带头减排；明确了发达国家对发展中国家的援助义务是义不容辞的；承认经济和社会发展以及消除贫困是发展中国家首要和压倒一切的优先任务
1995 年	—	IPCC 第 2 次评估报告发布	虽然还无法定量体现人类活动对气候变化的影响，但已经有越来越多的事实表明了人类活动的影响
1995 年 3 月 28 日至 4 月 7 日	德国柏林	第 1 次缔约方会议（COP1）	通过了《柏林授权书》等文件，同意就 2000 年后的气候保护行动立即开展谈判。开始强化附件一缔约方义务的新一轮谈判。方向性不强，没有确定个体国家如何解决温室气体排放问题
1996 年 7 月 8 日至 19 日	瑞士日内瓦	第 2 次缔约方会议（COP2）	支持 IPCC 第二次评估报告的相关结论，并要求确定有法律约束力的减排目标。参会代表表示需要制定中期有法律效力的条款

续表

时间	地点	事件	内容与意义
1997年12月1日至10日	日本京都	第3次缔约方会议（COP3）	所达成的《京都议定书》于2005年2月16日生效。截至2016年6月底，共有192个缔约方。我国于1998年5月29日签署并于2002年8月30日核准《京都议定书》，《京都议定书》于2005年2月16日起对中国生效。附件一国家整体在2008年至2012年间应将其年均温室气体排放总量在1990年基础上至少减少5%。欧盟27个成员国、澳大利亚、挪威、瑞士、乌克兰等37个发达国家缔约方和一个国家集团（欧盟）参加了第二承诺期。发达国家可采取"排放贸易""共同履行""清洁发展机制"三种"灵活履约机制"作为完成减排义务的补充手段
1998年11月2日至14日	阿根廷布宜诺斯艾利斯	第4次缔约方会议（COP4）	发展中国家出现分化：坚持目前不承诺减排义务的中国和印度，气候脆弱性大的小岛国联盟，以及期望通过CDM机制获得收入的墨西哥、巴西和最不发达的非洲国家。虽然发展中国家出现了细微分化，但并不影响发展中国家作为一个整体对发达国家历史责任的认定
1999年10月25日至11月5日	德国波恩	第5次缔约方会议（COP5）	通过了《联合国气候变化框架公约》附件一国家温室气体排放清单信息的通报与技术审查指南，并就发达国家对发展中国家的技术援助问题进行了协商
2000年11月13日至24日	荷兰海牙	第6次缔约方会议（COP6）	谈判形成欧盟—美国—发展中大国的三足鼎立之势。美国坚持对其减排指标打折扣，中国和印度目前不承诺减排义务。谈判未取得实质性结果，最后决定在2001年7月增加一次会议，继续谈判
2001年	—	IPCC第3次评估报告发布	指出20世纪全球平均地表温度增加了0.6℃；90年代是最暖的十年而1998年是最暖的年份。用新证据表明人类引发气候变化的可能性在66%以上
2001年10月29日至11月9日	摩洛哥马拉喀什	第7次缔约方会议（COP7）	《马拉喀什协定》强调发达国家对发展中国家的援助义务；为《京都议定书》的早日生效奠定了基础
2002年10月23日至11月1日	印度新德里	第8次缔约方会议（COP8）	通过《德里宣言》，维护了发展中国家立场，强调要在可持续发展框架内应对气候变化

第一章 气候变化：从科学到伦理 | 13

续表

时间	地点	事件	内容与意义
2003年12月1日至12日	意大利米兰	第9次缔约方会议（COP9）	未能形成任何纲领性文件，因为各方过分强调本国利益
2004年12月6日至17日	阿根廷布宜诺斯艾利斯	第10次缔约方会议（COP10）	俄罗斯于会前正式签署《京都议定书》，已达到《京都议定书》生效所需的55%的国家数量，《京都议定书》将于2005年2月生效。会议内容仍集中在技术问题上
2005年11月28日至12月10日	加拿大蒙特利尔	第11次缔约方会议（COP11）	是《京都议定书》生效后的第一次缔约方大会；通过启动《京都议定书》第二承诺期谈判等议题
2006年11月6日至17日	肯尼亚内罗毕	第12次缔约方会议（COP12）	联合国气候变化大会首次在撒哈拉以南非洲国家举行，气候变化与非洲国家的关系成为热门话题。会议对2012年后的"后京都"时期的温室气体减排问题进行了集中讨论，但仅停留在技术性讨论和各方立场交流上
2007年		IPCC第4次评估报告发布	得出了近乎确定性的结论，认为人类活动"很可能"（90%以上的可能性）是气候变暖的主要原因，并指出发展中国家是未来温室气体排放的主要增长源，但也是潜力最大的减排对象
2007年12月3日至15日	印度尼西亚巴厘岛	第13次缔约方会议（COP13）	形成了两条谈判路径：会议路径和协议路径，被共同称为"巴厘气候路线图"，目标是对《京都议定书》第一承诺期的安排达成一致。尽管有关未来安排的确切路线仍然不清晰，但两条路径在同时推进
2008年12月1日至12日	波兰波兹南	第14次缔约方会议	总结了"巴厘气候路线图"的进展；启动了对发展中国家的气候适应基金
2009年12月7日至19日	丹麦哥本哈根	第15次缔约方会议（COP15）	形成了不具法律约束力的《哥本哈根协议》；坚持了"共同但有区别的责任"原则；焦点问题主要集中在"责任分担"；对国际气候合作影响巨大，发达国家与发展中国家的立场分歧突显；以中国为首的"基础四国"开始在国际气候谈判中共同发声

续表

时间	地点	事件	内容与意义
2010年11月29日至12月10日	墨西哥坎昆	第16次缔约方会议（COP16）	发展中国家与发达国家的分歧加剧——发展中国家要求发达国家率先减排，而发达国家坚持中国等发展中国家共同减排；发展中国家陷入两难处境——如何在继续发展的同时减少排放
2011年11月28日至12月9日	南非德班	第17次缔约方会议（COP17）	设立"加强行动德班平台特设工作组"，即"德班平台"，负责在《联合国气候变化框架公约》下制定适用于所有缔约方的议定书、其他法律文书或具有法律约束力的成果。德班会议同时决定，相关谈判需于2015年结束，谈判成果将自2020年起开始实施
2012年11月26日至12月7日	沙特卡塔尔	第18次缔约方会议（COP18）	通过包含部分发达国家第二承诺期量化减限排指标的《〈京都议定书〉多哈修正案》。第二承诺期为8年，于2013年1月1日起实施，至2020年12月31日结束。2014年6月2日，中国常驻联合国副代表王民大使向联合国秘书长交存了中国政府接受《〈京都议定书〉多哈修正案》的文件。该修正案尚未生效
2013年11月11日至22日	波兰华沙	第19次缔约方会议（COP19）	发达国家声称"要求发达国家作新的出资承诺不现实、不可接受"
2013年	—	IPCC第5次评估报告发布	认为气候变化比原来所认识到的更为严重，并将人类活动引发气候变化的可能性从第4次评估报告的90%提高到了95%。报告还强调了气候变化的社会与生态意蕴：气候变化会对社会各阶层和自然世界产生广泛的影响
2014年9月23日	美国纽约	联合国气候峰会	为巴黎气候大会取得成效做出准备
2014年11月12日	中国北京	中美气候变化联合声明	中美两个最大的排放国首次共同向全世界承诺带头减排
2014年12月1日至14日	秘鲁利马	第20次缔约方会议（COP20）	虽然各国所做承诺与预期存在较大差距，但就巴黎大会的协议草案要素达成一致

续表

时间	地点	事件	内容与意义
2015年9月25日	美国华盛顿	中美元首气候变化联合声明	两国元首重申要在应对气候变化方面发挥重要作用，共同推动国内与国际社会的低碳转型
2015年11月30日至12月11日	法国巴黎	第21次缔约方会议（COP21）	*中国国家主席习近平出席大会开幕活动。最终达成《巴黎协定》，对2020年后应对气候变化国际机制做出安排，标志着全球应对气候变化进入新阶段。截至2016年6月底，签署和批准《巴黎协定》《联合国气候变化框架公约》缔约方分别达到178个和18个。中国于2016年4月22日签署《巴黎协定》，并宣布将于2016年9月G20杭州峰会前批准《巴黎协定》 *各国应制定、通报并保持其"国家自主贡献"，通报频率是每五年一次。新的贡献应比上一次贡献有所加强，并反映该国可实现的最大力度 *重申遵循非侵入性、非惩罚性的原则，并为发展中国家提供灵活性。透明度的具体模式、程序和指南将由后续谈判制定 *全球盘点。每五年进行定期盘点，推动各方不断提高行动力度，并于2023年进行首次全球盘点
2016年3月31日	美国华盛顿	中美元首气候变化联合声明	过去三年来，气候变化已经成为中美双边关系的支柱
2016年9月4日至5日	中国杭州	G20杭州峰会	中美两国正式加入《巴黎协定》；G20历史上首次就气候变化问题专门发表声明 这一行动对于《巴黎协定》在全球范围内尽早生效和全面实施，具有突破性的推动作用
2016年11月7日至18日	摩洛哥马拉喀什	第22次缔约方会议（COP22）	通过了《马拉喀什行动宣言》，向国际社会表明了本次大会各国落实《巴黎协定》的坚定决心。宣言对《巴黎协定》快速生效和雄心勃勃的计划表示欢迎，重申了《巴黎协定》"公平、共同但有区别的责任和各自能力原则"。本次联合国气候大会的目的就是为《巴黎协定》制订具体实施计划，因此也被称为"落实行动"的大会

续表

时间	地点	事件	内容与意义
2017年5月14日至15日	中国北京	"一带一路"国际合作高峰论坛	习近平在开幕致辞中强调中国为沿线国家提供应对气候变化援助,倡议建立"一带一路"绿色发展国际联盟;体现了中国在全球气候治理中的引领者角色
2017年6月1日	美国华盛顿	美国总统特朗普宣布退出《巴黎协定》	与小布什退出《京都议定书》的理由一样,特朗普认为,《巴黎协定》使美国利益受损,对美国不公平。无论美国未来采取何种气候政策,全球去碳化的趋势都不会因单一国家的行为停止。退出《巴黎协定》是主动放弃了美国在重要全球挑战领域的领导地位。美国前总统奥巴马也表示,特朗普政府此举是"拒绝了未来"。这对中国独自承担全球气候治理领导者提出了挑战
2017年7月7日至8日	德国汉堡	G20峰会	在气候变化这一议题上,G20变成了"G19+1",各国未能就《巴黎协定》达成一致。美国变得更加孤立

在国际气候合作中,发达国家向来是主角,但仅有发达国家参与的全球气候合作是不可能取得成效的。占据世界人口大约六分之五的发展中国家,尽管其人均排放量仍然很低,但其排放的二氧化碳总量不久将会比发达国家还多。如果不让发展中国家加入国际气候合作,世界不可能获得降低二氧化碳排放量的可靠的解决方案。然而,由于资源有限、发展中国家没有能力仅靠自己的力量为减缓、适应气候变化,以及研究、开发与示范新技术埋单。他们必然需要发达国家的支持,而且这些发达国家仍将是人均温室气体排放量大得多的国家。发达国家应从资金和技术上帮助发展中国家努力减缓和适应气候变化,其理由在于:①发达国家这样做对它们自己最有利。一个把发展中国家排除在外的方案根本不会是解决问题的办法。如果发达国家想要保护自己不受气候变化的不利影响,它们最好帮助发展中国家也这样做。②自工业时代开始以来,发达国家的二氧化碳排放量远远超过了发展中国家。最重要的是,成本问题绝对不能被用来当作推迟行动的借口。我们等待的时间越长,解决问题的最终成本将会越高,问题将会变得越可怕。

二 中国参与国际气候合作的立场变迁

改革开放以来,我国长期坚持以经济发展为中心,这是由中国近代以来的基本国情决定的。我们从中国的近现代史中认识到,"落后就要挨打",不发展就是死路一条。因此,我国最初参与国际合作时所一直坚持的一个基本气候价值立场是:任何减排目标都会制约中国的发展,阻碍中国现代化进程的实现。[①] 同时,虽然我国幅员辽阔,但生态环境脆弱,各类灾害频发,受气候变化的影响巨大,适应能力严重不足,从而遭遇比发达国家严重得多的挑战。并且,中国确实已经在快速发展中成为世界第一大温室气体排放国,而作为一个社会主义国家,我国又十分注重自身国际形象的维护以及和谐国际关系的营造,因此,中国在国际气候合作中陷入两难处境:一方面要为经济发展争取排放空间,另一方面又要顾及国际形象和国际责任而不得不牺牲一些经济利益。

这种两难处境使得中国在2009年之前的国际气候合作中一直是"被动参与"的防御型立场,目的是为经济发展争取更多的时间与排放空间。中国从1972年开始参与全球环境治理,并在当年的联合国人类环境会议上将环境问题当作一个意识形态问题和国际政治斗争问题。到20世纪80年代末90年代初,中国已经认识到环境问题是国际关系中的一个重要问题,开始登上"环境外交"的世界舞台。[②] 这是中国参与全球环境与气候治理的早期阶段,对国际环境治理问题还处于学习阶段。中国在参加1992年联合国环境与发展大会之后,也开始接受可持续发展的理念。中国在这一阶段的国际环境治理尤其是气候合作上的立场显得较为消极,更多是被动接受。在1997年京都世界气候大会上,中国反对发展中国家承担新的减排义务,认为所谓的"自愿承诺"条款和"排放贸易"制度会阻碍发展中国家的发展,并坚称中国在达到中等发达水平前不会承担减排义务。在1998年的布宜诺斯艾利斯气候大会上,中国坚持不承诺减排义务。这一时期中

[①] 杨洁勉主编:《世界气候外交和中国的应对》,时事出版社2009年版,第140页。
[②] 王之佳编著:《中国环境外交》,中国环境科学出版社1999年版,第112—113页。

国参与国际气候合作的立场主要是绝不做出减少温室气体排放的承诺，以保障经济发展为当务之急。

随着中国的经济发展达到一定水平，我们逐渐认识到应对气候变化对中国的发展不仅仅是挑战，同时也是机遇。面临着自然资源的日益稀缺、经济结构转型升级要求的日益迫切以及国内的雾霾和其他环境污染问题日益严峻，低碳与绿色发展已经成为一种发展的内在诉求，而应对气候变化与这样一种发展转型要求并不完全矛盾。于是，国内发展的内在诉求与国际气候合作的外部议程逐渐趋于一致，中国政府的立场也开始发生转变。中国开始在气候问题上"与时俱进"，从"忽视、否认气候变化向承认该问题重要性的立场转变"[①]。2009 年哥本哈根气候大会之后，中国由"被动参与"国际气候合作转变为"积极参与"，中国希望通过参与全球气候合作在应对全球气候变化的同时，推动自身的可持续发展。中国这一立场转变的标志是时任国务院总理温家宝在哥本哈根气候大会的发言。温家宝在讲话中强调：应对气候变暖，是全人类的共同使命；中国为应对气候变化做出了积极努力和巨大贡献。[②] 这也是中国国务院总理首次参加联合国气候变化大会，表明中国希望在国际气候合作中扮演更为重要的角色。

中国作为世界性大国，既是全球经济发展的主要动力，也是全球最大的温室气体排放国，因此，中国的行动对全球应对气候变化的成败至关重要。在中国的倡议和推动下于 2009 年成立的"基础四国"机制也是中国"积极参与"国际气候合作的标志性成果之一。"基础四国"（The BASIC Countries）是由巴西（Brazil）、南非（South Africa）、印度（India）和中国（China）四个主要发展中经济体组成的《联合国气候变化框架公约》下的谈判集团，取四国英文名首字母拼

---

① ［美］理查德·埃德蒙：《环境问题对中国政治与社会的塑造作用》，宋林译，载［德］海贝斯、格鲁诺、李惠斌主编《中国与德国的环境治理：比较的视角》，杨惠颖等译，中央编译出版社 2012 年版，第 10 页。

② 《温家宝总理在哥本哈根气候变化会议领导人会议上的讲话》，http：//politics.people.com.cn/GB/10612372.html，2017 年 7 月 17 日。

成的单词"BASIC"(意为"基础的")为名。

2014年《中美气候变化联合声明》的发表,以及2015年国家主席习近平参加巴黎世界气候大会并发表重要讲话,标志着中国的气候价值立场进入了一个新阶段:从"积极参与"到"主动引领"。至2015年,世界气候大会已经召开了21届,但中国国家主席却是首次参加该大会。中国出席世界气候大会的国家领导人级别越来越高,从国家发改委副主任到国务院总理,再到国家主席,这反映出中国政府越来越重视气候变化问题,参与国际气候合作的立场也越来越积极。中国这一立场的转变也是中国经济硬实力与政治和文化软实力提升的体现。经过多年的积累,中国已经在许多低碳技术领域(如水电、太阳能光伏发电和风能等)具备了国际竞争力。同时随着中国的崛起,在全球事务治理中的话语权越来越大,而全球气候治理恰恰是中国参与国际制度与规则制定、履行大国责任的机遇。

中国于2015年6月提交了应对气候变化的"中国国家自主贡献",提出了中国未来10余年的绿色发展蓝图。2016年9月,中国作为主席国推动G20发布了历史上首份气候变化问题主席声明。G20杭州峰会正值联合国可持续发展目标与《巴黎协定》达成后的落实元年,作为首次举办G20峰会的轮值主席国,中国释放了应对气候变化、推动全球可持续发展的诸多积极信号。在2016年11月召开的马拉喀什世界气候大会上,中国政府主办的第一场边会主题就是"生态治理提升人类福祉",这表明中国政府已经把绿色发展提升为国家战略,把生态环境保护和应对气候变化提升到国内和国际政治议程。

中国主动引领全球气候治理的立场表明,中国在国际气候合作中不再片面强调气候变化对中国的伤害(环境正义层面、非伤害原则),不再把应对气候变化仅仅当成对中国经济发展的阻碍(旧发展观),而是当成中国转型绿色发展与创新发展的新机遇(对发展的新认知);不再把应对气候变化仅仅当成是国内事务(经济发展问题),而且当成中国参与和引领全球治理的重要机遇(全球治理问题)。福山指出,

"人类政治活动的大部分都以寻求承认为中心"①，中国在全球气候合作中的积极姿态为中国在国际政治中赢得了最大的"承认"。中国在国际气候合作中的"主动引领"立场也为中国的"一带一路"倡议和"人类命运共同体"构想提供了巨大支持。

更富有戏剧性的是，美国新任总统特朗普于2017年6月1日公然宣布退出《巴黎协定》。美国的退出不会改变全球应对气候变化和绿色发展的大趋势，只是反映出美国当前的国际与国内政治、经济发展困难重重，无力迎接应对气候变化的机遇，更无力成为国际气候合作的领导者。在这种情况下，国际社会对中国发挥领导作用的期待大增，中国成为国际气候合作成败的最关键力量。在某种意义上讲，美国的退出是给中国送了一份"大礼"，给了中国绿色发展和参与全球治理的千载难逢机遇。

第三节 气候变化：从经济、政治到伦理

气候变化、环境污染、物种灭绝、经济发展停滞、恐怖主义兴起、全球流行病蔓延等表明，这个世界已经患上了严重的"疾病"。21世纪最根本的挑战就是，人类在这个拥挤的地球上必须共同面对这些问题。我们所面临的挑战是要创造一种将经济发展与环境可持续发展、高质量的生活结合在一起的发展模式。为此，我们需要了解这些"疾病"被治愈的可能性，重新设计社会经济政策，从而为世界找到新的生机。由于气候变化是由人类活动引发的，并且气候变化会对自然生态系统以及人类社会系统造成冲击，而仅仅通过科学技术手段应对气候变化是不够的，还需要人类的经济系统、政治结构以及价值观念做出调整。气候变化已经由一个科学事实问题演变为经济和政治利益博弈问题以及伦理价值问题，日益成为经济学、政治学和伦理学的

---

① ［美］弗朗西斯·福山：《政治秩序的起源：从前人类时代到法国大革命》，毛俊杰译，广西师范大学出版社2014年版，第426页。

研究对象。

一 气候经济研究

(一) 气候经济学研究方法

经济学是最早涉足应对气候变化问题的人文社会学科之一，因为在应对气候变化过程中需要进行大量的社会经济数据计算。例如，对气候变化造成的经济损失、对应对气候变化的减排与适应成本、对各行业的温室气体排放量、对不同生活方式的温室气体排放量、对各国的历史排放量、对各国当前与未来温室气体排放量的计算，等等。经济学的成本效益分析方法也成为各国制定应对气候变化措施和战略时借助的最主要工具。自由市场经济学家认为，"看不见的手"完全可以有效调控温室气体排放行为，乐观地把气候变化问题的解决寄希望于科学技术和自由市场的无所不能。有些经济学家则寄希望于经济调控工具，如碳税、总量控制与碳交易等。经济学方法之所以成为应对气候变化的主要政策工具，是由于现代社会是市场经济社会，而生产与消费等市场经济的各个环节都会涉及温室气体排放，反之，通过控制温室气体排放应对气候变化必然会对经济造成巨大影响。

经济学家也日益成为各国政府应对气候变化的主要智库成员，为政府的气候政策制定提供决策咨询和建议，直接影响着各国应对气候变化的政策和措施。例如，英国政府的首席气候智库成员尼古拉斯·斯特恩（Nicholas Stern）是世界银行首席经济学家，被称为"气候经济学之父"，美国政府的重要智库成员威廉·诺德豪斯（William Nordhaus）和中国的气候治理专家潘家华、齐晔、魏一鸣等都是著名的经济学家。经济学应对气候变化的路径是：首先设计出各种"完美的"温室气体排放情景模型；其次将所有与气候变化有关的因素都量化为模型中的"可控"参数或货币单位，计算出貌似"精确的"结果；最后通过对计算出的不同情景结果进行成本效益分析，以期帮助管理者做出"理性的"决策。应对气候变化的经济学路径也因其数字上的"精确性"与经济对策上的可操作性而获得了气候政策制定者的青睐。

正是经济学的数学方法和对策措施的相对可操作性，使经济学为应对气候变化做出了很大的贡献。经济学促进了减排行动，是制定气候政策的有力工具。经济学通过数学计算，将气候变化的威胁成本化，用经济损失数据警醒人们极端气候事件的严重后果。气候经济政策还会影响消费者的行为选择，例如，对石油征收更高的税有助于减少汽车的行程里程，从而降低车辆的温室气体排放量。气候经济政策也会影响企业的行为，例如，对投资清洁能源技术提供大量财政补贴会激励产业转型升级，或对传统化石能源企业征收更高的碳排放税有助于限制高污染、高排放企业的扩张。各类量化减排目标的推出也是经济学的重要"功劳"。气候经济学为减排设定了清晰的量化目标，并推进了各类减排政策的出台。

（二）气候经济学的局限性

可见，如果经济学得到恰当的运用，是可以推动应对气候变化的行动，并促进人类福利的。在某种意义上讲，《京都议定书》就是一种应对气候变化的经济学解决方案。然而，美国以大量减排会严重影响本国经济为由拒绝签署《京都议定书》并退出《巴黎协定》这一事例，却表明经济学解决路径存在严重的局限性。

1. 数据及计算

虽然经济学家进行了大量的计算，但是，气候经济学家的努力并不一定能够取得预期的成效，其主要原因在于：

第一，气候经济学的计算结果难以获得政府、科学家与公众的完全信服。人们常常对经济学的计算结果表示质疑：如何可能将复杂的现象计算清楚？如何将所有的社会价值都进行量化和货币化？如何在不同的科学研究数据和社会发展趋势中做出取舍？

人们质疑的焦点在于数据的准确性。由于气候经济学家的数据大多都是二手数据（例如来自各类不一定准确甚至不一定正确的统计报告、研究报告、研究论文和著作等），且来源多样，变化多端，气候经济学家毕竟不是气候科学家，他们如何辨别数据的真伪？如何在相异的气候预测数据中做出取舍？各类统计数据的可信度有多大？实际上，许多统计数据都不准确，只是一种估算。例如，对物种灭绝速度、雨林消失速度、未来人口的出生率、未来的经济发展速度及能源消耗强度等的统计数据就大多是一种估算，而且往往只估算了减少的物种和雨林，未估算或无法估算增加的物种和雨林。即使是一些权威机构提供的统计数据也未必完全可信。

第二，经济学家之间总是争吵不断，不同的经济学家常常会对同一经济现象提出不同甚至相反的预测。经济学总是要借助于不同的经济假说、理论与模型，基于不同的假说与理论会设计出不同的模型，给予不同的要素以不同的权重，赋予不同的参数以不同的变化趋势，因此不同学派计算出的结果必然大相径庭，甚至可能截然相反。我们在日常生活中就能看到，两个同样"权威的"经济学家会对房市、股市、经济发展趋势等给予完全相反的判断。既然经济学家对短期的经济现象都无法做出准确的计算和预测，他们又怎么能对长期的应对气候变化的成本和收益做出准确的计算呢？

气候经济学家在争论中形成了三派："积极行动派""消极行动派"和"不作为派"。"积极行动派"的代表斯特恩发布了《斯特恩报告》，认为积极减排才是经济成本最小的策略；"消极行动派"的代表诺德豪斯用"气候政策斜坡理论"证明，最佳策略是先期缓慢减排，随着时间推移再逐步加大力度；"不作为派"的代表拉尔认为，应当采取古典自由主义的自由放任政策，对气候变化不做任何干预才能获得最大经济收益。

第三，经济学的计算理性阻碍了应对气候变化的国际合作。应对气候变化本来是世界各国的共同责任，但在经济学"当道"的过程中，各国自算自账，充斥着经济学的利己主义，使得全球一致的应对气候变化方案迟迟无法形成。经济学把个人看成只顾个体利益的"经济人"，也会自然地把国家当作只考虑本国利益的"经济国家"。在这种"经济理性"至上的情况下，如何克服全球环境的外部性？如何促成全球一致的应对气候变化行动？如何形成能得到各国一致认可的气候协定？

根据经济学的成本效益逻辑，经济危机也可以成为推迟采取应对气候变化行动的一个充分理由。但这将是一个严重的错误。因为所谓的经济危机不过是市场供应关系的重新调整，以及社会关系包括人类欲望的重要调整，对资源与发展的重新审视。经济危机之所以会发生，就在于未能充分认识并预防风险的累积。很多炒股炒房者也是一样，很少想到风险的累积会成为最终无法承受的危险。经济危机可能是酝酿了10年、20年才爆发的。气候危机也是一个逐渐积累与加剧的过程，如果我们推迟10年、20年再应对气候变化，我们就可能处于一个十分危险的境地，我们的出发点就会更加艰难。况且，在经济危机时期，人们对能源效率和低碳发展的要求更为迫切，也需要在应对气候变化背景下向低碳发展方式转型，从而引导社会走出危机。低碳技术、低碳能源与低碳生活方式可以成为经济与社会的新型发动机，它不仅可以更为持久地运转，而且动力更为强劲。可见，挑战总是与机遇共存。应对气候变化的行动不仅可能解决经济危机，也会提供新的全球机遇。

应对气候变化的经济学路径之所以会陷入这些困境，从数据层面看，一个主要原因就是各类计算要素都存在不确定性：

第一，气候科学的不确定性。一些自然科学家经常对气候经济学家的研究结果嗤之以鼻，认为他们不了解气候科学。实际上，由于气候科学存在较大的不确定性，气候科学家自己也难以准确预测气候的未来趋势。如果气候科学家都无法确保气候变化及其影响的准确性，气候经济学家又怎能保证他们计算结果的准确性呢？

第二，技术的不确定性。未来是否有可能发明出新型低碳技术？如果有可能，何时会发明出这类技术？这类技术的成本有多大？新技术会产生多大的效益？这些技术问题都存在不确定性。技术的可能性实际上是一个未知问题，气候经济学家如何计算这一未知因素？

第三，社会的不确定性。由于社会是一个复杂的系统，其复杂性远远大于任何自然现象，因此我们永远无法准确预测社会的变化趋势。会不会出现战争、疾病与饥荒？什么时候会出现？当前的经济发展速度与发展模式会持续多久？人口是否会一直增长下去？未来某个时段的人口预期寿命可能是多少？

这些要素的不确定性最终必然导致气候经济学家计算结果的不准确性。对于碳排放的计算也存在很大的不确定性。由于气候是一个无所不包的庞大系统，系统内部的各种因素相互影响、相互促进、相互制约。对这样一个整体系统进行碳排放测算，是不可能精确测算出碳排放的各个要素的。由于经济学家设计的情景模型各不相同，给予各类不确定性变量的权重也不同，因而计算的结果也会相差很大。

2. 伦理困境

同时，应对气候变化的经济学路径本身也存在许多难以克服的伦理问题，例如，基于经济学路径的气候变化政策可能会违背正义原则和忽视人权。市场能积聚财富，也会把环境成本传递给社会，还会虐待工人。基于成本效益的经济学分析而制定的应对气候变化政策存在许多伦理问题，一切都用货币来衡量也引发了诸多争议，因为决策者需要考虑的不仅仅是经济数据，还需要特别关注公平、正义、权利等伦理问题。尽管基于经济学路径的气候变化政策有可能最大限度地提高人类总体福利，但可能与正义原则相抵触。正义原则要求应对气候变化的成本和收益应该根据公平或其他相关伦理准则而不是效率进行分配。

经济学将世界数量化、货币化，认为一切自然与社会构成要素都可数量化，并能计算出其货币价值。将一切事物数量化、货币化可能引发严重的道德问题，例如将人类生命与健康的价值数量化、货币化，就可能导致人的"物化"，在这种计算基础上制定出的公共政策可能是"反人类"的政策。在真实的世界中，有些要素是无法计算的，人类的大多数行为不可能呈现出观察者可以直接检测到的规律性。经济学家所量化的世界并不是既定的客观事实，而是出于人类头脑的主观建构。例如人的欲望与贪婪就无法量化，社会和谐与生态环境的价值也无法量化。将所有要素都量化为经济数据，忽视了世界质的一面，而只关注量的、可计算的方面。这种经济学计算认为，无论整个世界有多纷繁复杂，都可以通过量化和通约的手段而变得整齐划一。

在美国动画片《飞屋环游记》中，讲述了一位老人对于自己房屋的特殊价值偏好。那座破旧的小屋承载的是老人对其去世老伴的思念与回忆。对于这样一位风烛残年的耄耋老人，政府给予多少拆迁经济补偿都无法弥补小屋所给予他的情感价值。如果政府只考虑经济价值，就会认为这样一位拒不配合拆迁的老人可能是坐地起价，想趁此机会狮子大开口，争取更多的经济补偿。按照这种经济逻辑，政府会认为是拒不拆迁者在无理取闹，因此，只能对其"强拆"。然而，"强拆"的经济逻辑是不能得到伦理辩护的，其逻辑与强买强卖又有何异？例如，A家里有一件传家宝，B十分喜欢这件宝贝。B愿意出十倍于该宝贝市场估价的价格向A购买这件宝物，但A出于对家族文化的传承或对祖辈的怀念，无论B出多少钱都不愿意出售这件宝物。按照"强拆"的经济逻辑，眼中只有货币价值的B就会认为A是在无理取闹或想要更高的价格。真实的世界一方面可能无法计算，另一方面，即使能计算，计算也可能是不道德的。

3. 经济增长与福利

应对气候变化的经济学路径还延续了传统经济学对增长的崇拜与迷恋，认为经济增长是解决包括气候变化问题在内的一切问题的最佳路径。气候经济学家时刻不忘传统经济学家的核心假设，即以GDP为首要指标的经济增长必定会增加人类福利。经济学还假设，由于经济增长是通过矿物燃料的使用来维持的，因此削减矿物燃料的使用将减少人类的福利，这种福利超过了任何降低未来适应气候变化的成本所产生的潜在利益。例如，斯特恩估计，未来气候变化的成本可能占目前消费水平的20%，从而导致福利的减少。政府和政府间机构继续根据经济增长就等同于增加福利这一传统经济学假设采取行动，甚至IPCC也在其估计气候变化成本的模型中采用这一核心经济假设。

然而，以GDP为主要指标的经济增长会增加人类福利的假设也存在诸多问题，因为它忽略了生态资源转变为工业生产的商品和服务过程中产生的生态破坏与浪费。许多对人类和地球极为有害的事件，例如车祸、滥伐森林或渔猎濒临灭绝的物种，目前都被粗糙的GDP衡量方式计入了收益范围。只顾追求经济增长而忽视其他社会与环境目标的社会，其福利水平往往会发生倒退。实际上，GDP的增长并不等于所有个人和家庭福利与幸福的增加。历史的经验证据未能发现过去工业消费者享有的消费水平与福利增加之间存在必然的联系。当代消费社会中日益增长的异化、无聊和倦怠感表明，浪费文化中的人类制造向工具和商品化交流的转变，使得人类与自己的劳动之间、人类的工作与地球的丰饶之间产生了深深的异化。这种异化最终体现为一种人类精神上的损失——在地球上不再有"家"的感觉。一个例子是，学生的学习条件不断改善，但学生的学习能力与学习效果却并未相应提高，学习兴趣反而越来越低；手机、电脑等电子消费品的不断更新也并未相应地增进人际关系或提升人们的工作效率与幸福感，反而是加剧了人与人之间的疏离，并浪费了人们大量的时间、精力与金钱。我们或许还可以提出一类这样的问题：经济增长与所谓的社会进步是否让人自身变"聪明"了？人是否变得更好、更有道德了？当代人是否因更多的学习时间和更大的阅读量而比古代人更聪明、更有美德呢？

二 气候政治研究

早在20世纪90年代，气候变化就纳入了政治议事日程。① 气候变化不仅重塑着21世纪的世界经济秩序，也正在以前所未有的力度重塑着21世纪的国际政治格局，"应对气候变化将导致国际关系格局的重大调整"②。在政治学看来，甚至IPCC都不是一个科学研究机构，而是一个吸收了气候科学家的政治机构③，因为它所发布的评估报告涉及了大量的社会、经济与政治要素，会极大地影响全球政治与经济格局。在气候政治中，各国处于典型的"囚徒困境"中：虽然各国可以从合作中获益，但它们同时又都有自由行动的动机。④

2009年的"气候门"事件⑤让人们质疑气候科学家已经成为被政治利用的工具，或是将气候变化这一科学问题有意夸大，引起公众和

---

① ［美］安德鲁·德斯勒、爱德华·帕尔森：《气候变化：科学还是政治？》，李淑琴等译，中国环境科学出版社2012年版，第149页。
② 张海滨：《气候变化正在塑造21世纪的国际政治》，《外交评论》2009年第12期。
③ 强世功：《碳政治：大国格局下的战略抉择》，《中国经济》2009年第9期。
④ ［瑞典］托马斯·思德纳：《环境与自然资源管理的政策工具》，张蔚文、黄祖辉译，上海人民出版社2005年版，第315页。
⑤ 2009年11月，多位世界著名气候学家的邮件被黑客曝光。这些邮件显示，一些科学家在操纵数据，依靠科学流程和数据来支持气候变化的说法。

政府关注，从而有利于他们获取科研经费。美国前副总统戈尔通过宣传气候变化和环境保护而获得诺贝尔奖，使气候变化问题成为其总统竞选拉票的工具。甚至有人怀疑 IPCC 都在伪造数据，以阻止发展中国家享受化石燃料带来的发展。[1] 就连神学家也发现，气候变化所造成的海平面上升与《圣经》中诺亚方舟的故事有相似之处，因此宣扬气候变化有助于基督教获得新的证据。[2] 这些都使气候变化从纯粹的科学问题演变为政治寻租问题，使"科学政治化"[3]。虽然气候变化问题可能会被政治利用，但即使气候变化的结论被误导、误用，甚至可能是错误的，然而，为应对气候变化而进行的减排和环境保护还是能够使人类受益的。[4] 气候科学本身应当是价值中立的，但人们如何对待气候变化却是一个不折不扣的伦理价值问题。

气候变化引发了政治学领域对资本主义制度的质疑和批判。大卫·希尔曼（David Shearman）和约瑟夫·史密斯（Joseph Smith）的研究认为，气候变化对资本主义的合理性提出了挑战，气候变化是资本主义民主固有的缺陷所导致的，资本主义的民主制和自由主义不仅不能够对环境危机做出充分的反应，而且在许多情况下，它们起的是催化剂的作用。[5] 娜奥米·克莱恩（Naomi Klein）指出，资本主义并不像看上去那样灵活有效，实际上，它会有力地扼杀变革，并加重我们在应对气候变化上的无所作为；资本主义需要摒弃自由市场的核心意识形态，重建世界经济，重构政治制度，以此来缓解、应对日益严峻的气候变化。[6] 塞维斯·斯托姆（Servaas Storm）指出，全球变暖

---

[1] [英]迈克尔·诺斯科特：《气候伦理》，左高山等译，社会科学文献出版社 2010 年版，第 378 页。

[2] 史军：《气候变化冷思考》，《阆江学刊》2014 年第 3 期。

[3] 江晓原：《科学与政治："全球变暖"争议及其复杂性》，《科学与社会》2013 年第 2 期。

[4] 作为伦理学家，本书研究的前提是假定气候科学为不争的事实而非某种"气候阴谋"，在此前提下，各国才有义务共同行动以应对气候变化。

[5] [澳]大卫·希尔曼、约瑟夫·史密斯：《气候变化的挑战与民主的失灵》，武锡申、李楠译，社会科学文献出版社 2009 年版。

[6] Naomi Klein, *This Changes Everything: Capitalism vs. the Climate*, New York: Simon & Schuster, 2014, p. 6.

是资本主义迅速而不平衡的发展带来的间接损害，并且资本主义缺乏使其了解和适应气候系统的"感官"。① 郁庆治指出，当前国际气候政治在本质上延续了"生态帝国主义"逻辑，也成为全球气候治理的内在障碍。② 可见，气候变化对资本主义的合理性提出了质疑，如果社会主义能够较好地解决气候危机，必将进一步证明社会主义的优越性。

对气候变化与人权关系的探讨也是气候政治领域关注的重点之一，这一问题在 2007 年的巴厘会议上被小岛国联盟（AOSIS）正式提上国际气候合作议程。太平洋岛国图瓦卢宣布，他们将因海平面上升而放弃家园。联合国人权理事会于 2008 年着手进行"气候变化与人权关系"的相关研究。③ 亨利·舒伊（Henry Shue）从人权视角分析了气候变化背景下的生存排放权问题，认为这种权利应当按人口平等分配。④ 孙华玲从国际法律制度层面研究了气候难民的迁徙权问题，认为对气候难民迁徙权的保障，是享有生命权、健康权和人格尊严权等重要人权的基础。⑤ 黄小喜认为，碳排放权是一种人类与生俱来的环境权利，既不容许个人独占，也不允许一个人剥夺他人的这种权利。⑥ 将碳排放界定为一种人权，有助于弱势群体的保护，也有利于维护发展中国家的利益。然而，每个人需要多少碳排放权？如果剩余的大气安全排放空间无法满足所有个体的碳排放权，那么该如何分配这种权利？

---

① ［荷］塞维斯·斯托姆：《资本主义与气候变化》，侯小菲、谢良峰译，《国外理论动态》2013 年第 2 期。

② 郁庆治：《"碳政治"的生态帝国主义逻辑批判及其超越》，《中国社会科学》2016 年第 3 期。

③ 联合国人权理事会于 2008 年 3 月 26 日作出的决议——"人权与气候变化"中强调："气候变化对世界人民及群体构成了立即的和远期的威胁，且对人权的充分享有产生了影响。"

④ Henry Shue, "Subsistence Emissions and Luxury Emission", *Law and Policy*, Vol. 15, No. 1, January 1993, pp. 39–59.

⑤ 孙华玲：《气候难民的迁徙权研究》，博士学位论文，武汉大学，2013 年，第 32—35 页。

⑥ 黄小喜：《国际碳交易法律问题研究》，知识产权出版社 2012 年版，第 36 页。

国际关系和国家安全问题也是气候政治的关注领域。张海滨认为，气候变化会对中国的国家安全产生广泛的影响，因此，中国应当在总体国家安全观的框架下统筹应对气候变化问题。① 董勤认为，政府首脑更替、对环境利益和经济利益的权衡都不是美国退出《京都议定书》的真正理由，对安全利益的权衡才是美国拒绝《京都议定书》的重要因素，并且安全利益将继续成为影响美国气候变化方面的外交政策的重要因素。② 马建英认为，国际气候合作已经深化为一种政治博弈，其中充斥着对"国际气候话语权"的争夺。③

在国际气候合作的政治机制问题上，罗伯特·基欧汉（Robert Keohane）认为，美国的带头行动是促使中国减排的必要条件。④ 于宏源指出，在京都模式陷入困境的情况下，多边气候谈判的阵营开始分化重组。⑤ 苏向荣认为，国际气候合作陷入困境的原因是国际政治信任不足，而协商民主机制可以扩大、加深或巩固国际政治信任，从而为国际气候合作提供制度基础。⑥ 西达·斯考切波（Theda Skocpol）建议通过建立草根联盟，发起大众运动来推动国际气候合作。⑦ 对国际气候合作机制之政治学研究所存在的主要问题是过于注重国际关系与政治博弈的策略分析，认为仅仅依赖国际气候合作程序与机制的设计与制度的重组，就足以解决当前的国际气候合作困局，却忽略了造

---

① 张海滨：《气候变化对中国国家安全的影响——从总体国家安全观的视角》，《国际政治研究》2015 年第 8 期。
② 董勤：《安全利益对美国气候变化外交政策的影响分析——以对美国拒绝〈京都议定书〉的原因分析为视角》，《国外理论动态》2009 年第 10 期。
③ 马建英：《从科学到政治：全球气候变化问题的政治化》，《国际论坛》2012 年第 6 期。
④ [美] 罗伯特·基欧汉：《气候变化的全球政治学：对政治科学的挑战》，谈尧、谢来辉译，《国外理论动态》2016 年第 3 期。
⑤ 于宏源：《〈巴黎协定〉、新的全球气候治理与中国的战略选择》，《太平洋学报》2016 年第 11 期。
⑥ 苏向荣：《风险、信任与民主：全球气候治理的内在逻辑》，《江海学刊》2016 年第 6 期。
⑦ Theda Skocpol, "Naming the Problem: What it Will Take to Counter Extremism and Engage Americans in the Fight against Global Warming", Prepared fro the Symposium on "The Politics of America's Fight against Global Warming", February 14, 2013, http://www.scholarsstrategynetwork.org/sites/default/files/skocpol_captrade_report_january_2013_0.pdf, 2017-09-25.

成国际气候政治冲突的伦理价值因素。

三　气候伦理研究

作为一种对人类生活方式和社会结构进行系统道德反思的学科，哲学伦理学当然也不能将气候变化问题置之度外。从西方智慧的源头开始，哲学伦理学就一直因为缺乏实践意义而遭受批判。[①] 其实，这是对哲学伦理学的误解，哲学伦理学的价值不在于直接给出解决问题的答案，而在于为实践提供基础性的伦理反思与方向性的价值指导。气候变化涉及无数人的生死，我们对待气候变化的态度就是我们对待人类痛苦的态度。我们可以"把头埋进沙子里"，继续无拘无束地高消费、高污染、高排放，也可以"以天下兴亡为己任"，积极改变我们的价值观念、经济模式与生活方式。可见，气候变化问题本质上就是一个伦理问题，它折射出的是人的价值观念和行为方式的困境。如果人类的政治体制、价值体系和行为方式等才是引发气候危机的根源，就需要从伦理层面对气候变化进行反思。我们的社会与生活需要做出改变，而最先需要改变的则是我们的价值。[②]

气候变化引出了正义问题：气候变化是发达国家历史排放的结果，这些历史排放使其达到如今的福利水平，但是发展中国家却未享受到这些排放所带来的收益，并且可能是未来受气候变化影响最大的国家。受气候变化影响最大的人常常是由于不公正的"全球化"或殖民主义体系而致贫的非洲农民，他们对全球温室气体排放贡献最小，但在气候变化中的处境却最不安全，也最缺乏适应气候变化的能力。[③]气候变化挑战人类的道德，造成了公地悲剧，强化了富国对穷国、当

[①] 公元前 6 世纪的古希腊思想家泰勒斯（Thales）被公认为西方世界的第一位哲学家。据说，他在沉思时因过于投入而掉入水沟，被女仆嘲讽哲学家只会仰望头上的天空，却看不到脚下的土地。这给哲学家带来了不切实际的名声。作为回应，据说泰勒斯曾经运用他对气候变化的判断，认定往年歉收的橄榄会大丰收，于是他收购了当地所有的橄榄压榨机。果然，第二年橄榄大丰收，掌握所有压榨工具的泰勒斯靠高价出租压榨机而大赚了一笔。他的行为或许可以看作最早的气候经济学实践，而这位实践者却是一位哲学家。

[②] James Garvey, *The Ethics of Climate Change: Right and Wrong in a Warming World*, London: Continuum, 2008, p. 2.

[③] Jon Barnett, "Climate Change, Insecurity, and Injustice" in W. Neil Adger et al. eds., *Fairness in Adaptation to Climate Change*, Cambridge: MIT Press, 2006, p. 117.

代人对未来人的剥削，引发代际正义与代内正义问题。可见，公平与正义是达成任何有效的国际气候协议的核心。

应对气候变化的经济学路径会遭受伦理学的挑战，同时，气候伦理研究也会遭受经济学的挑战。对经济学家而言，气候伦理研究的局限主要体现在：

（1）正义、权利等伦理要素无法量化，难以执行。曾有气候经济学家要求笔者给出一套可用于气候经济模型计算的"气候正义指标体系"。换言之，由于缺乏公认的道德公式以精确地规定何种分配是正义的，从而缺乏指导具体气候政策选择的实践意义。

（2）与经济学家一样，伦理学之间也从未停止过争论。不同的伦理学家会提出不同的分配减排义务与收益的伦理原则，这会让人无所适从。

（3）不管我们如何强调伦理道义，有时还是要输给强大的市场经济制度本身，这意味着伦理学常常停留在理想层面。

其实，这些挑战恰恰表明了应对气候变化问题的跨学科属性，没有哪个学科可以单独解决问题。或许一种可能的现实路径是：在经济学的指标选择中融入伦理因素，如使用净经济福利指标；在伦理学的价值选择中加入经济要素，如幸福 GDP。政府在制定气候变化政策时，可以将效率最大化的经济目标与社会公平的伦理目标结合起来。

在经济全球化与文化多元化的背景下，基于气候变化的环境伦理与正义问题显得比任何其他全球性问题都更为紧迫也更为复杂。原因在于，气候变化及其可能给人类生存造成的灾难是毁灭性的。在某种意义上讲，气候变化引发的危机归根结底还是人自身的危机，是人类思维方式、生产方式、生活方式以及政治经济制度的危机。对气候变化问题的伦理追问不仅涉及人的生存意义的问题，更涉及人类应当如何共同生存的问题。这就决定了我们在应对全球气候变化的过程中必须对现有的政治经济制度、思维方式和价值观念以及行为方式等进行变革。

功利主义和道义论是过去几个世纪道德哲学中两种最重要的伦理理论，但它们所分析的对象仅仅局限于人与人之间的关系，并且是生活在同一时代的人们之间的关系。① 这种分析框架已经无法用于分析包括气候变化在内的环境问题。传统的环境伦理学主要关注人与自然的关系和当代人与未来人的关系问题，其主要着眼点在于作为整体的"人"（我们），所讲求的是对"我们"的一种道德劝导和伦理规范并寄希望于"我们"道德境界的提升。例如，强调人要对自然、动物、我们的后代承担责任。但"气候变化危机"已经远远不是普通的环境伦理问题，"气候变化危机"本质上是一个人与人之间、国与国之间如何"合作"的问题。在这个意义上讲，气候伦理不仅扩展了传统环境伦理学的研究视域，使之跳出国家边界探讨环境问题，也使环境伦理研究变得更加紧迫与重要。

应对气候变化涉及两个问题：怎样才算对气候系统的危险干扰？我们应当如何应对气候变化？这两个问题不仅涉及自然科学研究与经济学计算，更涉及人类的价值判断与利益取舍。温室气体浓度引发气候变化这一科学事实会引发我们对这样一些伦理价值问题的思考：

（1）既然气候变化是由于人类大量生产、大量消费行为所排放的温室气体造成的，那么，我们人类自身不断膨胀的消费欲望是否应当得到限制？穷人为生存而排放的温室气体也应当受到限制吗？每个人应当得到多少温室气体排放权？一部分人的高排放伤害了另一些人，无辜的受害者是否应当得到补偿？

（2）既然气候变化是人类工业化进程的结果，那么，发达国家还是发展中国家应当承担更多的减排责任？减排责任应当根据什么原则进行分配？发展中国家是否有权利过上与发达国家相同的"高排放"幸福生活？

（3）既然经济发展必然造成温室气体排放，而气候变化使温室气体排放受限，那么，相对于所剩不多的排放空间，我们应当如何分配这一极度稀缺的资源才是公正的？发达国家是否要对解决气候变化问题负有更大的责任？发展中国家是否可以在一段时期内获得更多的排

---

① Christian U. Becker, *Sustainability Ethics and Sustainability Research*, London and New York: Springer, 2012, p.21.

放空间？

（4）既然人类的工业化进程也是一个资本主义自由市场的实践过程，那么，自由市场模式应该为气候变化负责吗？信奉自由市场的经济学家是否有可能解决气候危机？气候经济学的成本效益分析是否存在伦理缺陷？

（5）既然气候变化与工业革命以来科学技术的广泛应用有着密不可分的联系，那么，我们是否能够完全依赖"以技术克服技术"的路径？为拯救地球，充满风险与不确定性的气候地球工程是否值得一试？气候地球工程的可能性是否会成为阻碍我们减排的借口？

（6）既然最有可能受到气候变化影响的人可能还没有出生，当代人所做出的气候决定可能会影响未来世代的生活，那么，当代人是否因温室气体排放而对后代负有责任？代际气候正义是否可能？当未来人的利益与当代人的利益发生冲突时，应当如何抉择？

这些"伦理价值问题"的凸显使得"科学事实问题"和"经济利益计算问题"变成了次要问题，因为盲目地使用科学技术和经济手段应对气候变化，不仅无助于气候问题的解决，反而会使问题变得更糟糕。例如，新能源技术可以降低汽车的单位里程能耗，财政补贴或税费优惠可以鼓励人们购买更节能的汽车，但却都不能降低汽车的拥有量、使用率、行驶里程等，反而可能促使人们更多地购买和使用汽车，使汽车的温室气体排放总量大幅增加。气候学家能告诉我们气候为什么会变化以及会如何变化，但我们如何应对气候变化却取决于我们的价值观，取决于我们对好与坏的价值判断，以及我们对不同价值选项的取舍。

本章小结

气候变化正引起深刻而重大的伦理问题，其原因在于：①气候变化及其影响存在全球不均衡性——虽然所有国家都会受到气候变化的影响，但最贫困的国家和最弱势的人群由于自身适应能力的匮乏而会受到最为严重的伤害;②温室气体的最大排放者与受到气候变化伤害最为严重的国家和人群之间存在错位性;③温室气体排放与全球变暖的伤害之间存在时间上的滞后性。① 一些人引发了气候变化,却不平等地伤害了另一些人,这是不正义的。可见,气候变化不仅仅是一个科学技术问题,只依赖科学技术无法从根本上解决气候危机,因为,气候变化根本上是一个伦理问题,它理应得到伦理学和其他人文学科的普遍重视。我们无法仅凭科学知识采取行动,因为我们所有的选择与行为都涉及价值判断。

---

① 李春林:《气候变化与气候正义》,《福州大学学报》(哲学社会科学版) 2010 年第 6 期。

第二章　气候变化的伦理价值维度

病从根治，应对气候变化需要找到地球"生病"的病根。现代世界的"悲剧"在于，人类虽然具有启蒙理性、世界主义的经济与伦理观，却无法克服当下的危机。① 人与自然之间关系的错乱，人与人之间关系的失序以及人的自我迷失都是造成"气候病"的病根。对气候变化的主流讨论集中在自然科学和经济学领域，但气候变化最深刻的挑战却是哲学与伦理方面。在气候变化背景下，最重要的是人类如何反思和改变自己的行为，人类如何进行公平而有效的合作，以及人类要做什么来保护弱势群体——包括当代的穷人、未来世代以及非人类存在，这些都需要伦理学给予解答。

第一节　气候变化的哲学批判

气候变化主要是由特定历史阶段的人类活动引发的，而人类活动又受到人类在一定历史时期的认识论、世界观和价值论的影响与指导。西方近代以来的二元论认识论、机械论世界观以及人类中心主义价值观提升了人类的主体性，使自然祛魅化，鼓励了人类对自然的征服，最终引发了自然对人类的全面报复——气候危机。

一　二元论的认识论与气候变化

至少从柏拉图开始，西方哲学就开始提出这样的问题：对于客观

---

① Mark J. Lacy, *Security and Climate Change: International Relations and the Limits of Realism*, London & New York: Routledge, 2005, p. 1.

存在的外部物质世界，人类究竟能够认知多少？这一问题直接将人这一认识的主体与作为认识对象的外部世界对立了起来，并使"二元论"（dualism）成为西方哲学认识论的基本主题。二元论认为，世界包含两种完全不同的实体或事物：精神的和物质的。"精神的"事物指"心灵"或"灵魂"；"物质的"事物指精神的事物之外的其他任何由物质材料构成的事物，包括恒星、行星和地球，最重要的是包括人类在内的动物的躯体。心灵及其状态是非物质的或无形的；物质本身完全没有任何精神属性，完全没有思维或意识能力。

法国哲学家笛卡尔将二元论的认识论进一步发扬光大，提出了"普遍怀疑"的主张。罗素指出，笛卡尔哲学完成了精神与物质的二元论。[1] 笛卡尔认为，心灵与身体是两种不同的实体，然而实体就其本性而言是不可能发生相互作用的。更有甚者，笛卡尔坚持说，他能够设想他的心灵在一个没有身体的情况下存在，而人的身体显然可以在没有心灵的情况下存在（比如尸体）。笛卡尔式哲学主体范畴主张人的主体性来源于理性，具有主体性的自我是一个自律的、分离的、不受偶然因素影响的自我。笛卡尔的质疑仍不够彻底，因为他没有对"灵魂"或作为主体的"我"进行质疑。笛卡尔把人体和万物都看成受相同规律支配的机械，同时又存在一个机械世界之外的精神世界。这种二元论成为欧洲人的根本思维方法，"从笛卡尔时代一直到现在都支配着哲学问题的有系统的陈述"[2]。

经典的西方哲学给予了对"人是其思想和行动的主体"这一说法的证成以中心意义。康德指出，我们的认知带有天生的痕迹，我们所相信的认知不过是我们思维结构的再版。其中结构之一就是思想的随意性。此外，康德还认为，除了思维结构和洞察模式，时间和空间并非人类可以察觉的客观存在。"知识"就是现实所提供的东西，就是与我们的感性形式和我们的知性范畴相结合的产物。我们所认识的东西虽然是真实的，但我们的认知只能达到我们的官能所允许的限度。

---

[1] ［英］罗素：《西方哲学史》（下册），马元德译，商务印书馆1988年版，第91页。
[2] ［美］杜威：《经验与自然》，傅统先译，商务印书馆2014年版，第19页。

海德格尔发现，主体被设定为哲学的原则，他只会被理解为绝对的主体——也就是说，他的一切规定的自身权力之根据。但是，"这样的主体必然会伪饰他自己的有限性和他的理解方式的历史来源"①。

二元论的认识论至少产生了两个方面的不利影响。

首先，二元论的认识论培育了怀疑主义。作为主体的思维真的能够完全脱离自然而认识自然吗？自然真的只是仅供我们认识的客体吗？自然真的可能被我们完全认识吗？怀疑主义的问题是：人类有限的智力和感官如何可能认知复杂的现实？②连爱因斯坦都怀疑我们至少能够部分地理解自然。古希腊哲学家高尔吉亚提出了三个著名的怀疑主义命题来反对巴门尼德的"存在论"：①无物存在；②如果有物存在，也无法认识它；③即使可以认识它，也无法把它说出来告诉别人。高尔吉亚的这三个怀疑主义命题，深刻地揭露了主体与客体的矛盾性。怀疑主义正确地揭露了人类理性的局限性，如哈耶克所指出的：人类的理智无法预知和塑造未来，而只能不断发现错误。③

其次，二元论的认识造成了人与自然的分离，怂恿了人类对自然的征服与破坏。主客二分的二元论认识论也造成了"事实与价值的二分"④。人与自然分离之后，自然成了人征服的对象。"知识就是力量"，理性就是最强有力的武器。但人自身也在此过程中被异化了。⑤通过现代技术取得的暂时胜利使人类狂妄自大，坚信自己是自然的主人，人们对自己行为的环境后果越来越无知，越来越不负责。人类社会发展速度的加快以及人类行为可能性的增多都会导致自然界在人类看来越来越不是他们赖以生存的"环境"，而更多的是他们可以征服

---

① [德] 亨里希：《思想与自身存在》，郑辟瑞译，浙江大学出版社 2013 年版，第 5 页。
② [西] 费尔南多·萨瓦特尔：《哲学的邀请》，林经纬译，北京大学出版社 2014 年版，第 53 页。
③ [英] 哈耶克：《自由宪章》，杨玉生等译，中国社会科学出版社 2012 年版，第 67 页。
④ 卢风：《科技、自由与自然：科技伦理与环境伦理前沿问题研究》，中国环境科学出版社 2011 年版，第 43 页。
⑤ [美] 赫伯特·马尔库塞：《爱欲与文明》，黄勇、薛民译，上海译文出版社 2012 年版，第 97 页。

的空间，因而，它也将越来越多地从人类的直接"感应环境"中消失。①"用不着特殊的教育，一个社会就可以学会如何破坏环境，但对于资源的关注经常是以宗教原则、道德或者禁忌的形式强加于人的。"② 人类获得了改变世界的强大力量。早在20世纪60年代初，美国环保先驱蕾切尔·卡逊（Rachel Carson）就开始疾呼："人类对环境的侵袭最令人震惊的要数危险的甚至致命的物质对空气、土壤、河流以及海洋造成的污染。这种污染很大程度上是不可恢复的；其在生物生存环境以及生物组织中引发的负面连锁效应也是不可逆转的。"③

笛卡尔以人有意识以及自由思想为基础，论证人的主体性，却回避了另一个更为根本的前提：西方人是以人与动物的区别以及人对动物的绝对统治为出发点，确立人的主体性。所以，笛卡尔的"我思故我在"，实际上就是"因为动物的存在，因为动物被区分，我才存在"。人的主体性是以不尊重动物，甚至剥夺动物的说话和生存权利为前提的。很多人认为自己身处自然客体之外或超越自然，这种想法甚至在他们食用和消化其他生物时依然存在。吃东西的时候，地球上的每个人都通过咀嚼和消化植物与动物的肉而与自然相连。④ 德里达揭露西方人本主义的道德原则违背了起码的宇宙道德原则。⑤

在气候变化问题上，一方面，二元论使人在自然面前妄自尊大，恶意破坏生态环境，消耗自然资源，产生气候危机；另一方面，二元论的怀疑主义否定气候科学和环境极限，鼓动"气候怀疑论"，阻碍了应对气候变化的全球行动。

---

① ［德］亨特布尔格等：《生态经济政策：在生态专制和环境灾难之间》，葛竞天等译，东北财经大学出版社2005年版，第15页。
② ［澳］布林布尔科姆：《大雾霾：中世纪以来的伦敦空气污染史》，启蒙编译所译，上海社会科学院出版社2015年版，第2页。
③ ［美］蕾切尔·卡逊：《寂静的春天》，许亮译，北京理工大学出版社2015年版，第4页。
④ ［美］布雷特·沃克：《毒岛：日本工业病史》，徐军译，中国环境科学出版社2012年版，第4页。
⑤ 冯俊、龚群主编：《东西方公民道德研究》，中国人民大学出版社2010年版，第29页。

二 机械论的世界观与气候变化

（一）机械论世界观

近代以来科学与技术的突飞猛进使得机械成了文明的标杆，成为衡量人类发展的标准，机械论世界观也应运而生。机械论（mechanism）世界观起源于笛卡尔和牛顿，其基本特征就是把整个世界视为一部大的机械，把世界万物的运动都归结为机械运动，认为其中的每一部分都可以通过科学方法加以理解和把握，一切自然与社会问题都可以通过科学技术手段予以解决。机械论世界观包括三个层面：机械论、决定论和还原论。世界是一架机械，由一个个机械连接的部件构成，它是物质的，没有内在生命的——机械论；整个机器可以还原成一个个部分，可以拆卸，可以重新安装、重新组合——还原论；机械的运行遵从确定性的规律，可以被确定性地计算和预期——决定论。

机械论世界观认为，除去心灵可能带来的因果影响，物质性事物本身纯粹地"机械"运作，或者说就像是一台机器。物质，因为没有思维，只具有被动属性特征，比如有大小、形状，因此，自身不能运动。由此，笛卡尔认为，上帝在创造世界时在一开始就使物质处于运动状态，并且自被创造起，所有运动随后都由物理学家发现的"运动定律"所支配。笛卡尔认为，动物也是机器，[1] 甚至连人都是机器，"人是可以做出各种各样动作的自动机，即自己动作的机器，用的只是几个零件"[2]。卢梭也追随笛卡尔，认为动物就是机器。于是，理性被人类自诩为区别于禽兽的唯一要素。[3]

机械论世界观存在的问题主要有以下三个方面。

（1）把世界过分"简化"了。机械论世界观将自然界中的一切内在联系视为机械的、线性的因果关系。如果自然是机器，那么人是否也是一种无意识的、被操纵的机器？如法国心理学家勒庞所指出的

---

[1] ［法］笛卡尔：《动物是机器》，载［澳］辛格、［美］雷根主编《动物权利与人类义务》，曾建平、代峰译，北京大学出版社2010年版，第17页。

[2] 同上书，第15页。

[3] ［美］列奥·施特劳斯：《自然权利与历史》（第3版），彭刚译，生活·读书·新知三联书店2016年版，第271页。

人的群体心理：只要人们形成群体，就会形成集体心理，并以集体的方式思考和行动。① 机械论世界观认为，在精密科学之外，无所谓知识。"随着我们对物理学家、宇宙学家、分子生物学家的崇敬和尊重的增长，对政治思想家、道德学家、经济学家、音乐家和精神分析学家等的尊重和信任则随之降低。"②

（2）把自然当成工具。工业革命使人类在历史上第一次能够大规模地改善他们的物质生活，但与此同时却也对自然环境造成了影响，以至于威胁到人类自身的生存。蒸汽机的发明颠覆了一切，从根本上改变了人们对世界的看法。在此之前，自然为人类做出了许多贡献，而如今，自然却变成了被人类套上枷锁的奴，"她的劳动仿佛遭到了嘲弄，可以用马力加以衡量"③。机械论世界观认为，人与自然界的典型关系，总是建立在技术的基础上，并且技术变成了针对大自然的"战争"。机械论世界观的转变促成了技术及工业的发展，然而，技术进步自工业革命以来已经导致了现代环境危机。从那时候起，技术进步就促进了劳动生产率的提高，而忽视了给环境带来的后果。技术进步导致社会经济活动对自然界的需求越来越多。技术手段的确可以延长人类寿命和经济增长的周期，但它并不能超越这一增长的最终界限。而且，现代工业社会虽然在技术的各个方面达到了高度的成熟，但它也耗尽了自身赖以建立的基础。机械论世界观对待自然的方法是使它屈服。人类对资源的掠夺式开采和利用，对环境的污染和破坏恰恰已经威胁了生态系统的自然平衡，如果不遏止这种趋势，人类自身最终也无法生存。

（3）人成为机械的奴隶。机械论世界观是工业文明的认识论基础。在机械论世界观之下，大自然被机械化、模块化，人类社会也被

---

① ［法］古斯塔夫·勒庞：《乌合之众：大众心理研究》，陈剑译，译林出版社2016年版，第17页。
② ［美］希拉里·普特南：《理性、真理与历史》，童世骏、李光程译，上海译文出版社2016年版，第169页。
③ ［德］奥斯瓦尔德·斯宾格勒：《西方的没落：斯宾格勒精粹》，洪天富译，译林出版社2015年版，第135页。

机械化、模块化。工业文明的日常生产，乃至人的日常生活，都按照最有利于资本增殖的方式，被拆分、被模块化、被重构。机械论也使人听任因果关系的摆布。而机械方面的各种发明并未减少人们每天繁重的劳动，"科学技术进步自身不会将人类引向解放"①，反而使人成为机械的奴隶。"对对象世界的攻击态度，对自然的统治，最终的目的乃是人对人的统治。"②"技术越推动现代生活的发展，就越会出现人与自然的疏远，我们也就在与自然永恒的联系中，更多地保留种种痛苦的形式。"③

（二）机械论世界观的气候影响

机械论世界观对气候变化的影响体现在：

（1）把气候当成机械、工具和资源，造成人类无限度地向大气中排放温室气体，污染这一"没有生命的气候机械"。大自然和环境存在被破坏的危险，完全与工业文明和它的机械论世界观有关。"在这种文明中，大自然被先验地简化为死亡了——用机械的方式解释是被弄哑了，被客体化了——的东西，它作为满足人类的需求的材料而为人类服务。"④

启蒙运动以来，建立在机械论基础上的经济学也不适合解决气候变化问题。⑤机械论世界观反映在经济学领域，就认为市场也是一架精确运转的机械。亚当·斯密等人希望用物理学的确定性来论证其对市场经济的思考。亚当·斯密对牛顿的物理学理论极为推崇，将其视为"人类历史上最伟大的发现之一"，并大量借用了《自然哲学的数学原理》和牛顿其他著作中的相关论述。他们认为，正如整个世界一

---

① ［美］托马斯·麦卡锡：《哈贝马斯的批判理论》，王江涛译，华东师范大学出版社2009年版，第43页。

② ［美］赫伯特·马尔库塞：《爱欲与文明》，黄勇、薛民译，上海译文出版社2012年版，第99页。

③ ［美］布雷特·沃克：《毒岛：日本工业病史》，徐军译，中国环境科学出版社2012年版，第5页。

④ ［荷］托恩·勒迈尔：《以敞开的感官享受世界：大自然、景观、地球》，施辉业译，广西师范大学出版社2009年版，第263页。

⑤ Julie A. Nelson, "Ethics and the Economist: What Climate Change Demands of Us", *Ecological Economics*, Vol. 85, No. 1, January 2013, pp. 145–154.

样，市场一旦处于运动的状态，就会像一个精准的机械钟一样自动运行。上帝是整个宇宙的推动者，而人天生的利己性是市场的动力所在。万有引力定律统治了整个宇宙，一只看不见的手则在控制着整个市场。亚当·斯密等人借鉴了牛顿的"每个力存在相等的反作用力"的论述，认为自我管理的市场也是以同样的方式运行，供求关系一直处于互动之中，并互相调整。

（2）认为气候这台机械可以被修复和被改造，阻碍了人类与气候的"和解"，可能进一步恶化气候危机。机械论世界观认为，可以借助于科学技术所带来的极大丰富的物质，以及合理的社会性组织有效的统筹来控制自然界。机械论世界观认为，自然界的一切都是可被科学所认识的，即自然界是完全可知的，进而认为随着人类科技的进步，人类将能越来越随心所欲地改造环境、征服自然，认为当前的气候变化与生态危机都只是人类文明发展过程中的暂时性困难，终将随着科技的进步和工业的发展而得以克服。机械论世界观不会认为现代工业文明和资本主义生产方式是不可持续的。作为减缓与适应之外应对气候变化的第三条路径——"气候地球工程"，就是机械论世界观的典型体现。气候地球工程的逻辑就是，太阳反射和二氧化碳捕获与封存等技术将最终解决气候变暖问题。

除了现存的社会问题，生态问题也完全能够证明对技术进步的过度信任是迷惑人的。由于相信其可行性和对现代技术的迷信，我们无法看清在组织、文化以及环境方面彼此交织在一起的问题的本来面目。认为，科学与技术的进步能够解决人类面临的所有问题只是一个未经证实的假设。照此行动对整个人类的生存来说就意味着某种冒险。即使技术的发展的确能够解决因其不够发达所带来的种种气候与环境问题，但解决问题需要时间，而人们并没有理由假定气候与环境能够服从人类技术进步的时间表。而且，在现代科学技术的发展已经从诸多方面威胁着人类和自然的生存（比如生物技术和核技术等），或者已经造成了人类对技术的严重依赖的情况下，提倡对人类生存目的的重新认识、强调人的自足性、注重人与自然的有机联系等，的确具有重要的价值。

三 人类中心主义价值观与气候变化

从文艺复兴开始，随着人类对自然开战并不断取得"胜利"，西方人越来越多地把自己放在世界的中心并歌颂自己，人类中心主义（anthropocentrism）价值观不断得到强化。公元前5世纪的古希腊哲学家普罗塔哥拉提出的"人是万物的尺度"，被认为是人类中心主义价值观的萌芽。人类中心主义把人类当成自然的主人，使人成为唯一被关注的对象。康德提出的"人是目的"命题被认为是人类中心主义在理论上完成的标志。洛克又把人类中心主义从理论推向实践，认为人要有效地从自然的束缚中解放出来。具有原旨主义倾向的不同宗教者环境管理委员会声称，人类的命运是征服自然，让它为人类的需求所用。[①]

如果说现代人类价值观有什么特征的话，那个特征就是作为主体的人在认识论中的核心地位。现代人甚至将人类中心主义价值观自豪地称为"哥白尼式倒转"和"人的真正解放"，赋予人类无节制地征服自然的行为以道德正当性。人类中心主义价值观把人类的需求作为自然界存在的终极目的，认为人类是自然界万物的管理者，而管理自然资源的目的完全是为了人类自身的享受。人类中心主义把自然本身的价值归结为对于人的使用价值。人类中心主义的结果是自然的奴化以及人的神化，造成了"现代人类道德意识的孤立、萎缩和倒错"[②]等现代道德问题。对自然的奴化造成了包括气候变化在内的环境危机。人类对自然界的任何破坏，最终都会损害人类自身，使人与自然之间形成一种"互相伤害"的恶性循环关系。"对人的本质特点的意识——各种含义上的'人道主义'——由对神的人格化和对人的神化伴随。因为把上帝作为人的被隐藏的自我来认识，现代人占据和享受了自己的一切能力，最后把自己神化了：人是至高无上的，人只承认自己是标准。人好像自己是大自然之王似的为所欲为，自称自己是进

---

① ［美］利昂·巴拉达特：《意识形态：起源和影响》，张慧芝、张露璐译，世界图书出版公司北京公司2009年版，第311页。
② 万俊人：《寻求普世伦理》，北京大学出版社2009年版，第8页。

化的顶峰和全部意义。"① 我们必须认识到，对人的神化造成人的狂妄自大，最终可能导致人类的自我毁灭。

实际上，人类从来都不是地球上唯一存在的物种，人们的生活、文化、科技和艺术都因善于观察、倾听和模仿与之共享土地和海洋资源的其他生物而变得极其丰富。古希腊哲学家德谟克利特推测：人类从蜘蛛那儿学会了纺织，从燕雀、天鹅和夜莺那里学会了唱歌，从燕子如何筑巢中受到启发，学会了用黏土造屋。我们是其他动物的学习者。② 世界各地的许多舞蹈都体现了人类对哺乳动物、爬行动物、两栖动物、鱼类、鸟类甚至无脊椎动物身体动作的模仿。人类在穿越历史长河的进程中从其他物种那里学到的远不只是几种技艺而已。在与无数种动植物的互动中，人类形成了自己的身体形态和思维模式，产生了文化方向，形成了区别于其他动物的物质。而这种互动的减少和丢失已经并且会继续对人类产生负面影响。在历史的长河中，人类与其他生物之间的相互关联如此深刻地影响着人类自身发展，无论从遗传角度还是文化角度，都可以说是一个共同进化的过程。自从人类开始探索自己的起源，便思索着他们与自然界其他组成部分之间的关系。无论古代哲学家还是现代哲学家都曾企图将人类从其他物种中分离出来，他们中的很多人认为人类具有某些抽象的特质，即灵魂、理性的思维和自我概念。这似乎在某些时候能让人类免受自然法则的支配，好像我们与非物质世界有着特殊关联，能够以某种方式避开不容变更的生态原则。亚里士多德说理性是人类独有的财富，但他承认动植物具有一些次要的特质，而人类也具有动物的"敏感性"和植物的"营养性"，因而与其他物种存在关联。其他人则提出以诸如社会结构、语言、制造和使用工具及直立的身躯作为人类的另一些特质。行为科学家研究表明，这些特质没有一种是人类所特有的。

应对气候变化所要求的最深刻的哲学再定位为：人类应拒绝人类

---

① [荷] 托恩·勒迈尔：《以敞开的感官享受世界：大自然、景观、地球》，施辉业译，广西师范大学出版社2009年版，第141页。
② [美] 唐纳德·休斯：《世界环境史：人类在地球生命中的角色转变》（第2版），赵长凤、王宁、张爱萍译，电子工业出版社2014年版，第18页。

中心主义,同时,承认自然的内在价值——无论其是否对人类有利。事实上,任何物种都不是绝对孤立地存在的,都与其他物种同处于一个生命系统中,相互关联。我们应当在有极限的地球上,作为现代人类负责地采取行动,应该把自己定义为生活在地球上的命运共同体的一部分,再也不要把自己定义为能够随心所欲地安排大自然的主人。直到发现人类可以到达并且适合居住的另一个星球以前,我们都是完全依赖地球而生存的。如果地球的生物圈不再适合居住,所有物种都会灭绝;人类若想存活下去,其他动植物也必须存活下去。人类对于其他物种的依赖和对于同类的依赖是同等重要的。地球的含义应当从作为人类生存的单一参照,转化为一个审美的、伦理的和宇宙论思维的共同基础。要克服气候危机,人类的价值观就需要从人类中心主义转向生态中心主义。

第二节　气候变化与资本主义批判

应对气候变化迫使我们对导致温室气体恶性排放的制度之源——资本主义——产生质疑:在资本主义势力占主导地位的情况下,人类能够阻止气候变化吗?人们取得的共识是,气候变化是"资本主义迅速而不平衡的发展带来的间接损害"[1],并且,现有的资本主义制度不足以防止气候变化以及其他环境威胁。资本主义国家工业化过程的实现往往是以牺牲环境和自然资源为代价的,这反映了资本主义的系统性失灵——资本主义缺乏了解和适应自然与气候系统的感官。气候危机既有资本主义生产与消费过程中的"外部性"原因——资本主义是一种"外部性机器",也有制度和体制上的"内部性"原因(资本主义、自由市场以及消费主义等秩序框架方面的原因)。由于资本主义

---

[1]　[荷] 塞维斯·斯托姆:《资本主义与气候变化》,侯小菲、谢良峰译,《国外理论动态》2013年第2期。

是"普遍化的商品生产"①,并且在生产中没有给自然资源定价,把空气、水、土壤等都当作免费的,造成"凡是世上过分多余、任何人都可以随意取用的财物,不论它们怎样有用,谁也不愿意花代价来取得它们"②的认识。资本主义体系认为,大气等自然资源是取之不尽的,"有很大用处的东西往往比用处很小的东西具有较小的价值"③。同时,在气候危机背景下,资本主义经济结构也使发展中国家和欠发达国家的公民遭受更为严重的剥夺,使世界的南北两极分化更为严重,使贫困国家的基本需求更加难以得到满足,并遭受更为严峻的气候变化、资源冲突、疾病等问题。可见,气候危机对资本主义的合理性提出了重大挑战。"资本主义是一个系统,凡是系统必有生命,而生命总有终点。"④气候变化等全球性危机加重了人们对资本主义的质疑,加速了其走向终结的进程,并为社会主义开辟了道路,甚至有西方媒体喊出"我们现在都是社会主义者"⑤的口号。或许,从社会制度层面进行改革才是减缓与适应气候变化的根本出路。

一 气候危机与经济增长

(一)资本主义的增长范式

资本主义社会的经济增长范式是造成气候危机的内部性原因之一,因为资本主义的增长动力与可持续性之间存在难以调和的冲突。气候变化揭示了资本主义的一个根本性内在矛盾:必须消耗自然资源以确保持续的经济增长。气候变化凸显了资本主义无限经济扩张与有限的自然资源之间不可调和的紧张。资本主义依赖于经济增长,如果经济不再增长,就不再是资本主义。在资本主义体系下,只要一项政策能够促进经济增长,它就应得到支持,因为经济增长被假定能够实

---

① [英]杰弗·霍奇森:《资本主义、价值和剥削:一种激进理论》,于树生、陈东威译,商务印书馆2013年版,第36页。
② [奥]奥弗·维塞尔:《自然价值》,陈国庆译,商务印书馆1982年版,第3页。
③ 同上书,第4页。
④ [英]伊曼纽尔·沃勒斯坦等:《资本主义还有未来吗?》,徐曦白译,社会科学文献出版社2014年版,第9页。
⑤ [美]麦克·哈特:《全球化思维中的"共有资源"》,载[美]尹晓煌、何成洲《全球化与跨国民族主义经典文论》,南京大学出版社2014年版,第53页。

现每个人都渴望的更美好生活——经济增长意味着人们正在创造、占有更多货币价值的商品与服务。当工人创造出更多的商品与服务时，他们就可以获得更高的薪水，由于他们薪水更高，而且有更多的商品与服务被生产出来，人们就能够更多地购买他们所想要的东西，从而增加社会福利和人们的幸福指数。因此，在资本主义体系中，经济增长这一目标具有压倒一切的优先性与合理性，只要首先发展经济，积累了社会财富，人们就可以过上幸福生活，即使对环境造成了一定程度的污染，但最终一定可以得到治理。如麦肯锡公司（McKinsey & Company）宣称，任何成功的应对气候变化行动都必须同时支持两个目标：稳定大气中温室气体浓度和保持经济增长。[1] 实际上，资本主义应对气候变化的目的并非稳定气候，而是通过应对气候变化降低成本，从而鼓励进一步的投资与消费，这最终将造成更大的气候危机。气候科学研究表明，要避免生态灾难，人类就必须进行"碳预算"（carbon budget）。研究表明，到 2050 年，我们剩余的碳预算约为 565Gt（$1Gt = 10^9$ 吨）二氧化碳——这样有 80% 的可能性使气候变暖不超过 2℃。换言之，大气中剩余的温室气体排放空间已经不足以支持资本主义的经济持续增长目标。

　　虽然不断有资本主义理论家声称他们正努力协调资本主义与优良的环境需求之间的矛盾，但事实上却反对以修复生态系统的名义向他们提出的最基本的要求，如《京都议定书》所制定的二氧化碳减排目标。[2] 生态问题被搁置了，人们听到的只有经济增长。气候变化反映出资本主义体系中进步与毁灭之间的紧张关系。"资本主义经济所内

---

[1] Beinhocker, E., Oppenheim, J., Irons, B. et al., *The Carbon Productivity Challenge: Curbing Climate Change and Sustaining Economic Growth*, New York: McKinsey & Company, 2008, http://www.mckinsey.com/insights/energy_ resources_ materials/the_ carbon_ productivity_ challenge, 2017 - 09 - 20.

[2] ［印度］萨拉·萨卡、［德］布鲁诺·科恩：《生态社会主义还是野蛮堕落？——一种对资本主义的新批判》，载陈慧、林震译，载郇庆治主编《当代西方绿色左翼政治理论》，北京大学出版社 2011 年版，第 93 页。

含的不稳定是一个事实，而不是无根据的批判。"① 永恒的增长对于所有系统都是幻象。资本主义的增长观认为，人类社会的目标就是没有极限的增长。② 马克思最早发现，资本主义这一经济体系依赖于对自然的无止境剥削，在全球资本主义政治经济与环境之间存在根本的冲突；资本投资会导致对自然资源的无止境需求。资本主义将最严重的污染与生态恶化分配给穷人、偏远地方的人或"牺牲区域"。③ 资本主义往往想通过一种幻觉，比如通过新技术的发展，使得财富无限增长，来满足人的贪欲。但实际上，由于地球自然资源的有限性，任何技术都无法确保没有极限的增长。④ 但在资本主义体系中，经济增长已经成为一种内化的制度性追求，因而不可能有来自资本主义体系内部的力量能够控制这一增长过程。⑤

资本主义所追求的无限的指数型增长是不可持续的。指数型增长所带来的意想不到的结果已经让人们着迷了几个世纪。所谓指数型增长，就是翻倍、翻倍、再翻倍的过程。一个波斯传说讲述了这样一个故事。一个聪明的大臣献给国王一个漂亮的棋盘，他请求国王这样跟他交换：在棋盘的第 1 个格子里放一粒大米，在第 2 个格子里放 2 粒大米，在第 3 个格子里放 4 粒大米，以此类推。国王同意了，命令从他的粮仓里取出大米。棋盘的第 4 个格子需要放 8 粒大米，第 10 个格子需要放 512 粒大米，第 15 个格子需要放 16384 粒大米，而第 21 个格子里需要放上不止 100 万粒大米。到第 41 个格子，需要放上 1 万亿多粒大米。照这样的放法，国王无法继续放满 64 个格子，因为所需大米数量比当时全国的大米还要多！

---

① ［美］理查德·波斯纳：《资本主义民主的危机》，李晟译，北京大学出版社 2014 年版，第 2 页。
② Cornelius Castoriadis, *Philosophy, Politics, Autonomy*, Oxford: Oxford University Press, 1991, p. 184.
③ Naomi Klein, *This Changes Everything: Capitalism vs. The Climate*, New York: Simon & Schuster, 2014, p. 173.
④ ［美］约翰·福斯特：《生态危机与资本主义》，耿建新等译，上海译文出版社 2006 年版，第 95 页。
⑤ ［德］尤尔根·哈贝马斯：《合法化危机》，刘北成、曹卫东译，上海人民出版社 2009 年版，第 47 页。

一个法国谜语反映出了指数型增长的另一面：一个呈指数型增长的事物的数量会突然达到一个固定的极限。假设你拥有一个池塘，一天，你注意到池塘里长出了一株荷花。你知道这种荷花的数量每天都会增加一倍，并意识到如果你任由这种植物生长，它们会在 30 天内覆盖整个池塘，会使水中的所有其他生命种类窒息而死。但起初这种荷花看起来不多，所以你决定不必担心，你将在它们覆盖了一半池塘时再来处理它们。你知道你给了自己多少时间来防止你的池塘遭到破坏吗？你只给自己留了一天的时间！在第 29 天这个池塘被覆盖了一半。第 30 天，最后一次翻倍之后，这个池塘就被全部遮住了。开始时，看起来推迟到池塘被覆盖了一半时再采取行动是很合理的。在第 21 天，这种植物只覆盖了池塘的 0.2%；在第 25 天，也只覆盖了池塘的 3%。但是，再等下去，就只有一天的时间容许你拯救你的池塘。

　　天下没有免费的午餐，经济增长一定会伴随负面后果，气候危机就是其负面后果之一。因此，要了解和解释气候危机，就不能不剖析资本主义市场经济体系，并批判其等级制、剥削性的统治关系，以及对自然的滥用。[①] 由于整个世界在许多领域的发展都已经达到或者超过了地球所能承受的极限，那些经济增长优先的政策将无法持续。[②] 生态危机和气候危机可能会增加后资本主义体系建立的可能性。在一个有限的星球上，实物增长一定会走向终结。[③] 人类不可能不断地以加速度前行，[④] 那样只会加速灭亡。

　　不但要对资本主义严加控制，还要改变民族国家沉迷于经济增长的状况。自然资源被穷尽和受到不可逆破坏的程度将是威胁人类生活的一个问题。生态足迹的概念很清楚地说明，北半球国家不合理的发

[①] [希] 塔基斯·福托鲍洛斯：《当代多重危机与包容性民主》（第 2 版），李宏译，山东大学出版社 2012 年版，第 108 页。
[②] [法] 雷米·热内维、[印度] 拉金德拉·帕乔里、[法] 苏伦斯·图比娅娜主编：《减少不平等：可持续发展的挑战》，潘革平译，社会科学文献出版社 2014 年版，第 226 页。
[③] [美] 德内拉·梅多斯、乔根·兰德斯、丹尼斯·梅多斯：《增长的极限》，李涛、王智勇译，机械工业出版社 2013 年版，第 18 页。
[④] [英] 马尔萨斯：《人口原理》，朱泱、胡企林、朱和中译，商务印书馆 1992 年版，第 3 页。

展模式不应向世界其他国家转移，以免导致严重的生态和社会后果。把自然仅仅作为资源的想法，使我们很难看到人类活动给自然带来的真正影响以及人类活动对自然环境的依赖程度。如果只是把自然视为有限的资源，那么自然就成了资本主义组织和国家争相开发利用的对象。① 如果地球上的每一个人都享受与北美同样的生活标准，那么在目前的技术水平下，我们就需要三个地球来满足总的物质需求。② 经济增长的最终目的是扩展人类的自由并为未来提供一个更好、更安全以及更清洁的地球，而不可持续的资本主义增长方式带来的环境和气候变化风险正在显现。

资本主义所追求的GDP增长让现实中的经济学变得"简单"：如果一个数字增加，就意味着现实变得更美好，而减少则意味着更糟糕。但GDP却存在以下四个方面的问题：

（1）独立性的提高意味着GDP的减少。如果你经常在家里吃饭，你就没有为提高GDP做出任何贡献；如果你自己种植粮食，就是以牺牲GDP为代价。任何以限制消费为目标的广告宣传都无益于GDP。比如说，强大的戒烟运动会减少购买香烟的人，进而就会减少GDP。

（2）GDP不能区分浪费、奢侈和满足基本需求的行为。

（3）GDP并不能保证正在做的事情或是正在购买或销售的东西是有意义的。因此，GDP与生活质量的相关性并不强。

（4）GDP是"国内生产总值"，它没有考虑到成本和收益的分配。如果95%的人生活在极端贫困状态中，而5%的人则生活在极端奢侈的环境下，这是一个极不正义的社会，但GDP根本就无法反映这个事实。③

资本主义的经济增长远非均衡的、能够让全球范围内所有人都得

---

① ［英］伊曼纽尔·沃勒斯坦等：《资本主义还有未来吗?》，徐曦白译，社会科学文献出版社2014年版，第157页。
② ［美］德内拉·梅多斯、乔根·兰德斯、丹尼斯·梅多斯：《增长的极限》，李涛、王智勇译，机械工业出版社2013年版，第116页。
③ ［美］理查德·海因伯格：《当增长停止：直面新的经济现实》，刘寅龙译，机械工业出版社2013年版，第210—211页。

到满足的增长。资本主义发达国家的经济繁荣,往往是以落后国家的进一步相对贫困化为代价而实现的。世界范围内严重的贫富不均,以及西方生活标准对落后国家人民所产生的诱惑,带来的不仅是这些国家经济状况不断恶化,而且加剧了这些国家内部的社会张力,最终导致了它们在政治上与文化上的动荡与加剧。① 资本主义的经济增长也无法保证社会公平。即使在美国这样高度发达的资本主义国家,贫困人口也占总人口的很大比重,会出现"无家可归的人死在公园的长椅上,而慢跑锻炼的人匆匆经过、毫无觉察"② 的现象。问题在于,一个国家陷入贫困但缺乏资源去改变现状是一回事,而一个国家有充沛的资本和资产,却一直对消除贫困所做甚少则是另一回事。资本主义增长经济被普遍化的结果,就是世界上相当大一部分人口被边缘化,迫使数千万人从他们的出生地移民,即使冒着生命危险,也要拼命地非法进入北方发达国家。经济权力的集中和与之并行的、在全世界不断扩展的不平等的直接后果,就是北方国家从根本上无力在南方国家创建一个能够自我维持的消费型社会,这不仅仅是结果,而且还是增长经济得以延续的前提条件。换言之,正是这一固有的障碍,使得发达资本主义国家的增长经济类型不可能被普遍化。③

资本主义增长经济塑造了一个增长型社会,其主要特征是:消费主义、隐私权(离群索居)、异化以及社会纽带的解体。相应的,这种增长型社会则必然会导向一个"非社会",也就是说,以原子化家庭和个体替代原来的社会,这是使原始风尚终结的关键性步骤。如果只有少数富人的收入在增长,或是把钱花在了纪念碑和军事设备上,那么在这一层面上根本谈不上发展。④ 我们早已完成了由空洞世界的经济向丰富世界的经济的转变。增长不同于发展。增长是量的扩张,

---

① 唐士其:《西方政治思想史》(修订版),北京大学出版社 2008 年版,第 560 页。
② [美]马克·兰克:《国富民穷:美国贫穷何以影响我们每个人》,屈腾龙、朱丹译,重庆大学出版社 2014 年版,第 2 页。
③ [希]塔基斯·福托鲍洛斯:《当代多重危机与包容性民主》(第 2 版),李宏译,山东大学出版社 2012 年版,第 101 页。
④ [美]德怀特·波金斯、斯蒂芬·拉德勒、戴维·林道尔:《发展经济学》(第 6 版),彭刚等译,中国人民大学出版社 2012 年版,第 10 页。

而发展是质的提升。现有的发展定义把人类的福利与个人消费的增长或与生产力的无限发展混为一谈。

(二) 非增长型经济

可以用联合国开发计划署（UNDP）的人类发展指数（HDI）或人类福利指数（HWI）来重新衡量人类的福利与发展水平，而非GDP。在2001年的《人类发展报告》中，UNDP是这样定义"人类发展指数"的：人类发展指数是对人类发展状况的总体衡量，它衡量了一个国家在人类发展的三个基本层面上所取得的平均成就：

(1) 长寿而健康的生活，以出生时的寿命预期来衡量；

(2) 知识，以成人识字率（赋予2/3的权重）和小学、中学及大学的总入学率（赋予1/3的权重）来衡量；

(3) 体面的生活水平，以人均GDP来衡量。

越来越多的人呼吁用"绿色国民净产值"（Green National Product, GNP）反映经济活动给人类福利带来的真实效果——收益抑或破坏，并兼顾地球及其居住者的可持续性和健康。于是，又一个被人们越来越多引用的主要指标就是幸福——这更多的是一个伦理指标而非经济指标。归根结底，如果产品和消费的增加不能增加人类的满足感，这样的增长又有什么意义呢？

在过去的35年里，美国的人均收入增加了60%，新住宅的平均面积增加了50%，汽车拥有量激增了1.2亿辆，家庭拥有计算机的比例从0提高到80%。但是，感觉自己"非常幸福"或"相当幸福"的美国人比例却基本维持不变，而且始终未能超过20世纪50年代的最高峰。增长让美国这台巨大的经济跑步机一直在加速运转，为了跟上它的节奏，我们不得不付出更多汗水，却没有收获与之相对应的幸福。早在启蒙运动时期，法国思想家卢梭就曾论证过，科学与艺术的复兴不会导致人们道德的共同进步，而一个没有人自身进步的复兴绝不是真正的进步。

通过奴役地球及其生物以积累财富，是一种错位的追求。人类必将为此付出极大的代价。不仅穷人和其他物种将会受到伤害，富人也同样会因为其错误的追求而在理智、道德和精神上受苦。在现代社会，我们已经看到越来越多的社会道德败坏、政治利益和希望的迷失，以及精神的衰退。因为一种没有理想和精神上的资产阶级化的生活，现代社会"淹没在享乐中"，就是享乐主义的必然逻辑。这种逻辑的重要标志是，政治经济日益钟情于奢侈品消费。一旦政治经济满足其基本物质需求，经济增长的逻辑就要求发展新市场和新需求以维持消费。在某种意义上说，很难区分奢侈品和必需品。在某些情况下，汽车似乎是家庭必需品，在另一些情况下，飞机似乎是必不可少的；对富豪来说，私人游艇和私人飞机也是必不可少的。虽然没有明显的外部标志来区分奢侈品和必需品，对奢华的欲望是当代西方文化内部道德败坏的一个明显的迹象。

重要的不是经济增长本身，而是什么样的增长。如果经济增长使大多数人的生存境况更差了、使环境污染更严重了、使人们更加抑郁和异化了，那就不是我们所应该追寻的那种增长。我们需要的是一种合乎道德的增长，是在生态系统承载限度之内的增长，是人类生活品质得到提升，以及生物与文化多样性得到保存的增长。

具有讽刺意味的是，这个观点最初并不是出现于美国，而是来自喜马拉雅山脉脚下的一个小国——不丹。1972 年，就在 16 岁的吉格梅·辛格·旺楚克（Jigme Singye Wangchuck）登基成为不丹的国王之后不久，他就提出了"国民幸福指数"（Gross National Happiness, GNH）这一概念，以体现他致力于打造新型经济，造福于这个佛教国家的信心。

我们需要了解的是，在非增长型经济中，我们的生活会是怎样的，是否有趣，是否安全。没有了增长，未必就意味着没有变化和改善。阿马蒂亚·森认为，发展的目标是提高人们选择生活的能力。但资本主义的目标只是经济增长，而这一目标也并非提高这种能力的决定因素。放弃数量，追求质量，不是单纯为了增加经济活动而促进经济活动，而是在不提高消费量的基础上改善生活质量。而实现此目标的手段之一，就是拓宽增长的外延，重释增长的内涵。"向非增长型经济转轨（或是以全新方式定义的增长模式）是不可避免的大趋势，但我们完全可以快乐地接受变革，毕竟，亡羊补牢，未为晚也。"①

如果应对全球变暖的气候政策继续延续资本主义的经济增长逻辑，维持其制造和计算的做法不变，气候变化问题就不会从根本上得到解决。许多人认为，气候变化使全世界最贫穷和最脆弱的人们面临的死亡风险最大，为气候变化负最大责任的发达国家有道德义务使用经济资源去补偿穷人以适应气候变化。当问题被置于这种语境下时，它似乎表明，全球变暖的解决办法是促进更多的经济增长和浪费性生产，以提供资金来补偿容易受到伤害的人们。

二 气候危机与自由市场

资本主义在面对气候变化威胁时存在着致命的缺陷，它将市场作为应对包括气候变化在内的一切危机的唯一手段，拒斥政府管制和道德干预。面对气候变化，资本主义的解决之道是"一切照常"。资本主义认为，自由市场不是气候变化的原因，而是解决气候变化的手段——解决过度消费所产生问题的方法就是更多地消费。全球资本主义自由市场体系把所有的价值都置于货币条件之下，以便于人们能够利用市场（或模拟市场）选择那些能增进最大极限的人类福利的行为和政策。这一自由市场体系忽视或扭曲了自然价值与伦理价值，使人类处在一个自我毁灭的时代。自由市场是没有国界的，但资本主义国家的"正义"却仍局限在其国家界限之内。人类正在毁灭自己，气候变化是人类不断剥削自然的累积恶果，因为自由市场经济意识形态增加了人类的不幸。可见，气候变化的威胁与资本主义自由市场的全球扩张之间存在根本的联系。

气候危机是一种"外部性"问题，因为在资本主义的自由市场中，气候危机的制造者无须承担气候变化造成的损失。换言之，气候危机表明，自由市场的运行是存在问题的，如果这些问题无法得到矫正，气候危机就不会得到解决。在全球自由市场中，生态风险或"恶物"是这样分配的，发达国家利用不合理的国际经济秩序将大部分生

---

① ［美］理查德·海因伯格：《当增长停止：直面新的经济现实》，刘寅龙译，机械工业出版社2013年版，第19页。

态风险转移出自己的国家,从而使贫穷国家、女性和少数种族承受了绝大部分环境风险。资本主义虽然造就了大量的富人,但这些人却凭借一种掠夺性的生产和生活方式参与世界范围内的沙文主义选择进程,剥夺着其他人的生存机会。

资本主义提出一种可持续性的"幻象",认为自由市场和技术创新会解决气候变化问题。这种"幻象"会导致资本主义的自我毁灭。面对气候变化和环境危机,许多资本主义企业也在进行"漂绿"运动,但在资本主义体系下,"绿色企业只是另一种骗局"①。资本主义关注市场,将市场作为分配商品与资源的手段。但市场并没有像它的拥护者宣称的那样有效运行。例如,资本主义诉诸二氧化碳排放税这一价格杠杆来解决温室气体排放问题,但是,"征收排放税并不足以保证排放量的减少"②。排放税最终不会减少二氧化碳排放量,只会成为促进资本主义扩张和经济增长的工具。气候变化是迄今为止最大的"市场失败"③。自由市场的优点本应是它的效率,然而自由市场却常常是没有效率的。失业是市场无效率的一大根源,也造成了大量的不平等。④ 市场不仅不稳定,许多市场活动本身也会影响环境和气候。例如,油价便宜就会增加汽油消费量,汽油消费量的增加又会导致气候变化和健康问题。"很多人就相信自由市场实际上只给了少数人以自由,而限制了很多其他人。如果自由真的有价值,那么政府必须限制一些人的经济行为(通过税收),来将自由提供给更多人。"⑤

资本主义的自由市场理念可能会沦落为仅仅是对自由企业的鼓

---

① [美] 乔尔·麦科沃:《绿色经济策略:新世纪企业的机遇和挑战》,姜冬梅、王彬译,东北财经大学出版社2012年版,第17页。
② [德] 本沃德·吉桑:《功利主义与气候变化》,任付新译,《国外理论动态》2014年第2期。
③ Nicholas Stern et al., *Stern Review: The Economics of Climate Change*, London: HM Treasury, 2006, p. viii.
④ [美] 约瑟夫·斯蒂格利茨:《不平等的代价》,张子源译,机械工业出版社2013年版,第Ⅶ页。
⑤ [美] 菲尔·沃什博恩:《没有标准答案的哲学问题》,林克、黄绪国译,新华出版社2014年版,第127页。

吹，这意味着富人拥有完全的自由，而穷人仅拥有微薄的自由。① 资本主义认为，自由市场能够"精确地"计算出每一种方案的利弊得失，以帮助人们做出"理性的"决定，但实际上，由于大量存在的不确定性，我们无法把握事物自身的变化和环境的变化，因此，任何对未来的计划与方案的这种计算都既不"精确"也不"理性"。例如，一些父母为了孩子的前途而拼命挣钱，没有时间亲自陪伴和教育孩子，结果给孩子买了最贵的"学区房"却发现孩子根本没有学习兴趣，给孩子买到了一切却没给他买来前途与快乐——可能孩子的健康成长需要的只是父母更多的陪伴。这些父母只计算了物质带来的可见收益，却看不见孩子的健康快乐所产生的无形收益。由于资本主义自由市场偏向于给予经济增长优先权，将 GDP 与财富的增长等同于人们幸福的增长，但却弱化了政府的职能和忽视了伦理因素，因而我们常常看到这样的现象：贫困人口数量与经济发展数字同步增长；公众癌症发病率与经济建设速度同步增长；犯罪率、自杀率与居民收入水平同步增长等。这表明，自由市场是传统价值的最大敌人。随着自由市场对社会生活的全方位渗透，社会危机正在不断恶化。例如，在英国，1950 年发生了 100 万起案件，1979 年则发生了 220 万起案件，犯罪率翻一番用了 30 年的时间。然而仅在 20 世纪 80 年代，犯罪率就增长了一倍多，到 20 世纪 90 年代达到了 500 万起。统治精英对犯罪激增做出的回应就是，建立更多的监狱。英国内政部的研究表明，如果要使每年的犯罪率降低 1%，狱中罪犯的人数将不得不增加 25%！② 自由市场过度的吹嘘和不断刺激人的物质欲望，使得人们生活在疯狂的节奏中却不能掩盖精神的绝望。弗洛姆早就发现，最贫穷国家的自杀率是最低的，而欧洲等富裕国家的自杀率却不断攀升。③

---

① ［美］大卫·哈维：《新自由主义简史》，王钦译，上海译文出版社 2016 年版，第 39 页。
② ［希］塔基斯·福托鲍洛斯：《当代多重危机与包容性民主》（第 2 版），李宏译，山东大学出版社 2012 年版，第 104 页。
③ ［美］艾里希·弗洛姆：《健全的社会》，孙恺祥译，上海译文出版社 2011 年版，第 4 页。

自由市场如果仅仅是反映出更高的价格与更长的工作时间的话，它就不会增进人类福利。如果自由市场的结果就是社会问题越来越多，人民生活越来越不幸福，那么这样的市场不要也罢。

自由市场还寄希望于排放贸易这一手段来解决气候变化问题，而排放贸易的逻辑鼓励发达国家将高污染、高排放企业转移到发展中国家。如果美国为应对气候变化所付出的成本高于世界其他国家可能遭受的危害，美国就不会采取应对气候变化行动。造成气候变化的人往往不是受气候变化影响和危害最大的人，他们没有付出成本却享受了气候变化的收益。温室气体排放最少的国家却由于适应能力最差而成为最大的受害国。按自由市场的逻辑，由于污染和排放的社会成本在贫穷国家比在富裕国家更低，因此，为了使成本最低而收益最大，就可以让贫穷国家承担更多的负担。其背后的逻辑是，不应当关注所分配的蛋糕的相对大小，而应关注其绝对大小。如果给富国或富人更多的资源就会使整块蛋糕变大，即使穷国或穷人得到的那块蛋糕相对较小，但其绝对量变大了。但真实的情况却完全相反：不平等的加剧会使经济增长减缓，增大的只有富人的蛋糕。

排放贸易把污染转化为一种可以买卖的商品，取消了理所当然地与污染相联系的道德耻辱。如果一个公司或一个国家由于排放了过多的污染物而被罚款，那么共同体向人们传递着一个判断，即污染者做了错事。而另一种方式——收费，使得污染成为生意场上的另一种花费，就像工资、福利和租金。让我们考虑一下在禁止停车区域内的违停罚款问题。如果一个繁忙的生意人需要把车停在他的大楼附近，并愿意支付罚款，那么他把那个地方看作一个昂贵的停车地，这难道没有错吗？[①] 可见，如迈克尔·桑德尔（Michael Sandel）指出的，对温室气体排放权进行交易是不道德的，因为这破坏了公平的责任分担原

[①] ［美］迈克尔·桑德尔：《公共哲学：政治中的道德问题》，朱东华、陈文娟、朱慧玲译，中国人民大学出版社2013年版，第85页。

则，还使污染的恶名因金钱得到洗刷。① 最后的结果是，减排成为没有钱的穷人的事情。用自由市场应对气候变化的不道德性还体现在对后代利益的忽视上。在自由市场经济的逻辑中，几乎不存在什么理由要求我们严肃地照顾子孙后代的利益。真正的可持续发展要求每一代人都应当自觉地保护下一代人的利益，即使这要求他们极力克制短视的消费偏好。

在资本主义自由市场体系中，自然资源是免费的。资本主义摧毁外部以支撑内部：人是内部，自然是外部；发达国家是内部，发展中国家是外部。如大卫·哈维（David Harvey）所指出的，资本主义从未真正解决它所产生的问题，它不过是在兜圈子。② 资本主义解决气候危机的途径就是通过自由市场暂时使经济继续增长和消费持续。资本主义甚至会把气候危机当作其继续扩张的机会，认为气候危机会创造新的市场机会——其实质是认为什么都无须改变。如在极地冰面减少后扩大煤矿与石油开采、在极端气候事件中增加新的保险产品、为应对海平面上升而增加工程项目等。再如气候地球工程，只有赚钱或能获得新的资源时，人们才会采用。资本主义把资源变成商品进行交易，无助于减少生产与消费，并会使富国、发达国家将排放成本转移到更贫穷的发展中国家，而这些国家对极端气候事件与海平面上升也更为脆弱。可见，"资本主义直接导致人类文明的毁灭"③。

市场是投机的和短视的，然而，"地球不是一块块土地缀起来的补丁大衣，要保持它的宜居和美丽，是一项只有人类作为全球性的整体才能承担起来的任务，绝非一些人对抗另一些人的投机主义短视行

---

① Michael J. Sandel. "It's Immoral to Buy the Right to Pollute", in Robert N. Stavins, ed., *Economics of the Environment: Selected Readings*, 4th ed., New York: W. W. Norton & Company, 2000, pp. 449–452.

② David Harvey, *Seventeen Contradictions and the End of Capitalism*, Oxford: Oxford University Press, 2014, p. 154.

③ Eve Chiapello, "Capitalism and Its Criticism", in Paul du Gay and Glenn Morgan eds., *New Spirits of Capitalism: Crises, Justifications, and Dynamics*, Oxford: Oxford University Press, 2013, p. 73.

为所能解决的"①。资本主义认为，通过自由市场进行自由交易就可以解决所有环境问题——包括气候变化问题，但实际上，许多环境产品无法进行市场交易，例如，个人无法买卖呼吸的空气或者周围的湖泊、河流和海洋中水的质量。虽然市场非常强大，但其运行并非总是有效的，气候变化就是典型的市场失败案例。如果没有人的生活因为市场配置资源而得到改善，那么我们就说出现了市场失败，它甚至使某些人的生活状况变得比应该的情况更糟。当环境产品无法在市场中交易时，生产者与消费者无法根据市场价格信号改变自身决策，从而使生产和消费一同陷入混乱。对于环境产品而言，市场失败会导致矛盾和资源滥用。② 经济增长造成的环境外部性是市场失败的典型表现。外部性是对于第三方的一种非经济影响。例如，化石能源消费使能源企业和消费者获益，却使作为第三方的环境遭到破坏。由于这一问题对市场参与者没有任何影响，所以他们没有动力去减少这些损害，从而过剩供给外部性，导致自由市场体系的短时间尺度与地球自然系统的长时间尺度之间存在不可调和的矛盾。"一切照常"并不是选项，必须集体努力。换一种说法也能成立：不是市场失败造成了气候危机，而是市场的成功造成了气候危机。自由市场的成功使其不断加速运转和扩张，最终超出了地球系统的承载极限。必须要给自由市场装上刹车，使其慢下来，否则便会使其成为资本主义自身的掘墓人，或熊彼得所说的"创造性自我毁灭"（creative self-destruction）。

三　气候危机与消费主义

消费主义是当代资本主义最主要的异化现象，也是造成全球气候变化与生态危机的最现实的深层根源。消费主义就是一种鼓吹挥霍和浪费资源的物质主义价值观，在这种价值观指导下的消费活动，必然会导致对自然物质世界的疯狂掠夺，造成温室气体排放不断增长和气候变化不断加剧。

---

① ［西］费尔南多·萨瓦特尔：《伦理学的邀请》，于施洋译，北京大学出版社2015年版，第117页。

② ［美］彼得·伯克、格洛丽亚·赫尔方：《环境经济学》，吴江、贾蕾译，中国人民大学出版社2013年版，第5页。

资本主义的基本价值理念之一是消费无罪，过度消费非但不是恶，反而是一种值得鼓励的善，因为资本主义市场体系的运行需要以消费主义为基础。消费主义作为一种价值观，鼓吹在大众生活层面上进行高消费的生活方式。资本主义价值观把各种生活方式杂乱地拼凑在一起，释放出无限的欲望，让其不断超越限度。①

消费控制着资本主义社会的运行，支配着人的生活与思维，使人成为被动而贪婪的消费者，最终使人异化为物的奴仆。② 资本主义通过广告这一虚假标准刺激人们成为消费社会挣薪水的奴隶。"我们的文明就是在全力迫使作为个体的我们把自己的全部能量与精力统统投入到生产和消费中，让我们不断地去满足现代社会的生产性命令并在私人或家庭消费的领域里确保我们的物质性生存。"③ 资本主义鼓励以更快的频率购买新衣服、手机、汽车和其他"必需品"。消费主义把物的消费转变为"符号消费"。消费主义使人异化为物质主义者。物质主义者具有以下特点：①他们非常看重获得和炫耀占有物；②他们以自我为中心，且自私；③他们追求拥有很多占有物的生活方式（如他们渴望获得很多东西，而不是简朴宁静的生活风格）；④他们众多的占有物并没有给他们带来更大的满足（他们的占有物本身并不能给他们带来满足）。④ "我购物故我在"和占有性个人主义一起建构了一个伪满足的世界，表面上激动人心，内中空空如也。⑤

作为消费社会的资本主义希望人们行走于物质的丛林，被商品所包围，不断释放出欲望，"使消费成为非理性的狂欢"⑥。占主导地位

---

① ［英］特里·伊格尔顿：《后现代主义的幻象》，华明译，商务印书馆 2014 年版，第 73 页。
② ［德］艾里希·弗洛姆：《在幻想锁链的彼岸》，张燕译，湖南人民出版社 1986 年版，第 174 页。
③ ［美］汉娜·阿伦特：《康德政治哲学讲稿》，曹明、苏婉儿译，上海人民出版社 2013 年版，中文版序言第 3 页。
④ ［美］利昂·希夫曼等：《消费者行为学》（第 10 版），江林等译，中国人民大学出版社 2011 年版，第 119 页。
⑤ ［美］大卫·哈维：《新自由主义简史》，王钦译，上海译文出版社 2016 年版，第 178 页。
⑥ 孙春晨：《消费主义的伦理审视》，载曹孟勤、卢风《资本、道德与环境》，南京师范大学出版社 2012 年版，第 40 页。

的"消费"富裕模式的标志就是将个人的幸福降至占有物质财富的程度。消费主义所引导的"消费文化是 20 世纪后半叶出现在欧美社会的物质文化的一种特殊形式"①。人类无止境的欲望和"二战"后随着经济膨胀而不断上升的欲望的实现，导致了越来越多的物质需求。此外，社会因素对物质消费品的需求也起到了推动作用。消费的目的就是弥补工作生活所带来的问题和负担，保持并改善自己的社会地位，或者说，就是获得快乐和接触新鲜事物。这种消费主义使"生命被碾碎，大多数男人和女人被迫为少数人的利益从事没有收益的劳动"②。

生产与消费密不可分，如果没有人们的大量消费甚至浪费，资本主义这架机器就无法正常运转。为此，资本主义必须不断激发和创造人的需要，③为了换取利润，实现对人的进一步剥削而不断地逼迫人们消费。良性的消费是为了获得商品的使用价值，而消费主义则把人们消费的目的变成了占有欲的释放载体，使人"把物欲的满足、感官的享受作为人生追求的主要目标和最高价值"④。"享受主义看来是最适应消费社会的伦理。"⑤"那些促使人们沉溺上瘾的媒体鼓励人们进行疯狂贪婪的竞争，而这种无情的抢夺创造出了现代生活中急需填补的空虚感。"⑥ 个人永久性的愿望——提高其自身的消费水平，推动了经济在量上的发展。生产的增长只有通过消费的增长才能实现（否则，由于生产力的进步而增加的产品就无法销售出去）。这种追求物质消费的生活方式会带来极大的生态后果。日常供给及生活方式建立

---

① ［英］西莉亚·卢瑞：《消费文化》，张萍译，南京大学出版社 2003 年版，第 1 页。
② ［英］特里·伊格尔顿：《后现代主义的幻象》，华明译，商务印书馆 2014 年版，第 73 页。
③ ［德］黑格尔：《法哲学原理》，范扬、张企泰译，商务印书馆 1979 年版，第 206—207 页。
④ 张文伟：《美国"消费主义"兴起的背景分析》，《广西师范大学学报》（哲学社会科学版）2008 年第 1 期。
⑤ ［荷］托恩·勒迈尔：《以敞开的感官享受世界：大自然、景观、地球》，施辉业译，广西师范大学出版社 2009 年版，第 238 页。
⑥ ［美］马克·马陶谢克：《底线：道德智慧的觉醒》，高园园译，重庆出版社 2012 年版，第 83 页。

在很高的能源和物质强度基础之上。随着一次性产品消费量的提高，产品的寿命会下降，同时，由于追求时尚以及人为因素，用新型、时髦的产品来替代陈旧的产品的"压力"，加快了产品的老化速度。消费主义认为，消费者消费得越多，他们的品位就越高。就像对最新潮手机的消费一样，似乎谁先拥有了最新款、最贵版的豪华手机，谁就站在了时尚与品位的最前沿。不仅手机，电脑、汽车、家电、家具等都不断被更新的、更时尚的或改进后的版本所替代。新版本的出现，意味着旧版本的毁灭。世界上已没有任何物体可以免受消费和毁灭。

现代化的大工业的确带来了物质财富的极大增长和人们生活水平的迅速提高，在西方发达国家更是如此。但是，富裕的表象后面却潜藏着严重的匮乏。这种"匮乏"一方面指高速经济增长致使自然资源日益贫乏，人们在几十年之内就耗尽了地球经过数百万年的时间才形成的能源与矿产资源。现代社会的生产本质是为了消费的不断增长而进行的生产，增长本身成为一种目的。为此，人们不断追求技术进步，不断地对产品进行更新换代。但是，这种不断增长的生产导致的却是不断扩大的消费，在这里，人类的消费已经失去其原本的含义，即满足人类生存和发展的自然需要，而异化为为了维持增长而被人为创造出来的社会现象。然而，经济增长所带来的财富总体增加并没有使幸福感得以增强，这乃是人性使然。人们开始习惯于、"耽溺于"更高水准的消费，而且由于他们在自身与那些更富有的他人间所做的令人不快的对比，他们财富的增长更令其沮丧。为了保证满足不断增长的需求，就必须有同样数量的产品的增长……生产因此变得越来越具有破坏性和越来越转变为浪费；"生产"的概念中就包含了对产品的破坏，这是一种有计划的滥用。另一方面，由于现代经济的增长主要是通过生产者以各种方式不断刺激消费者的需求加以维持的，所以在生产不断增长的同时，作为消费者的一方却始终处于一系列永远也无法满足的欲望链条支配之下，这在实际上同样也意味着某种"匮乏"与贫困。

消费主义还忽视乃至取消人们更多的非物质性需求，使人成了消费物品的机器，造成"人为物役"的异化倾向。尤其是近年来，日益流行的消费主义文化使上述情况雪上加霜。人们本应享受越来越多的闲暇，但在资本主义异化情况下，人们却选择消费越来越多的商品。过去的"富人"受到人的包围，如今的"富人"则是受到物的包围。[1]"每个人都说他们是为了家庭才如此辛苦地工作，但正是由于他们这么辛苦地工作，能和家人在一起的时间就越来越少了，家庭生活质量也就随之下降了。于是不经意间，手段背离了所要达到的目标。"[2] 人的一切都不可能是无限的。欲望和手段应当同步发展，但常常是"欲望在飞奔，手段一直一瘸一拐地紧随其后"[3]。减少一种商品的消费可能并不会减少环境破坏，例如人们可能会把少吃肉所省下来的钱用于旅游，而旅游的环境成本可能正好等于吃肉的环境成本。

资本主义所引发的气候危机和生态危机的根源在于一种与消费主义有关的道德危机。例如，美国已经发展出世界上最具竞争力的市场社会，却在此发展过程中将公民美德逐渐抛诸脑后。[4] 美国人付出了巨大的努力来追求幸福，但他们的幸福感却长期保留在原来的水平，这被心理学家描述为一种名叫"享乐主义踏步机"的陷阱。[5] 曾经，消费是通向幸福的手段，如今消费却成了目的。[6] 实际上，市场所反映的欲望不是心理和生理上的，而是权利关系上的。[7]

消费主义的出现和盛行，还颠覆了传统文化中的节俭美德，因为

---

[1] [法] 让·鲍德里亚：《消费社会》，刘成富、全志钢译，南京大学出版社2008年版，第13页。

[2] [美] 约瑟夫·斯蒂格利茨：《不平等的代价》，张子源译，机械工业出版社2013年版，第95页。

[3] [法] 弗雷德里克·巴斯夏：《和谐经济论》，王家宝等译，中国社会科学出版社2013年版，第92页。

[4] [美] 杰弗里·萨克斯：《文明的代价：回归繁荣之路》，钟振明译，浙江大学出版社2013年版，第3页。

[5] Philip Brickman and Donald Campbell, "Hedonic Relativism and Planning the Good Society," in M. H. Apley, ed., *Adaptation Level Theory: A Symposium*, New York: Academic Press, 1971, pp. 287–302.

[6] [美] 艾里希·弗洛姆：《健全的社会》，孙恺祥译，上海译文出版社2011年版，第4页。

[7] [印度] 阿马蒂亚·森：《贫困与饥荒》，王宇、王文玉译，商务印书馆2001年版，第197页。

消费主义所倡导的消费观是一种与节俭消费观相对立的挥霍性消费观。在消费主义看来，传统的节俭、节约和节制的生活方式已然成为落后和守旧的代名词。消费主义的消费观念使得现代社会的人们"具有贪婪地占有和使用新物品的欲望，并理智地认为，这种贪婪欲乃是自己所向往的一种更美好生活的体现"①。这种价值观与应对气候变化所要求的减缩、简朴、生态、循环的生活理念背道而驰。应对气候变化要求人们彻底改变当今的生活和消费模式，转而向崇尚简朴的传统美德寻求生存智慧。如果不对资本主义的消费欲望进行限制、控制和引导，人类就不会获得应对气候变化和拯救地球的能力。人类的追求应当从物质转向精神，否则人类的欲望将会超越地球生物圈的承受限度。只有当越来越多的人把有限的时间与精力用于追求无限的非物质性享受时，人类才有可能走出气候危机的阴影。

第三节　气候变化的伦理重构

气候变化本身是价值中立的，但人类活动所引发的气候变化却反映了人类与自身、与他人和与自然伦理关系的失范。因为气候变化不仅改变了物理世界，而且改变了道德世界，②或如加德纳所说，"气候变化反映了人类的道德失败"③。面对由于自身原因而引起的气候变化，人类是否真的必须做出选择呢？

道德认知与伦理觉悟影响着人类的行为，"道德革命必然引起道德行为的迅速变化"④。从辩证的角度看，"危机"不仅是"危险"，

---

① [德]艾里希·弗洛姆：《在幻想锁链的彼岸》，张燕译，湖南人民出版社1986年版，第174页。
② Julie A. Nelson, "Ethics and the Economist: What Climate Change Demands of US", *Ecological Economics*, Vol. 85, No. 1, January 2013, pp. 145–154.
③ Stephen M. Gardiner, *A Perfect Moral Storm: The Ethical Tragedy of Climate Change*, Oxford: Oxford University Press, 2011, p. 3.
④ [美]安东尼·阿皮亚：《荣誉法则：道德革命是如何发生的》，苗华建译，中央编译出版社2011年版，序言第2页。

也是机遇。人类是一种关系性存在。英国哲学家罗素在《变动世界的新希望》一书中指出人类有三种冲突：人和自然的冲突，人和人的冲突，以及人和自己的冲突。如果我们人类要想在这个星球上延续下去，就需要重构我们与自然、我们与他人（同代人和未来世代人）以及我们与自己的关系。伦理学是对事物自身存在及相互间关系的思考，如果气候变化能够引发人类系统的伦理反思，并重构一种与自身、他人和自然和谐的伦理关系，人类或许就能化气候危机为可持续发展的机遇，找到一条通往绿色未来之路。

一 个人伦理：心和

因为气候变化首先反映出人己关系的不和谐，即气候危机反映出一种人性的危机：人为什么要对赖以生存的自然作恶？从责任主体上看，每一个温室气体排放者都是气候变化的罪魁祸首，即使我们没有直接地排放温室气体，也通过消费与浪费间接产生了大量的温室气体排放。因此，气候变化首先会引发人类对自我生活与行为的伦理反思：人类应当如何生活？

资本主义侵蚀了公共生活在人们心目中的道德合法性，因为"资本主义的基本问题就是分离，也即是异化；分工、隔离和孤立变成了资本主义罪恶的主要形象"[1]。在资本主义社会体系中，每个人都只顾他自己的事情，其他所有人的命运都和他无关。对于他来说，他的孩子和好友就构成了全人类。他的世界只有他自己，他只为自己而存在。

人作为血肉之躯诚然需要一定的物质基础来维持其生存，但人类的生存与生活到底需要多少物质资源？欲望到底应不应当被全部满足？如果世界上的资源无法满足我们的所有欲望，那么"世界应该被改变以适应我们的欲望"[2]，还是改变我们的欲望以适应这个有限的世界？达尔文的进化论告诉我们：只有能很好地适应环境的植物和动物

---

[1] [美] 理查德·桑内特：《公共人的衰落》，李继宏译，上海译文出版社2014年版，第404页。

[2] [澳] 迈克尔·史密斯：《道德问题》，林航译，浙江大学出版社2011年版，第110页。

才更有可能存在。罗素说:"不是人类消灭战争,就是战争消灭人类。"在气候变化上,我们可以说,如果人类不能节制自己的欲望,欲望就会消灭人类。人们必须改造自我,适应资源与环境的变化,节制自己的欲望,与自然和谐相处,才有可能继续在地球上生存与"进化"下去。

"我们的需求和欲求通常会背道而驰。"① 人类是一种永不满足的动物,总是在满足一些需要的同时,又觊觎着生命的地平线上冒出的新的需要。② "我们满足了需求之后才开始仔细思量怎样才能更多地、更好地满足欲求。动物是寻找欲求,人类是再次寻找欲求。"③ 欲望总是一点点地被满足,从而使得主体总是处于一种渴望状态之中;满足是短暂的,而欲望却是长久的;欲望是无休止的。人类对物质的狂热追求前所未有,人类造富的愿望和能力也史无前例,这个时代物欲横流,处处炫富,然而却又是一个前所未有的"贫困时代",因为它穷得只有金钱财富了,因为它穷得连自己的贫困也察觉不了,更关心不了何以贫困。④ 随着资本主义的发展,"贪婪已成为一种盲从的美德形式,而我们只会随着工业化的增长,在大量贪婪、一味攫取利益的各级公司推动下变得越来越求胜心切和唯利是图"⑤。被欲望统治的人,"很少想我们已有什么,但永远在想我们缺乏什么"⑥。在过去 100 年间,各种各样的发动机和生活用火释放出了过去埋藏于地下的大量的碳,这就像一个一辈子节衣缩食积蓄财富的人,在一个荒唐的周末狂欢中花光了他的每一分钱。这还像是一个败掉祖宗财富的败家子。

---

① [美] 马克·马陶谢克:《底线:道德智慧的觉醒》,高园园译,重庆出版社 2012 年版,第 66 页。
② [西] 费尔南多·萨瓦特尔:《哲学的邀请》,林经纬译,北京大学出版社 2014 年版,第 95 页。
③ [西] 费尔南多·萨瓦特尔:《政治学的邀请》,魏然译,北京大学出版社 2014 年版,第 92 页。
④ 孙周兴:《未来哲学序曲:尼采与后形而上学》,上海人民出版社 2016 年版,第 62 页。
⑤ [美] 马克·马陶谢克:《底线:道德智慧的觉醒》,高园园译,重庆出版社 2012 年版,第 83 页。
⑥ [德] 叔本华:《叔本华静心课》,刘大悲、陈晓南、张尚德译,重庆出版社 2015 年版,第 53 页。

"富不过三代"是否也会成为我们这代"败家子"的命运？

实际上，欲求越少，越容易满足。伊壁鸠鲁认为，最佳的生活方式就是非常简朴地生活，你的欲望若很简单，它们便容易得到满足，如此你便有了时间和精力，去享受更有意义的东西。① 人的满足，纯粹是相对的东西，并没有绝对的内容。如果所缺的是自己不想拥有的东西，那对自己来说就等于多余无用的东西，在这种情况下，一个人也有十分满足的可能。但如果有人比前者多千百倍的财富，却未能拥有自己所想要的东西，那么他一定会因这个理由而认为自己是个不幸的人。许多所谓的生活必需品其实并非真正必需。"人类通过努力得到的所有生活必需品，一部分是生存所需，另一部分则是生活所需，是我们长期使用后才上升成为所谓的'必需品'的。……很少有人去尝试脱离这些必需品生活。"②

"贪婪是一种恶，是一种不道德的存在方式，尤其是当它使人们忽视别人的痛苦时。它不仅仅是一种个人的恶，它还与公民德性相冲突。在困难时期，一个良好的社会会凝聚在一起。人们之间相互关照，而不是榨取最大利益。……过分的贪婪是一种恶，而一个良好的社会若有可能就应当反对之。"③ 因此，贪婪是一种国家应当反对的恶。因此，如果要治理污染、继续生存，人类就不但不应刺激贪欲，而且还要抑制贪欲。④ 许多古代文明的衰落都与贪欲的无限膨胀有关，如古巴比伦用财富建造供活人享乐的空中花园，古埃及耗费人力物力建造供"死人"享乐的金字塔，中国秦朝的阿房宫、兵马俑以及清朝的圆明园等。设想，如果这些古代文明不是将财富用于建造这些享乐之物，而是用于兴建学校，这些文明必定能持久兴旺。

现代社会是从不断增加的经济财富的角度来评价成功和幸福的。

---

① ［英］奈杰尔·沃伯顿：《40堂哲学公开课》，肖聿译，新华出版社2012年版，第23页。
② ［美］亨利·梭罗：《瓦尔登湖》，王燕珍译，北京理工大学出版社2015年版，第13页。
③ ［美］迈克尔·桑德尔：《公正：该如何做是好？》，朱慧玲译，中信出版社2012年版，第7页。
④ 刘远航编译：《汤因比历史哲学》，九州出版社2010年版，第306页。

这样的目标不仅在经济上实现不了，而且也无法在精神上得以实现。但是，它的确能刺激人们积极努力，增加勤奋工作的动力。反过来，经济上自由竞争的社会加剧了人们对于贫困的恐惧心理。人们必须放弃经济上的目标，而去开拓和追求精神上的目标。为实现这种精神革命，人们将需要自觉分析人生的意义和本质。人类力量对于环境的影响已经达到了会导致人类自我灭亡的程度。如果为了满足贪欲而继续使用这些力量，那么人类必将自取灭亡。人类是有贪欲的，因为贪欲是生命的一种特征，人类和其他生物都具有这种贪欲。和非人物种不同的是，人类具有意识，因此能够意识到他的贪欲。人类能够认识到，贪欲在某种情况下会具有破坏性从而变成罪恶。同时，人类也可以做出艰难的伦理努力，在实践中进行自我控制。每个人都必须克服自我中心主义。

只有通过每个人内心的革命性变革，才能消除对于人类生存的威胁。每一个人都要通过修身使自己的身心成为一个有机的整体。[①] 实际上，"我们每个人都有成就大善的能力"[②]。阿伦特在 1963 的《耶路撒冷的艾希曼：一份关于恶的平庸性的报告》中认为，在纳粹政府中每一个通过日常工作间接屠杀犹太人的德国人都是一个"艾希曼"。虽然他自己没有直接杀人，但他通过提供受害者，把他们集中起来送往奥斯维辛集中营，而使杀人的罪行得以可能。[③] 最终，法庭认定艾希曼比那些实际操作杀人机器的人罪更大。在气候变化上，我们每个人心里都有一个艾希曼。人类与动植物不同，人类能为自己做出选择：我们能决定自己做什么事情、做什么样的人。正如亚里士多德所说："人类的最佳生活就是运用人类理性的力量。"[④] 存在主义指出，

[①] [美] 杜维明：《儒家传统与文明对话》，彭国翔编译，人民出版社 2010 年版，第 13 页。

[②] [南非] 德斯蒙德·图图：《没有宽恕就没有未来》，江红译，广西师范大学出版社 2014 年版，第 134 页。

[③] 参见 [美] 汉娜·阿伦特《反抗"平庸之恶"》，陈联营译，上海人民出版社 2014 年版，第 18 页。

[④] [英] 奈杰尔·沃伯顿：《40 堂哲学公开课》，肖聿译，新华出版社 2012 年版，第 12 页。

我们不该找任何借口，而应当对自己所做的一切负责。人有选择的自由，不能把自己肩上的责任推给上帝和自然，而必须让自己承担起这种责任。如果我们不过度消费就不会有过量的温室气体排放，因此，在气候变化上，作为消费者的个体比直接燃烧化石燃料排放温室气体的工厂的"罪过"更大。

人的欲望以及如何认识人的欲望，影响着人与自然的关系。老子认为人的行为要适度，强调人不仅要"知常""知和"，还要"适足""知止"。"知足""知止"的思想，就个人而言，就是倡导恬淡、自然、简朴的生活而养生。只有控制欲望，实现人与自身的心和，而不是成为欲望的奴隶，应对气候变化才有可能取得成功。

促进绿色发展并非只是建设一条通往美好世界的道路，也可以是使人类尚不够完美的灵魂建构得完美。假如苏格拉底活在现在，他会说："我们沦为了失去理智的消费者，无情地役使自己以便购买我们实际上不需要的东西，并且破坏我们的环境。我们应该少考虑我们的财富和积累，多关心我们的内在的发展。因此，我们必须强调加强我们的精神的重要性。"① 人生一世，我们真正活过的那部分生命很短。余下的实际上不是生活，只是磨时间罢了。你会听到很多人说："过了七十，我就退休；一满六十，我就可以无官一身轻了。"请你告诉我，谁能保证你满了六十、七十还不死呢？谁会批准这段时间按你规定的方式度过呢？你只把生命的残余部分留给自己，只是到干不了别的事情时才想起来修身养性，你就不觉得惭愧吗？到了必须了此一生的时候才开始生活岂不是为时太晚了吗！忘了人终有一死，把那些深思熟虑的计划推迟到五六十岁时才去实施，到了鲜有人能活到的岁数才想开始生活，这是何等的愚蠢啊！如果人们每时每刻都投身于自身的真实需要，把每一天都当作自己的最后一天来过，就会如塞涅卡所说："既不会渴望也不会惧怕明天的到来。"② 获得幸福生活是有难度

---

① ［美］罗纳德·格罗斯：《苏格拉底之道：向史上最伟大的导师学习》，徐弢、李思凡译，北京大学出版社2015年版，前言第5页。
② ［古罗马］塞涅卡：《论幸福生活》，覃学岚译，译林出版社2015年版，第174页。

的，难就难在如果一个人把方向搞错了，那么他越是奋力争取，就会越是远离幸福。一旦南辕北辙，背道而驰，那么疾速飞奔则只会令他越来越远离自己的目标。幸福生活就是一种与其自身本性和谐一致的生活，真正的幸福是与美德一致的。

二 人际伦理：人和

气候变化并非由某一个人引发，而是由大量个人和组织的温室气体排放引发的，这对人类个体与群体之间的合作能力提出了挑战。在当代所谓的文明社会，人与人之间的关系虽然不像霍布斯所说的是那种"人对人是狼"的社会，但我们仍无时无刻不生活在冲突之中，"因为我们的欲求太过相似，人与人之间的龃龉也就在所难免"①。卢梭认为，作为生活在国家中的个人，你能享受自由，同时也该服从而不是违反国家的法律。人们一旦组织起来，形成了社会，就变成了另一种意义的"个人"。每一个人都是更大整体的组成部分。人们在社会中保住真正自由的方式就是服从体现"公共意志"的法律。在卢梭看来，真正的自由就是：个人作为群体的组成部分，去做符合社会利益之事；人类从自然状态进入社会状态之后，正义就会替代本能，从而使行为具有了道德性。② 在现代资本主义生产状况下，"单独的私人利益争论对于社会生活也不再具有明显的意义。社会各阶层往往以利益集团的身份出现并参与到对国家事务的争论当中来"③。"任何单个的正义行为都可能是无益的……正义的行为并不是孤立存在的，它们还支持着社会所需要的社会结构。"④ 个人生下来就处于某个社会，他就开始对该社会的政府负有义务。

全球政府的缺乏和全球治理体系的去中心化使人与人之间的合

---

① [西]费尔南多·萨瓦特尔：《政治学的邀请》，魏然译，北京大学出版社2014年版，第25页。
② [法]让·雅克·卢梭：《社会契约论》，李平沤译，商务印书馆2011年版，第24页。
③ 艾四林、王贵贤、马超：《民主、正义与全球化：哈贝马斯政治哲学研究》，北京大学出版社2010年版，第19页。
④ [美]乔治·克洛斯科：《公平原则与政治义务》，毛兴贵译，江苏人民出版社2009年版，第104页。

作,以及有效的全球应对气候变化行动变得异常困难。可见,气候变化虽然是一种自然失序,但也反映出人类所建构的人际(国际、代际)关系的失序,因而也能引发对人际关系的伦理反思:如何建构一种和谐的人际关系和正义的国际秩序以实现气候治理过程中权利的恰当保护与资源的公正分配?

全球气候治理需要解决公共事物治理中会遇到的一个基本问题:个体理性与集体理性的冲突问题。这一问题分别体现在加勒特·哈丁的公地悲剧理论、艾伯特·塔克(Albert Tucker)的囚徒困境理论中。

加勒特·哈丁(Garrett Hardin)用"公地悲剧"(tragedy of the commons)的案例表明,只要许多个人共同使用一种稀缺资源,就会造成环境的退化。哈丁要求读者假想一个"对所有人开放"的牧场,在这个牧场中会发生因过度放牧而使公地消灭的悲剧。[①] 公地悲剧是理解地区和全球环境问题的经典分析模型,气候变化问题也不例外。气候变化的危险后果是一种公共恶,对全球集体利益不利,但应对气候变化所产生的稳定性气候或安全性气候则是一种对全世界人民都有益的公共物品,一个国家或民族对这种公共物品的享用并不会减少其他人享用的机会。就全球大气资源而言,公地悲剧也在上演。气候变化是个国际问题,相关各方为代表各自利益的个体国家。没有哪个国家希望发生气候灾难,因此,各国都希望限制温室气体排放,集体理性要求合作与限制全球排放。但每个国家又都想免费搭车,每个国家都希望自己不减排,而不管其他国家如何做。

很多自然资源就像哈丁故事中的牧场一样。基于化石能源使用的经济增长在短期内对个体国家有利,但长期却会破坏环境。早期的减排反对者包括美国、中东石油国家,以及加拿大和澳大利亚这样一些严重依赖化石能源的国家。每个人单独排放温室气体不会对气候产生什么影响,但是如果全球大部分人都长期超量排放温室气体,大气排放空间这一公共资源就会被破坏,最终使所有人受害。在一个公地有

---

① Garrett Hardin, "The Tragedy of the Commons", *Science*, Vol. 162, 1968, pp. 1243 – 1248.

限的世界里，每个人都陷入了一种促使他无限度地增加自己的牲畜头数的境地中。在一个信仰公地自由的社会中，每个人都追求自身的最佳利益，而所有人都在奔向的目的地就是毁灭。因此，公地的自由最终给所有人带来毁灭。

有人认为，哈丁对公地有限承载能力的这一预设是不准确的，因为技术与环境设计上的发展能够扩大公地的容量，就像气候地球工程可以释放出更多的大气排放空间，转基因技术可以使土地承载更多的人口等。但是，技术所释放出的容量与空间毕竟是有限的，并且技术也需要很长的研发时间与周期，可是人类欲望的膨胀却是无限的，并且人类在对公地的抢夺中没有耐心等待，因而，技术最终是"治标而不治本"。

还有人质疑说，哈丁在人们对公地实际态度上的设想未必准确，公地的使用者从未忘却公益。确实，当人口数量有限时，人们不会过度抢夺公地，但人口数量的增加和人类欲望的膨胀必然会导致公地的消失。我们来举一个例子。假如在城市远郊有一座无人管理的"野山"，山上长满了竹子，每年都会长出大量的竹笋。由于交通不便，只有附近一个小村子的村民会来挖竹笋。由于附近村子里人口不多，即使所有人放弃其他工作都去挖竹笋，也只能挖掉山上的一小部分竹笋。因此，村民并不会抢夺竹笋。但是，后来由于交通的发展以及城市私家车的普及，越来越多的城里人开车来到这里游玩，并发现了山里免费的"宝贵资源"。随着前来挖竹笋的人越来越多，人们都担心竹笋被别人挖完。刚开始人们还都只选大竹笋来挖，但后来想到即使自己不挖小竹笋，那些后来者也会挖，于是人们开始了对竹笋的"抢夺战"，最终使山上无竹笋可挖。中国近海渔业资源的日益匮乏也是一个公地问题。渔民对免费公海渔业资源的任意捕捞最终造成无鱼可捕的结果。

现在"公地悲剧"又以大气污染和气候变暖的形式再次出现。在气候变化问题中，并不是从公地中拿走什么，而是向大气中排入过多的温室气体。理性的个人发现，他对于自己排放到公共空间的温室气体承担的代价要小于在排放它们之前进行净化所付出的成本。在气候变化这一"公地悲剧"中,每个人都成为了囚徒困境理论中的"气候囚徒"。集体理性要求在应对气候变化上的通力合作,但个体理性则是不合作,无论他人是否合作。面对气候变化,"气候囚徒"的选择优先排序为:

选择一:我过度排放,你不排放;

选择二:没人过度排放;

选择三:所有人都过度排放;

选择四:你过度排放,我不排放。

之所以会出现这种选择排序,是由于存在四种人性的可能性:你是自私的而其他人是合作的;每个人都是合作的;每个人都是自私的;其他人是自私的而你是合作的。而在不确定其他人是自私还是合作时,我们选择个人的自私最为"保险"。

人类在做的许多事情,与气候变化一样,都在制造"公地悲剧",其结果都是使人成为真正的"囚徒",造成人类的自我毁灭。每个人都通过对公共物品的"轻微破坏"以满足私人利益,最终会使所有人共同付出代价。就如同站在一座钢铁大桥上的一群人,每人偷走一个螺丝卖掉,最终会使大桥垮塌,所有人都不能幸免。问题在于,当所有人都在破坏"公地"时,个人的道德自律是否还有效?如果别人都因偷走大桥上的螺丝而"发财",自己却坚持做"好人",那么大桥最终还会倒塌,与其如此还不如也"活在当下",与"坏人"同流合污。当所有人都这样想和这样做时,就会加速大桥的倒塌。

这种对他人的不信任是"社会资本"欠缺的体现,而"社会资本"的缺失不仅损害个人利益和公共利益,也会阻碍人们幸福感的实现。[1] 人们在公共生活中很难相信陌生人,信任仅仅停留在了家庭内部关系上,其结果必定是任人唯亲和公共领域的腐败丛生。[2] 虽然作为"自然存在"的人总是本能地背叛合作,但作为"社会存在"的

---

[1] [美] 罗伯特·帕特南:《流动中的民主政体:当代社会中社会资本的演变》,李筠、王路遥、张会芸译,社会科学文献出版社2014年版,第6页。

[2] [美] 弗朗西斯·福山:《大断裂:人类本性与社会秩序的重建》,广西师范大学出版社2015年版,第22页。

人却天然地需要合作。人类在本质上是社会性生物，其理性本质使他们可以自发地创造彼此合作的方式。既然气候变化问题是不分国界的，关系每一个国家、每一个人的生存与发展，那么国际社会就应该团结合作，采取集体行动应对气候变化问题。事实也表明，通过合作的方式来解决气候问题，其结果必然是使整个世界受益。[1]

气候变化问题本质上是如何在人与人之间分配气候资源的伦理关系问题。美国人是否愿意减少开车，而让非洲人开上私家车呢？富人是否愿意减少旅行，而让穷人更多地走出家门呢？富人可以在寒冷时去三亚，在炎热时去漠河。但穷人呢？富人可以在战乱时迁移到陪都重庆，而穷人只能留在故都南京等待敌人的屠杀。当我们在讨论气候问题的时候，在一定程度上是在讨论我们自身。如果你认为自己不必为解决世界面临的问题做任何事情，那么你也是问题的一部分。既然气候变化问题是人的问题，那么，气候问题的解决就绝不仅仅是科学和经济学的任务[2]，它也必须从价值层面反思现代人的思维方式和行为方式。

为什么两次世界大战都是由西方发起的？这是不是与西方的世界观与人生观有关？西方物化的生活方式，不停地榨取环境资源，毁损地球生命，尤其是在民主和人权的呼声之中又把军事扩张的触角伸向了和它的生活方式不同的国度。西方存在一种"以斗争为主线"[3] 的价值观，而东方文明则崇尚和谐。通过建立保护每一个相关个人的利益的法律和社会风俗，我们就能够"约定走向道德之路"。[4] 儒家提倡"和为贵"，无论是个体间的矛盾、族群间的冲突，还是国际间的纠纷，当和解的曙光出现时，总是以"和为贵"作为解决纷争的最高原则。孔子说："君子和而不同，小人同而不和"（《论语·子路》）。

---

[1] 华启和：《气候博弈的伦理共识与中国选择》，社会科学文献出版社2014年版，第209页。

[2] 就科学而言，人们更多的是关注低碳技术的研发，甚至包括更为宏大的地球工程；就经济学而言，大多数人从成本—收益的角度去建构更具"效率"的减排方案。

[3] 陈鼓应：《道家的人文精神》，中华书局2012年版，第81页。

[4] ［美］斯图亚特·雷切尔斯：《道德的理由》（第7版），杨宗元译，中国人民大学出版社2013年版，第88页。

在崇尚自由竞争的个人主义社会里，社会和谐的破坏是意料之中的事情：我为自己的利益或者我所理解的公共利益而斗争，你争取你自己的利益，最终最强的人取得胜利。与普通西方人相比，中国人往往在日常生活中尊重和追求儒家和谐。有一种广泛的共识是，和谐应该成为政府政策的重要目标。儒家认为，我们应该努力追求和谐的社会关系，无论是在家庭中还是在社会或世界范围内，甚至在与大自然的关系上。在最低层次上，和谐意味着和平的秩序（或不使用暴力）。冲突难以避免，但是应该用非暴力的方式建立一种和平秩序。①

墨子同样十分重视人际关系的和谐，"和"字在《墨》书中出现约三十处，超过《论语》《孟子》的总和。墨子提倡兼爱，认为如果人人都能推广爱心，"上下调和"，则小至父子兄弟可以齐心协力创造美好生活，大则形成上不凌下、官不欺民的政治气候，这样社会才能维持和睦稳定（"吏民和"）。墨子是一位具有世界眼光的哲学家，在当时割据战乱的局势下，他不仅迫切地期望一国的安定——"刑政治，万民和，国家富，财用足"，而且期待四海之内都能再现升平——"天下和，庶民阜""一天下之和，总四海之内"。同时，他还反对霸权，指斥大国借用各种说辞干涉、侵略他国的行径（《非攻》："必反大国之说"）。

当代政治哲学家罗尔斯似乎为我们提出了一个比较好的制度原则。罗尔斯的理论的确兼顾了正当和效率，较之极端的自由主义者只强调个人权利有较多的合理之处。但在气候变化的背景下，除了要解决人与人之间的公平正义之外，我们更关注人与自然环境之间的和谐这一人类最根本的善。罗尔斯理论解决的是消极自由的问题，而我们人类现在更需要的是一种积极的自由。也就是说，我们不仅需要人与人之间的自由权利的不伤害，个人偏好的不被干涉，更需要社会倡导和实践某种更合理的生活方式。

相比而言，古希腊人更担忧整体生活的美德而不是特殊的道德困

---

① ［加拿大］贝淡宁：《贤能政治》，吴万伟、宋冰译，中信出版社 2016 年版，第 42—43 页。

境。苏格拉底强调过一种审慎生活（examined life）的重要性，这种生活需要探究美德，并根据美德生活。他认为，如果不了解美德的本质，一个人就不能过上真正有美德的生活。苏格拉底所关心的是有美德的生活、生活的整体及其生活的方式。但是，当代道德哲学家关心的是许多个体性的问题，他们更关心个体的道德困境或特殊问题，而不是生活的全部。在气候变化问题上，如果仅仅关注个体性问题，那么只会导致对个体排放需求与排放权利的无限度保护，永远无法实现整体生活的低碳转向。

在人类历史上，责任观念比权利观念出现得早。对他人和社会的责任起源于人类共同生活的相互依赖。人要考虑他人和社会并对其有所贡献，反过来也得到他人、社会的考虑和贡献。类似的逻辑，也应该存于人类与自然之间。人类承受自然的恩惠，对这种恩惠的回应就应该是人类对自然的责任。

要解决应对气候变化中因个体理性与集体理性相冲突所产生的"公地悲剧"和"囚徒困境"问题，就需要重构人与人之间的伦理关系。"道德准则和习惯，包括宗教戒律，能非常有效地制止人们成为免费搭车者。"[①] 人类必须学会如何相互协作，并建构一个社会信任系统，之后才能创造财富和解决公共问题。

三 环境伦理：天和

自然本是一种独立于人类的思想与行为的存在，但人类却不断给自然加上人的烙印。于是，自然被分化成了纯自在的自然以及被人类改造的自然。从人与自然的关系上看，气候危机的主要原因在于人类在自然面前变得日益强大，逐渐忘却了应有的谦卑。虽然在农业文明时代人类已经大幅改变了自然的面貌，但由于人类还没有完全"盗取"或破译自然的密码，没有掌握"大规模杀伤性"技术，从而没有突破自然所能承载的极限，人类与自然之间的关系总体上还处于一种动态平衡之中。工业文明赋予了人类征服与改造自然的力量，人类

[①] ［日］速水佑次郎、神门善久：《发展经济学：从贫困到富裕》（第3版），李周译，社会科学文献出版社2009年版，第24页。

在自然面前变得狂妄自大，开始以主人和剥削者的面目出现，最终自然不堪压迫，以气候变化的形式作出反抗。

气候变化反映了人与自然之间关系的失序，由于人类过度地征服和奴役自然，燃烧了过量的化石能源，释放了过多的温室气体，最终遭到了自然的无情报复，发生气候危机。气候危机的发生宣告了征服自然之自由的现代性谋划的破产。人类社会由于人为破坏生物圈、毁灭人类自身和其他一切形式的大灾难而无法继续生存。地球不是冰冷的机械，而是有生命的。利用人造卫星拍摄的延时影像为我们展现了类似于细胞质运动状态的大气循环系统。地球像生命体一样处于不断的运动之中。① 作为大地母亲的孩子，人类如果继续弑母的话，将不可能生存下去。他所面临的惩罚是自我毁灭。②

在生态智慧上，"我们必须恢复各种伟大精神传统的智慧，在人心和天道之间培养一种崭新的彼此感通的理解"③。老子在宇宙生成论上提到"天和"的重要性：《老子》四十二章"道生一，一生二，二生三，三生万物，万物负阴而抱阳，冲气以为和"；《老子》五十六章："挫其锐，解其纷，和其光，同其尘，是谓玄同。"人际之间经过磨合消解，可以达成一种万物混同之境，这就是"玄同"。《庄子·天下》篇介绍老聃思想时说，他"常宽于物，不削于人"，"挫锐""解纷"是"不削于人"，"同尘"是"常宽于物"，而"和光"以达"玄同"之境，正是创造开放心态，达到人与人的和谐共处。④ 庄子"齐物"的精神就是平等对待各物，肯定每个存在体都有它各自的特殊内容和意义。

应对气候变化要求把人类经济重新安排到地球经济的生物规律和限制之内，要求"人类与所有其他物种同等地分享地球生命共同体成

---

① ［美］唐纳德·休斯：《世界环境史：人类在地球生命中的角色转变》（第2版），赵长凤、王宁、张爱萍译，电子工业出版社2014年版，第15页。
② 刘远航编译：《汤因比历史哲学》，九州出版社2010年版，第205页。
③ ［美］杜维明：《儒家传统与文明对话》，彭国翔编译，人民出版社2010年版，第7页。
④ 陈鼓应：《道家的人文精神》，中华书局2012年版，第33页。

员的角色",① 这需要对人类制造进行一场深刻的再道德化。如果我们学会降低身段,尊重并适应地球,并心存感激地对待它,我们将有更好的生存机会。如果一个社会构建的世界不能持续而是不断地被破坏,那么这个社会将不只是破坏生物物理世界。它的成员也将被他们自己的过多的产品弄得眼花缭乱,看不清他们所追求的生活是多么的无意义。

可以从以下几个方面建构与自然和谐的"天和"环境伦理观:

(1) 承认和尊重自然的内在价值。为了与自然和谐相处,人必须承认自然具有不依赖于人的内在价值,并因此而尊重自然,服从它的基本法则。人必须从自身解放开始,清除自己的谬见和幻象,清除人类的愚昧和幻想。② 承认自然内在价值的深层生态学认为,应该改变以人类为中心的世界观,更加重视自然。人类并非世界上价值的终极法官,其他生物和生态系统独立地拥有各自的价值,这种价值不是人们所认为的它们具有的价值。人类应当在维持适当的生活质量的基础上,寻求不利的环境影响最小化。人类不能征服或奴役自然,人类只有尊重和服从自然,才能掌握自然。应当把自然界当作人类存在的依据,③ 当作人类的智慧之源。合理地利用自然资源可以让我们生活得更富裕,但过度地使用自然资源已经不能更多地向我们提供安全感。"如果我们过于野蛮,人类将会毁灭我们的自然环境,但是整个自然界依旧如故;也许我们能够毁灭自己的星球(人类当然也要连带着化为灰烬),但是我们的星系和整个宇宙仍会安然无恙。"④

(2) 节制我们的欲望。从旧石器时代中期起,人类就已经成为自然环境的主人。从那之后,人类的危险就不仅仅来自然环境,更来

---

① [美] 保罗·泰勒:《尊重自然:一种环境伦理学理论》,雷毅等译,首都师范大学出版社 2010 年版,第 35 页。
② [德] 恩斯特·卡西尔:《国家的神话》,范进、杨君游、柯锦华译,华夏出版社 2015 年版,第 353 页。
③ 刘国章:《差异、矛盾与和谐关系研究:从辩证系统思维的视角》,中央编译出版社 2015 年版,第 311 页。
④ [西] 费尔南多·萨瓦特尔:《政治学的邀请》,魏然译,北京大学出版社 2014 年版,第 109—110 页。

自人类自身。人类在技术和伦理之间的鸿沟比从前更大了。这不仅是可耻的，而且是致命的。现代文明使人类拥有了人类自己控制不了的力量，人类不会控制、节制和利用这些力量，于是人类将这些力量滥用于对自然的破坏和对弱小国家与人群的征服上，制造了大量的生态危机与人道主义灾难。对现代人而言，不是我们的能力太小，而是我们的能力太大了，大到超出了我们自己的控制能力。例如，人类的两次世界大战就是因为一些快速发展起来的国家不知道如何控制和节制自己的能力所造成的。如果"二战"前的日本和德国把经济发展的成就更多地投入到文化、教育、医疗和对其他国家援助上，而不是用于扩张欲望和野心，或许可以在很大程度上避免战争。增强自己的力量是一种重要的能力，但是在获得力量之后懂得如何节制和控制自己的力量，避免对处于弱势地位的他者造成伤害则是一种更为重要的能力。正如父母有使用暴力手段"制服"小孩的能力——因为小孩处于弱势，但父母懂得节制和控制这种暴力，转而使用尊重、倾听、引导和说服等柔性方法教育小孩则是一种更重要的能力。通过节制，我们就能够与自然界建立真诚的友谊，从"经济人"与"社会人"变成"生态人"。

（3）具有有机自然观。有机自然观以促使生态系和在其基础上的生命系为目标。在有机自然观中，自然是一个有机整体，是一个有力量、有生机和生命的存在，没有任何物种可以脱离其他物种而独立生存，甚至整个地球生物圈也是一个生命有机体。在自然界中没有绝对意义上的废弃物。[①] 人类只是地球上无数物种、无数生命之一。人类只不过是自然界中的一种生命形态，不仅不能为所欲为地主宰自然界，还必须遵从自然界的生态学规律。[②] 英国海洋生物学家和地球生理学家詹姆斯·依·洛夫洛克提出了"该亚假说"，认为地球不只是一颗在构成上丰富多彩、相互依赖的单一生态系统的行星，相反，它

[①] 徐嵩龄：《环境伦理学进展：评论与阐释》，社会科学文献出版社1999年版，第409页。

[②] 秦鹏、杜辉：《环境义务规范论：消费视界中环境公民的义务建构》，重庆大学出版社2013年版，第123页。

本身就是一个生命有机体，一个生物，一个整体。该亚的地球视野是有机的，它的出发点是整体而不是部分，这种整体主义视野恰恰是应对全球气候变化所需的。有机自然观对于伦理学的结论是：整体的共同利益优于部分利益。有机自然观要求人类跳出狭隘的个人利益和人类中心主义，以更具包容的胸怀平等对待世间万物，与万物共同"化育"。

主客二分是西方近代哲学的发明，而中国传统哲学的认识论都是整体论的。例如，程颢说："仁者以天地万物为一体，莫非己也。""仁者浑然与万物同体。"王阳明说："大人者，以天地万物为一体也，其视天下犹一家焉。""西方的没落不外是文明的问题"[①]，而崇尚天人合一的中国传统文化对保护气候具有天然的优越性。仅仅从绘画中就可以发现中西方传统文化对待自然的差异：直到17世纪，西方社会的纯粹风景画才在荷兰首次出现，[②] 而山水、花卉、瓜果、走兽、虫鱼等自然和风景绘画一直就是中国画家笔下的主题。这就是中国哲学的"天人合一"思想，这种思想就是有机自然观，对于解决气候变化所涉及的"人"和"气候"的关系具有正面的积极意义。中国哲学追求世界的和谐与大同，中国传统哲学认为，自然是自发的和谐，不需要作为凌驾于自然之上的外部权威的"自然法则"。这种和谐的世界观更有助于中国参与全球气候治理。

人类在精神上的目标应该是使宇宙和地球上人类大家庭的每个成员实现和谐。居住在这个星球上的不是人而是人类；万物之间的相互联系是地球的游戏规则。保护天地万物无异于保护人类自身。生态学强调所有生命系统之间的相互联系，还强调了这样一点，即以目前的速度破坏环境和生物多样性，不仅将导致精神上的损失，而且还将是对人类粮食生产、保护人类免受病原体感染以及支撑人类生命和生计的其他许多方面的实质性威胁。不得污染空气、森林和水资源的义

[①] [德] 奥斯瓦尔德·斯宾格勒：《西方的没落：斯宾格勒精粹》，洪天富译，译林出版社2015年版，第58页。

[②] [英] 约翰·伯格：《观看之道》，戴行钺译，广西师范大学出版社2015年版，第151页。

务，就是直接来源于它们对我们是有用的、不可或缺的。我们破坏自己的环境，就像我们放火烧毁自己的家或者邻居的家一样，是不正当的。①

（4）诗意地栖居。与气候相和谐的低碳生活观是一种主张"诗意地栖居"的生活观。人类需要像海德格尔说得那样诗意地栖息在地球上。"对生活的富有诗意的态度是对我们被强迫生活在其中的突出技术的、资本主义的社会的精神的反抗。这是拒绝让实利主义和功利主义贬低对现实的体验。这也是与（后）现代的人把自己关在其中的人类中心主义宇宙的决裂。正是一个富有诗意的态度才能接受大自然和景观自身的性质，才能向壮美的体验敞开自己，在那样的体验中，我们的情感被另一个世界即宇宙的世界淹没，那样的体验在强烈人格化的、人造的世界里开凿了一个突破口。"② 古代一套能住几代人的房子才是"家"，它是一个有生命的建筑，是传统、文化与纽带。那样一个有生命的建筑不仅适合居住者诗意地生活，减少物欲，也因能维护和持续更久而减少不必要的建筑业温室气体排放。然而，城市化、工业化之后的"现代的"家只是一个随时可以抛弃的冰冷的消费品——虽然有空调设备，甚至是一个背离了居住属性的投资品。"诗意地栖居"所追求的不是征服任何他人和自然世界，而是追求一种内在的审美情趣。③ 这种生活的内涵是陶渊明所践行的那种田园精神："归去来兮，田园将芜湖不归"；是刘禹锡所追求的那种品格："斯是陋室，惟吾德馨。苔痕上阶绿，草色入帘青。谈笑有鸿儒，往来无白丁"；也是欧阳修所体验的那种山水之乐："醉翁之意不在酒，在乎山水之间也。山水之乐，得之心而寓之酒也。"

---

① ［西］费尔南多·萨瓦特尔：《哲学的邀请》，林经纬译，北京大学出版社 2014 年版，第 181 页。
② ［荷］托恩·勒迈尔：《以敞开的感官享受世界：大自然、景观、地球》，施辉业译，广西师范大学出版社 2009 年版，第 283 页。
③ 卢风：《环境保护、非物质经济与价值观》，载曹孟勤、卢风《经济、环境与文化》，南京师范大学出版社 2012 年版，第 61 页。

本章小结

  哲学家必须关注现实问题,"一个不能抓住和掌握现实的哲学家永远不会是一流的哲学家"[①]。气候变化就是我们这个时代的一个全球性重大现实问题。根据康德的说法,哲学事业就是在回答三个著名的问题:我能知道什么?我应该做什么?我可以希望什么?[②] 对于气候变化,第一个问题追问的是事实与科学维度,第二个问题追问的是伦理价值维度,第三个问题追问的是治理与宗教维度。气候变化的伦理研究建立在气候变化的事实与气候科学基础之上,也是全球气候治理取得成功的关键。气候变化已经是毋庸置疑的科学事实,对此,人类已经知道很多。并且人类也知道该如何做以应对气候变化——减缓、适应和地球工程等。然而,"事实"不等于"应该",知道气候变化的事实以及应对气候变化的方法不等于人们应当且会这样去做——因为人们对于与气候变化相关的权利、责任与义务等伦理问题分歧严重。

  如果各国无法在气候价值观上达成普遍共识,全球合作应对气候变化就难以成功,人类就看不到希望。伦理学或许无法像经济学或政治学那样给出应对气候变化的确切对策,但是对气候变化的伦理思考却是必要的。正如一段关于古希腊哲学家泰勒斯的轶事所隐含的道理。泰勒斯夜晚散步时,仰望星空,陷入对宇宙深刻而抽象的沉思之中,结果掉进了面前的一个水井。一个路过的少女嘲笑他可能热衷于了解自然界中的事情,对他眼皮底下的东西却一无所知。但笑到最后的也许正是哲学家。因为,如果——仅仅是如果——看到的眼前事物

  [①] [德] 奥斯瓦尔德·斯宾格勒:《西方的没落:斯宾格勒精粹》,洪天富译,译林出版社 2015 年版,第 73 页。
  [②] [美] 汉娜·阿伦特:《康德政治哲学讲稿》,曹明、苏婉儿译,上海人民出版社 2013 年版,第 23 页。

并非所认为的全部呢?① 对气候变化问题进行伦理分析有助于政府和个人重视和考量每项政策背后的伦理基础与道德缺陷，从而制定出不仅符合经济标准也符合道德标准的应对气候变化政策。当然，"道德在指导我们的生活上的重要性容易被夸大"②。

通过分析，我们发现，无论是西方近代以来的哲学、伦理学，还是其政治制度和经济体系，都与当前的气候危机存在根本性的联系。其二元论的认识论、机械论的世界观以及人类中心主义的价值观使得人类脱离了自然，也使征服自然成了近代西方文明的目标。然而，"我们不能脱离自然而存在……如果自然真的终结了，人类也将结束"③。西方的资本主义政治经济制度追求剥削式经济增长而造成了环境的外部性，过度依赖市场与消费的力量而造成资本主义的创造性自我毁灭以及人的异化。如果人类要真正克服气候危机，与自然和谐相处，实现可持续发展，就必须重构伦理体系，建构一种全新的人己、人际以及人与自然的关系，实现心和、人和与天和。

范围越来越大、速度越来越快的经济增长和领土扩张是以损害"落后的"大多数人和浪费不可替代性的自然资源为代价的。要让被西方搅乱的人类生活重新安定下来，要让西方的活力成为人类生活的活跃而不造成破坏的力量，就需要在西方文明之外寻找新的力量——中国未来很有可能产生这种力量。汤因比认为，西方过去500年中的主导权将转移到东方，尤其是中国。中国和亚洲其他国家的经验表明，西方思想体系并不是唯一适应现代社会的思想体系。已有越来越多的西方学者认识到，从推进社会现代化的角度看，儒家文化同基督教文化一样可以获得成功。事实上，当"世界上许多民族开始接受西方文明和西方思想之时，西方国家已对自己的文明感到迷茫，并且失

---

① [美]安德鲁·佩辛:《非常识:最聪明哲学家们的最奇怪思想》,张志佑、王锡娟、陶梦然译,新华出版社2015年版,第1页。
② [美]哈里·法兰克福:《爱之理由》,应奇、贺敏年译,浙江大学出版社2015年版,第7页。
③ [美]唐纳德·沃斯特:《在西部的天空下:美国西部的自然与历史》,青山译,商务印书馆2014年版,第285页。

去了对曾经造就西方文明的那些传统的信仰"①。在当代世俗世界，上帝被尼采"杀死"了，全球化、现代化进程所引发的包括气候危机和人的危机在内的问题召唤着一种能够取代上帝的力量，这种力量就是文化，文化必须"被迫承担起意识形态责任"②。在这种情况下，中国文化的生命力再次被唤醒，有可能成为全球新文明的重要资源。汤因比为人类考虑了一些拯救之路：在政治方面，应该建立起一个符合宪法的密切合作的世界政府机构；在经济方面，应该根据不同时间、不同地点的不同实际要求，在自由资本主义和社会主义之间寻找可行的折中方案。③ 社会主义建构了一种更加公正、自由、合理的社会秩序，④ 这种新的社会秩序应当更有利于全球气候治理，中国的传统生态伦理思想和当代生态文明建设实践能够为人类应对气候变化贡献新的视角与路径。

---

① ［英］哈耶克：《自由宪章》，杨玉生等译，中国社会科学出版社2012年版，第15页。
② ［英］特里·伊格尔顿：《文化与上帝之死》，宋政超译，河南大学出版社2016年版，第2页。
③ 刘远航编译：《汤因比历史哲学》，九州出版社2010年版，第215页。
④ ［英］特里·伊格尔顿：《后现代主义的幻象》，华明译，商务印书馆2014年版，第73页。

第三章　中国对气候变化问题的基本价值判断

气候变化是一个什么问题？这并非一个简单的"事实判断"，而是一个涉及"应当"的价值判断。价值是对好坏的基本判断标准。从"是"什么的事实判断到"应当"怎样的价值判断的飞跃是人类朝道德存在迈出的第一步。① 从价值层面考虑气候问题，就是希望通过应对气候变化创造一个更好的社会。价值判断是应对气候变化的政策基础，然而，价值判断却是相对的，没有绝对的是非标准。由于各国历史经验、文化传统与发展阶段的不同，对于气候变化意味着什么，什么是"好"的气候政策或应当如何应对气候变化的挑战等问题，各国都有其不同的答案，其背后反映的都是各国的基本价值立场。对气候变化问题的研究也需要有中国视角和中国立场。中国对气候变化问题的基本价值判断存在历史性变化：从发展问题到环境问题，再到安全与全球治理问题。中国对气候变化问题的这种价值认知与判断一方面反映了气候变化及其影响的特点，另一方面也反映了中国自身的发展阶段和现实处境的演进，与中国从"被动参与"到"积极参与"再到"主动引领"全球气候治理的立场也是一致的。

第一节　气候变化是发展问题

长期以来，中国坚持不仅仅把气候变化看成一个环境问题，更看

---

① ［美］马克·马陶谢克：《底线：道德智慧的觉醒》，高园园译，重庆出版社2012年版，第54页。

成一个发展问题，而且归根结底是发展问题。例如，2007年出版的《中国应对气候变化国家方案》前言中就隐含着中国对气候问题的基本价值判断："气候变化既是环境问题，也是发展问题，但归根结底是发展问题"；"经济和社会发展及消除贫困是发展中国家缔约方的首要和压倒一切的优先事项"。① 2008年7月9日，时任国家主席胡锦涛在日本北海道举行的经济大国能源安全和气候变化领导人会议上明确指出，在国际气候合作中应当以处理好经济增长、社会发展、保护环境三者关系为出发点，需要保障经济发展，因为"气候变化问题，从根本上说是发展问题，应该在可持续发展框架内综合解决"。② 2008年11月7日，时任国务院总理温家宝在应对气候变化技术开发与转让高级别研讨会上也讲道："气候变化是重大环境问题，但归根结底是发展问题。……为应对气候变化而影响发展目标的实现，或者无视气候变化威胁而片面追求经济增长，都不符合国际社会的共同利益。"③ 2009年9月22日，时任国家主席胡锦涛在联合国气候变化峰会开幕式上发表《携手应对气候变化挑战》重要讲话，指出气候变化"既是环境问题，更是发展问题，同各国发展阶段、生活方式、人口规模、资源禀赋以及国际产业分工等因素密切相关。归根到底，应对气候变化问题应该也只能在发展过程中推进，应该也只能靠共同发展来解决"。④ 中国在2009年12月的哥本哈根世界气候大会召开之前，主要强调气候变化是一个发展问题，这与中国在这一阶段国际气候合作中的"被动参与"立场是一致的，正因为发展是我国关心的头等大事，而积极应对气候变化会阻碍中国的现代化发展进程，中国才会"被动参与"。

---

① 中国国家发展和改革委员会：《中国应对气候变化国家方案》，http://www.ccchina.gov.cn/WebSite/CCChina/UpFile/File189.pdf，2017年9月18日。
② 《气候变化问题应在可持续发展框架内综合解决》，http://news.sohu.com/20080711/n258080603.shtml，2017年9月18日。
③ 《温家宝：加强国际技术合作积极应对气候变化》，http://news.163.com/08/1118/20/4R2ETVLD000120GU.html，2017年9月18日。
④ 吴绮敏、席来旺、吴云：《胡锦涛出席联合国气候变化峰会发表重要讲话，阐述我国应对气候变化四原则》，《人民日报》（海外版）2009年9月24日第1版。

发展是当代世界的主题，更是当代中国的主题。中国对近代因积弱积贫而受西方列强侵略和蹂躏的历史记忆犹新，中国人认识到不发展就会落后，而落后就要挨打。以政治运动为中心的"文化大革命"造成社会动荡，经济倒退，社会不稳。改革开放后，我们越来越坚定地认识到：发展才是硬道理，要以经济建设为中心。中国的发展起步不久，还有很长的路要走，要补的课太多。全面建成小康社会的目标不仅是物质上的小康，还有科技、教育、公共健康水平等的全面提升，中国还有很长的路要走。反映在气候问题上就是坚持气候变化不仅是环境问题，更是发展问题。可见，中国之所以认为气候变化首先是发展问题源于中国独特的历史与现实国情。

一 发展与气候变化

（一）作为发展问题的气候变化

防止气候变化不是一件孤立的事情，它与促进发展中国家的经济发展紧密相关。[1] 对发展中国家来说，发展是永恒的主题，因为没有发展就不能保障基本的生存与安全，所有其他的权利和追求就都不可能真正实现。当人们每天都生活在悲惨之中时，让他们行动起来去对抗一种"可能的、假设的气候变暖"[2]，是难以让人接受的。气候变化反映了发展与环境之间的矛盾，而发展与环境之间的矛盾最终还是要通过发展来解决。应对气候变化的"绿色经济"的核心仍是作为社会发展目标的"减贫"。[3] 发展是应对气候变化时代从未改变的主题，也是时代赋予我国的发展新机遇。[4]

既然我们承认气候问题是一个涉及经济增长、社会发展和环境保护的综合性问题，但为什么又强调它根本上是发展问题呢？中国对气候问题的这一价值判断既有其理论依据，也有其现实依据。理论依据

---

[1] Dominic Roser and Christian Seidel, *Climate Justice: An Introduction*, Translated by Ciaran Cronin, London and New York: Routledge, 2017, p.107.
[2] [法]克洛德·阿莱格尔：《气候骗局》，中国经济出版社2011年版，第6页。
[3] 中国环境与发展国际合作委员会编：《中国环境与发展国际合作委员会2011年度政策报告：中国经济发展方式的绿色转型》，中国环境科学出版社2012年版，第7页。
[4] 吴鹏：《以自然应对自然》，中国政法大学出版社2014年版，第161页。

在于，发展对实现全人类的全面自由这一终极价值至关重要，现实依据在于中国当前的发展还有很长的路要走，发展也是提升中国应对全球气候变化能力的重要路径。中国将气候问题的实质定性为发展问题，是从应对气候变化的目的、当前全球基本现状以及中国的当前国情等方面来理解的。

首先，维持自然气候系统的稳定并非人类应对气候变化的终极目的。从自然界本身来看，气候变化是价值中立的，只有当它影响人类的生存与发展时才成为一个问题。如果气候变化不会对人类和人类社会产生任何影响，那么，气候系统是否稳定本身就根本不是一个问题。之所以要应对气候变化，是因为气候系统超过一定范围的变化会影响人类社会的稳定和人类的健康，甚至人类的生死存亡，即气候变化会影响人类自由与幸福等更终极目标的实现。但应对气候变化不能直接促成人类自由与幸福的实现，气候稳定只是人类实现自由与幸福的基本环境要素。人类要实现最终的自由与幸福目标必须依赖于经济社会的长期可持续发展。换言之，发展是实现自由与幸福的最坚实保障，而气候稳定只是对发展的环境保障。

其次，"发展"不仅指经济发展，也包括社会发展、环境发展和人的发展，而气候变化这一综合性问题也需要通过"发展"这一综合性手段来解决。没有经济、社会和人的全面发展，气候变化问题就不可能真正得到解决。减缓和适应气候变化都需要能力——资金和技术，而这些能力只有通过发展才能获得。穷人和穷国根本无力应对气候变化，甚至无心关注气候变化问题。在历次全球经济危机时，面临严重的失业、贫困与社会动荡，各国政府都积极出台各类刺激经济的政策，并会经常搁置之前为保护环境、应对气候变化而进行的低碳减排项目。这是因为经济危机比气候危机对人和社会的伤害更直接、更迅速、更严重，因此，应对经济危机常常比应对气候危机显得更为迫切。这也表明，要使全人类竭尽全力地应对气候变化，必须要有稳定的经济和社会发展作为基础。

最后，作为发展中国家，中国尚未完成工业化、城市化，尚未实现现代化，小康社会还未全面实现，经济和社会发展不平衡，这些都严重制约着中国的应对气候变化能力。气候变化会对中国的经济社会产生严重影响，而很多影响是发展不足造成的。由于发展不足，中国缺乏应对气候变化所需要的资金和技术。对当前中国来说，发展是应对气候变化的最佳路径，通过践行"创新、协调、绿色、开放、共享"五大发展理念，中国将最终实现低碳绿色社会。

从词义上看，发展（development）指的是一种事物从无到有、从小到大、从少到多、从旧到新、从简到繁、从低级到高级的演变过程。唯物辩证法认为，物质是运动的。如古希腊哲学家赫拉克利特所说，"一切皆流，无物常住""人不能两次踏入同一条河流"。发展就是人类社会的一种运动和变化过程，没有任何社会能够保持不变的静止状态。在这种唯物辩证法的意义上，变化是一切社会的基本特征。但并非一切变化都能归结为发展。

在社会和伦理意义上讲，发展指的是事物从"不好"（bad）向"好"（good）、"更好"（better）和"最好"（best）的演变，而非相反。例如，如果说从封建社会发展到资本主义社会是从"不好"向"好"的发展，那么从资本主义社会向社会主义社会的发展就是从"好"向"更好"的发展，而社会主义的发展目标则是共产主义这一"最好"的社会。

阿马蒂亚·森认为，"发展可以看作是扩展人们享有的真实自由的一个过程"[①]。发展要求消除那些限制人们自由的主要因素。人们常将发展等同于增长，但经济增长仅仅是通向发展的路径之一，而不是发展的同义词。发展与增长有着本质的区别：增长强调的是数量，而发展强调的是质量；增长强调经济系统的物质向度的规模扩张，而发展强调非物质扩张性经济系统的质的改进，以保持与环境的动态平衡。[②] 换言之，增长需要消耗越来越多的自然资源，而发展则是用较少的资源来增加收益。如人口增长强调人口数量的增长，而人口发展

---

① ［印度］阿马蒂亚·森：《以自由看待发展》，任赜、于真译，中国人民大学出版社2012年版，第1页。

② Hermann E. Daly, John B. Cobb, *For the Common Good*, London: Great Print, 1990, p. 71.

则强调人口素质的提高、寿命的延长、婴儿死亡率的下降等；经济增长强调生产与消费数量的增加，而经济发展则强调经济结构的合理化、收入分配的公平化、环境破坏性生产与消费的减少等。并非所有的增长都是好事，例如癌细胞的增长。任何增长都必须要有一定的限度，超过一定限度的增长就会"物极必反"。可能会出现"有增长，无发展"的情况。如经济的无限制增长会突破环境与资源的承载能力，造成环境恶化、生态危机与气候变化，因此经济不可能无限增长，这种增长也不可能真正推动社会发展。如果全球经济继续以增长为目标，地球终将被摧毁。但经济有可能无限（或可持续）发展：在经济数量增长到一定程度后转变经济发展方式，注重分配公平、社会安全、环境质量等，追求"没有增长的发展"，形成零增长的稳态经济和可持续发展。

（二）"发展"而非"增长"

虽然"经济发展"和"经济增长"在一些情形下是交互使用的，但比较常见的是把"经济发展"和"经济增长"区分开。"经济增长"的含义是经济变量的数量扩张，特别是指国内生产总值（GDP），以及国民收入统计中的国民收入总量和人均国民收入的增加。"经济发展"不仅包括可量化因素的数量扩张，而且包括支配经济运行的制度、组织和文化等非量化因素的变化过程。[1] 在当今这个资源有限的世界里，有关经济增长的研究已经认识到重新定义发展的必要性。经济增长无视限制的存在，因此会对生物群落造成破坏，若发展是经济增长的代名词，那么发展到底是不是一件好事就值得怀疑了。[2]

增长与发展的区别也体现在传统经济学与发展经济学之间的区别上。经济的持续增长是传统经济学范式的核心目标。亚当·斯密以来的传统经济学所关注的根本问题是经济增长最大化，但这种增长所导致的环境破坏规模也是史无前例的。传统经济学的增长律令鼓动了对

---

[1] ［日］速水佑次郎、神门善久：《发展经济学：从贫困到富裕》（第3版），李周译，社会科学文献出版社2009年版，第3页。
[2] ［美］唐纳德·休斯：《世界环境史：人类在地球生命中的角色转变》（第2版），赵长凤、王宁、张爱萍译，电子工业出版社2014年版，第10—11页。

有限的可利用地球资源的无度使用。隐藏在传统经济学范式中的假设是，总需求是无限的，环境和资源也是无限的，应当力求用总产量的无限提高来满足无限的需求，可是气候变化警示我们：即使是我们认为最"无限"的大气资源都是有限的和稀缺的。被传统经济学逻辑推向极端的生产和消费模式，已经超出了地球大气空间的可承受限度。"二战"后，无论是发达国家还是发展中国家，都掀起了一股以追求经济增长为主要目的甚至唯一目的的"增长热"。在当时的人们看来，"发展"就等于"增长"。在这种传统的、片面的"发展观"的支配下，各国在经济建设方面都取得了一定的成就，但这种不考虑质量的数量型增长造成了日益严重的全球性危机，包括生态危机、社会危机和人自身的危机，"我们的发展速度越来越快，但我们却迷失了方向"①。这些增长的代价把人类逼入了"发展的困境"。

如果说传统经济学（或增长经济学）追求的是速度，那么发展经济学所追求的则是质量。发展经济学更多地关注经济发展中的结构性问题，如产业结构、城乡结构、人口结构等问题。它的一个核心观点就是，结构转型是经济发展的原动力。增长不是衡量发展的唯一尺度，可持续性、环境承载力、幸福指数、绿色 GDP 等都是发展经济学的衡量指标。资源的有限性表明，经济不可能无限增长，不可能让世界上每个人的资源占有量都达到美国人的平均水平。既然增长是不可持续的，那么我们是否有可能追求一种不以增长为基础的发展？不以增长为基础的发展会是什么样子的？这一极具哲学反思意味的问题直指人类的生产、生活方式与生活态度，要求人类社会的目标发生根本性的转变。发展经济学的核心问题是分配而不是生产。由于富人的财富利用效率低，而穷人的财富利用效率高，因此，发展经济学力图把财富从富人转移到穷人，以提高"社会效益"。另一种将变得过时的观点是：财富分配不公是储蓄、投资和增长所必需的。保护性的维护、稳定和质量将取代生产、增长和数量成为社会的重要目标。发展

---

① ［波兰］维克多·奥辛廷斯基：《未来启示录》，徐元译，上海译文出版社 1988 年版，第 193 页。

经济学要求人口数量和人造资本总量保持恒定，但并不要求技术、信息、智慧、美德、正义、财富分配、产品组合等保持恒定。

发展是总量限制下的动态平衡，不仅要追求数量的改变，更要追求质量的改变。发展伦理学①研究认为，"能够做的并非一定是应当做的"必然要成为一个重要的伦理原则。② 即使经济发展进入稳态阶段，但人类的精神文化、道德和社会进步还有广阔的发展空间。

中国把气候变化界定为一个发展问题，这里的"发展"指的是一种对"好"的变化。这种发展从根本上说是人的发展、自我的发展。③ 发展是中国积极应对气候变化，解决包括气候变化在内的全球性问题的基本物质保障。

实际上，美国也一直将应对气候变化首先界定为一个发展问题。虽然克林顿政府在1998年11月的布宜诺斯艾利斯联合国气候大会上签署了《京都议定书》，但一直未得到美国议会的支持。克林顿甚至未将该议定书提交参议会讨论，因为他知道无法获得三分之二多数的支持。布什政府在2001年3月宣布退出《京都议定书》以及特朗普政府在2017年6月宣布退出《巴黎协定》，其首要原因就是认为这些协议会弱化美国经济。然而，这一理由对美国是站不住脚的，作为世界上最富裕的发达国家之一，美国早已完成工业化和城市化，其经济和社会发展程度已经很高，已经有足够的经济、技术、科技等方面的能力率先减排以应对全球气候变化。

二 为什么要发展

人类为什么要追求发展，为什么发展会成为人类的根本追求？要回答这个问题，我们需要思考这样一个问题：如果没有发展，人类现

---

① 被誉为"发展伦理学之父"的美国学者古莱认为，"发展伦理学批判地探讨互有竞争的发展目标、达到这些不同战略以及对于追求所向往的社会变革而付出代价的评估标准"（[美] 德尼·古莱：《发展伦理学》，高铦、温平、李继红译，社会科学文献出版社2003年版，第11页）。

② 刘福森：《西方文明的危机与发展伦理学——发展的合理性研究》，江西教育出版社2005年版，第326—327页。

③ Denis Goulet, *Development Ethics at Work: Explorations 1960 - 2002*, London; New York: Routledge, 2006, p. xvii.

在会是怎样？答案很明显，如果没有发展，人类就不会进化，人类社会就不会出现，人类将停留在原始的动物阶段。在那样一个阶段，"发展是不是好东西"这一价值判断根本就不会出现。只有发展，人类才会出现，社会才会进步，"为什么要发展"才会成为一个价值判断。在逻辑上，发展是"必须的"。同时，没有发展就不可能有政治稳定和真正的和平，因此，我们可以"不反对任何国家或主义"，但必须"反对饥饿、贫穷、绝望和混乱"。① 在这样一个全球物质极大丰富的时代，竟然还有六分之一的人口与发展无缘，这难道不是这个时代最大的悲剧？这些贫困人口"仅依靠自己的力量不能逃脱极端的物质贫困"②，而贫困的概念在本质上就是不平等。

可见，发展的实质是人类自身的发展，发展是人类的内在需求。从马斯洛的需求层次理论③来看，发展的目的无非是在初级的物质层面满足人类对生理和安全的基本需求，在中级的社会层面满足人类对社交和尊重的需求，以及在高级的人文层面满足人类对自我实现的需求。因此，发展至少存在物质、社会和人文三个层面的理由。

1. 物质层面

生存和发展是人类社会追求的永恒主题。发展首先要保证人们的基本物质需求，否则会连基本的生存都无法保障，④ 更不用说是保障自由了，因为穷人的自由没有意义，⑤ 自由只能在物质丰富的稳定社会中才能实现。⑥ 发展中国家之间最广泛的共通点便是贫穷。因此，

---

① [美]卢安武：《重塑能源：新能源世纪的商业解决方案》，秦海岩译，湖南科学技术出版社 2014 年版，第 328 页。
② [美]杰弗里·萨克斯：《贫穷的终结：我们时代的经济可能》，邹光译，上海人民出版社 2010 年版，第 21 页。
③ 马斯洛将人类需求像阶梯一样从低到高按层次分为五种：生理需求、安全需求、社交需求、尊重需求和自我实现需求。
④ [印度]阿马蒂亚·森：《贫困与饥荒》，王宇、王文玉译，商务印书馆 2001 年版，第 30 页。
⑤ [美]大卫·哈维：《新自由主义简史》，王钦译，上海译文出版社 2016 年版，第 192 页。
⑥ [加拿大]贝淡宁：《贤能政治》，吴万伟、宋冰译，中信出版社 2016 年版，第 193 页。

对许多发展中国家而言,当务之急便是养活其广大的人民。①

人类社会形态的每一次发展都是一次经济、物质与文化的飞跃,可以说,在每一种新的社会形态中,人活得都更像人了。社会发展的标准是生产力的解放。早在1987年,邓小平就指出,贫穷不是社会主义。人类社会的每一次发展都是生产力的解放和人的解放,未来的共产主义社会也必须建立在社会生产力的高度发达基础之上。

近代中国历史是一段积弱积贫的历史,中国人深知落后就要挨打的道理,因此中国共产党始终将国家的经济发展放在首位。虽然近二三十年来,发展中国家的增长率给世人留下了深刻的印象,包括中国在内的许多发展中国家有10%的增长率,而发达国家的增长率还不到3%。可是人们只注意百分比,而没有注意净增长值的绝对数字。事实上,在近三十年中,中国经济没有任何一年的净增长值能与美国经济同年的净增长值相比,从绝对数字看,中国不是在赶上美国,而是落后得更远了。②

2. 社会层面

人不仅仅要吃饱、穿暖,还要活得有尊严,要有安全、权利、自由和福利等,而这些都需要通过发展来实现。如果没有发展,可能连基本权利都无法保障,用福山的观点就是,发展有助于民主和稳定的实现③。发展是人类社会的永恒追求,发展的目的是让人类过上美好生活。发展问题是界定美好生活、公正社会以及人类群体与大自然关系的问题,"在伦理道德上合情合理的唯一发展目的是使人们更加幸福"④。

---

① [美]利昂·巴拉达特:《意识形态:起源和影响》,张慧芝、张露璐译,世界图书出版公司北京公司2009年版,第273页。

② [美]卢西恩·派伊:《"亚洲价值观":从狄纳莫到多米诺?》,载亨廷顿、哈里森《文化的重要作用:价值观如何影响人类进步》(第2版),程克雄译,新华出版社2010年版,第305页。

③ [美]弗朗西斯·福山:《政治秩序的起源:从前人类时代到法国大革命》,毛俊杰译,广西师范大学出版社2014年版,第426页。

④ [美]德尼·古莱:《发展伦理学》,高铦、温平、李继红译,社会科学文献出版社2003年版,第241页。

有人说经济发展是万恶之源，其实是发展的异化或背离价值目标的异化发展造成了"恶"。相比富裕，贫穷更易诱发"恶"。在贫困状态中保持美德比在富裕状态中保持美德要困难得多。关于经济发展与道德的关系，就是经济基础与上层建筑的关系：经济基础决定上层建筑。早在春秋时期，管仲就提出"仓廪实而知礼节，衣食足而知荣辱"（《史记·管晏列传》）。儒家虽然重"义"，但也不否认发展经济的价值。如孔子虽"罕言利"，但他并不一概否定利。司马迁也认为财富有利于人的道德提升——"君子富，好行其德""人富而仁义附焉"（《史记·货殖列传》）。

社会层面的发展是福山所说的一种"社会资本"[①]。发展可以在社会层面扩大人与人之间的"信任半径"，增加社会资本。发展匮乏所导致的贫困不仅是贫困者的个人不幸，也是社会之不幸，因为它会导致社会不稳定，迫使人们因贫困而犯罪和破坏社会。[②] 发展是人民安居乐业、社会和谐稳定的基础，也是保障人们安全、教育、医疗、福利等社会需求的基础，更是人类道德进步的基础。发展也是实现"中国梦"的基础，而所谓的"中国梦"就是"人民幸福"。[③] 虽然"中国梦"涉及领域很多，但都只能在经济社会发展的基础上才能实现。[④]

3. 人文层面

"发展根本上是人的发展，是人的解放过程。"[⑤] 如果发展没有实现人的进步，那么发展的结果将会使人成为世界上最危险、最具毁灭性的物种。人的自由解放与全面实现，是所有发展的最终目标。没有

[①] ［美］弗朗西斯·福山：《社会资本》，载亨廷顿、哈里森主编《文化的重要作用：价值观如何影响人类进步》（第2版），程克雄译，新华出版社2010年版，第143页。
[②] ［印度］阿马蒂亚·森：《贫困与饥荒》，王宇、王文玉译，商务印书馆2001年版，第9页。
[③] 沈斐：《中国经济学诠释——基于"资本内在否定性"的考察》，《马克思主义研究》2014年第3期。
[④] 谢地、谢斯儒：《中国梦的经济学解析》，《经济学家》2014年第1期。
[⑤] 丁立群：《发展：在哲学人类学的视野内》，黑龙江教育出版社1995年版，第12页。

人自身的发展与进步,也无法真正应对气候变化的挑战。发展本身没有意义,只有作为彰显人类生命存在和意义的手段时才有意义。人是经济发展的目标,而不是经济发展的工具。马克思认为,财富能推动人的能力发展,财富生产本身就凝聚着人的各种能力的发展与提高。①

发展的目的不仅仅是经济发展。经济发展是实现社会发展,以及人的发展的手段。"那些有能力建立'良好政府'的国家会为它们的公民提供公平的机会,以保证他们达到富足的生活标准。而做不到这一点的国家则注定会日趋衰落、功能失效。"② 发展要保持人道,发展的最终目的是人的全面发展。

阿马蒂亚·森对狭隘的经济发展观进行了批判,指出发展需要与政治、社会和文化相互依赖。③ 森认为,经济发展要以权利和能力的增长为衡量标准。发展可以消除使社会成员痛苦的各种不自由。发展的目的不仅仅是创造更多的消费者,而且还包括通过将穷人变成知识和管理的对象来改变整个社会。④

三 以发展应对气候变化

只有应对气候变化的减排行动与经济社会发展相一致,国际气候合作才能取得成功。只有当大多数穷人都公平获取了发展带来的好处,每个人都实现了相对富裕才会真正缓解一个社会,尤其是发展中国家的环境压力。一般来说,富裕社会的人会更加关注环境质量,贫穷是导致环境恶化的主要原因。例如,约四分之三的发展中国家家庭使用的是燃烧效率很低(约90%的能量被浪费)的使用木材等生物燃料的火炉取暖,这不仅加速了森林砍伐,也加速了气候变化——每

---

① 《马克思恩格斯全集》(第30卷),人民出版社1976年版,第198页。
② [英]约翰·米可斯维特、阿德里安·伍尔德里奇:《第四次革命》,蒋林、沈莹译,《国外理论动态》2015年第4期。
③ [印度]阿马蒂亚·森:《以自由看待发展》,任颐、于真译,中国人民大学出版社2002年版,中文版序言第20页。
④ [美]阿图罗·埃斯科瓦尔:《遭遇发展:第三世界的形成与瓦解》,汪淳玉、吴惠芳、潘璐译,社会科学文献出版社2011年版,第24页。

年释放约 10 亿吨二氧化碳。①

通过发展减少贫困也是应对气候变化的重要路径，让数十亿人口处于永久性的贫困状态绝不是解决气候变化问题的一个方法。② 目前，最贫穷和最富有的人群分别占世界人口的 15%。富国的人均国民生产总值比穷国高 80 倍。最穷国家组大约有 10 亿人口，每年人均国民生产总值只有 472 美元，或每天 1.3 美元。这不及瑞典平均水平的 1%（瑞典年人均国民生产总值为 55620 美元，或每天 152 美元）。居住在富国的人们通常比穷国的人们多活 40% 的时间，也就是 23 年。15% 最富裕国家的年人均二氧化碳排放量为 12.4 吨，而最穷国仅为 0.4 吨。③ 有学者认为，"如果要让未来变得更加绿色，那就必须进一步实现城市化"④。因为，人口密集的城市的生活方式是更少地驾车出行，居住在更小的需要制冷和取暖的房屋。可见，发展既可以扩展人们享有的真实自由，也有助于应对气候变化。对没有完成工业化的发展中国家来说，国际气候谈判的实质仍是为发展而战，合理的排放权意味着合理的发展权。因此，发展中国家的首要任务还是发展经济和消除贫困，而不是大幅减排。⑤

温室气体排放空间实际上就是一个发展空间问题。"作为发展中国家，中国只能通过发展来应对气候变化，不可能也不应该约束发展来减少温室气体排放。"⑥ 中国目前所遇到的基本问题不是"要不要发展"，而是如何"科学发展、绿色发展"。⑦ 过去 30 年中国在发展

---

① Benjamin K. Sovacool, *Energy & Ethics: Justice and the Global Energy Challenge*, London: Palgrave Macmillan, 2013, p. 11.
② [美]爱德华·格莱泽：《城市的胜利》，刘润泉译，上海社会科学院出版社 2012 年版，第 203 页。
③ [瑞典]拉斯洛·松鲍法维：《人类风险与全球治理：我们时代面临的最大挑战可能的解决方案》，周亚敏译，中央编译出版社 2012 年版，第 32 页。
④ [美]爱德华·格莱泽：《城市的胜利》，刘润泉译，上海社会科学院出版社 2012 年版，第 205 页。
⑤ 何一鸣：《国际气候谈判研究》，中国经济出版社 2012 年版，第 251 页。
⑥ 潘家华：《低碳转型的背景与途径——从哥本哈根说起》，载余永定《中国的可持续发展：挑战与未来》，生活·读书·新知三联书店 2011 年版，第 165 页。
⑦ 胡鞍钢：《全球气候变化与中国绿色发展》，《中共中央党校学报》2010 年第 2 期。

经济、提高生活水平和人民社会福利（覆盖了国内 13 亿人口）方面取得了显著的成就。这使得"中国模式"对许多发展中国家具有很大的吸引力。① 中国的社会主义发展模式内在地要求注重结构优化、人民生活水平提高、环境改善等质的发展。这种质的发展不仅能使中国跨越"中等收入陷阱"②，也能使中国具备应对全球气候变化所需的经济、社会、技术、制度等各方面的能力。

虽然发展是有价值的，但不是所有的发展方式都是值得追求的。我们应当如何发展？

传统的以工业化和资本主义市场经济为基础的发展方式越来越暴露出社会不公平和生态不可持续这两大问题。"我们的发展速度越来越快，但我们却迷失了方向。"③ 在许多国家，经济虽然发展了，但收入分配却存在严重的不平等，大部分人民仍然处于贫困状态，而少数精英阶层则不成比例地占有了经济发展的成果。即使在美国这样一个世界最发达、最富裕的国家，贫穷仍然普遍存在。拉美裔美国人有 30% 仍处于贫困线之下，已取代黑人而成为最穷的少数民族群体。在某些印第安人居留地，失业率在 70% 以上。仍有 27% 的黑人生活在贫困线以下。要知道这一切是在美国经济已经有几乎长达 10 年的持续增长和低失业率之后出现的。④ 世界排名前 500 的富人的收入总和等同于最贫困阶层 4.16 亿人的收入总和，超过 28 亿人（几乎全球人口的一半）过着每天不足 2 美元的生活，其中 12 亿人以每天不足 1

---

① ［美］马克·普莱特纳：《反思"治理"》，宋阳旨译，《国外理论动态》2014 年第 5 期。

② 2006 年世界银行在《东亚经济发展报告》中提出了"中等收入陷阱"的概念，认为一国突破人均 GDP 1000 美元的"贫困陷阱"后，很快会奔向 1000—3000 美元的"起飞阶段"，但到人均 GDP 3000 美元附近，快速发展中积聚的矛盾集中爆发，自身体制与机制的更新进入临界，如果不能顺利实现经济发展方式的转变，导致新的增长动力不足，最终造成经济停滞徘徊，陷入所谓的"中等收入陷阱"。

③ ［波兰］维克多·奥辛廷斯：《未来启示录——黄美思想家谈未来》，徐元译，上海译文出版社 1988 年版，第 193 页。

④ ［美］劳伦斯·哈里森：《文化为什么重要》，载［美］塞缪尔·亨廷顿、劳伦斯·哈里森主编：《文化的重要作用：价值观如何影响人类进步》（第 2 版），程克雄译，新华出版社 2010 年版，第 25 页。

美元的生活费勉强生存。如果发展要继续成为人类社会存在和进步的手段，就必须改变发展的方式，重构公平可持续的发展。

（一）综合发展

需要建构一种在生态上更可持续的发展方式。气候变化的危机既是"危"也是"机"，谁能更好地迎接挑战并找到解决方案，谁就将站在竞争的顶峰。[①] 气候变化引发了绿色发展理念，这是人类经济社会发展的又一次变革。低碳经济、绿色发展在根本上仍然是为了解决人类的生存和发展问题，只不过要以一种可持续的方式来实现这一目标。

不是经济发展错了，错的是如何界定"发展"，用什么标准界定"发展"。当前，GDP 成了衡量一个社会是否发达的首要指标。而 GDP 数据又是怎样统计出来的呢？所有的环境污染行为和温室气体排放行为都在创造 GDP。不仅企业通过生产、运输、销售商品创造了 GDP，化石燃料开采企业和电力生产企业也因能源需求的增加创造着 GDP。一个企业排放的污染越多，创造的 GDP 就越多。不仅企业自身通过生产创造了 GDP，其排放的污染也在创造着 GDP。例如，工厂排放的废水污染了当地的江河，环保行业就可以通过治理当地的河流创造 GDP；居民不敢饮用自来水，纯净水生产企业就可以通过生产运输纯净水创造 GDP；居民因使用受污染的水而生病住院，医院和医药生产销售企业就可以通过提供医疗服务和药物创造 GDP……但是，传统经济学却不计算因治理河流、生产运输纯净水和药物所浪费的 GDP，以及人们因生病而少创造的 GDP。

GDP 表面上是一个价值中立的指标，当任何一个经济活动产生时，它就会增长。但实际上，GDP 并不是"价值中立"的，它只鼓励生产与创造，却不管善恶。GDP 甚至阻碍"善行"而鼓励"恶行"：它不提倡节俭而鼓励浪费，因为浪费会创造 GDP。仅仅追求积累财富的传统经济是一种浪费型的经济，它们让企业和个人忽视体现

---

① ［美］丹尼尔·埃斯蒂、安德鲁·温斯顿：《从绿到金：聪明企业如何利用环保战略构建竞争优势》，张天鸽、梁雪梅译，中信出版社 2009 年版，第 4 页。

真正繁荣的人类与生物群落的复杂关系网。吃喝嫖赌、挥霍浪费可以刺激餐饮业与服务业的繁荣，增加就业机会，从而创造 GDP；不仅企业生产有毒食品本身可以创造 GDP，而且被政府查封后销毁这些食品的企业也在创造 GDP，人们食用有毒食品后入院治疗也在创造 GDP。按照这种逻辑，"杀人"也是在促进 GDP 增长，例如，在闹市区扔下一颗炸弹也可以为 GDP 的增长做出巨大的贡献：不仅生产销售弹药的企业创造在 GDP，城市各类设施的重建也可以为建筑行业创造大量的 GDP，大量人口的伤亡也可以为医疗医药行业创造大量的 GDP。可见，GDP 并非像它看上去那样是价值中立的。以财富积累和浪费为特征的传统经济将生命形式转变成纯粹的物质欲望，把对经济目标的追求置于对道德或精神目标的追求之上，并无视生物规律和生态系统。表面的物质繁荣已成为现代政治经济的唯一目标。财富成为政治经济关注的"绝对的善"。当它成为"绝对的善"时，它就成为一种精神力量，从内部世界影响人的精神，它从一种限制之源变成了诱惑之源。GDP 给人的感觉就是让所有人忙碌起来，像蚂蚁和蜜蜂一样一刻不停地劳作。但蚂蚁和蜜蜂只是为了生存而忙碌，而人类则是为了 GDP 而忙碌。

（二）公平的可持续发展

需要建构一种基于公平的可持续发展。忽视公平的发展必将制造大量贫困，财富集中在少数人手中，而贫困成为大多数人的命运。贫困并非发展所致，而是发展机会和发展成果分配不公所致。

如果穷人没有公正地获得发展的机会，会是什么情况呢？穷人会使用刀耕火种的技术来开辟种植园，在不断恶化的公地上放牧，砍伐森林作为木柴，耗竭内陆与沿海渔场，污染河水和湖泊，等等。穷人没有什么手段来维持生计，他们今天为了拼命地生存，将未来大大地打了折扣，而选择消费大于储蓄的做法。虽然节能灯省电，但许多穷人连普通的白炽灯都买不起；虽然新能源汽车省油，但普通人也买不起，而买得起的人又不在乎油费；节能的家电都很贵，对穷人而言，低碳的"可持续发展"仍然是昂贵的。所以，必须要让穷人也公正地获得可持续发展的机会。

现实世界的严重不公正将会严重阻碍发展中国家对可持续发展道路的坚持。例如，在可持续发展的背景下应对气候变化的挑战中，经济社会发展及消除贫困是发展中国家的首要的压倒一切的优先事项。国际社会应对气候变化的"共同但有区别的责任"原则就可以看作以公平的可持续发展视角应对气候变化的原则。该原则要求，发达国家根据自身能力和历史责任承担更多的减排任务，率先大幅减排，并向发展中国家提供应对气候变化所需的资金和技术，使发展中国家在公正的可持续发展框架下采取积极的适应和减缓行动，为保护全球气候做出应有的贡献。

我们在许多城市都可以看到，城市中心地区到处是公园绿地，而在一些城郊地区，草坪绿地经常被附近的居民"改造"成了私家菜地。对居住在房价高昂的城市中心地区的"富人"来说，他们更看重健康与环境的价值，他们会更心甘情愿地出钱来保护环境。另外，收入的增加会使人们更积极地参与到市场和交换网络中来，这样便能确立环境的真正价值并且达到保护环境的目的。发达国家的空气和水污染程度都要比发展中国家低，就是发展和富裕有利于环境的论据。

反对的观点认为，一旦穷人获得了公平的发展机会而富裕起来之后，他们的消费量也会增加，从而导致废弃物的增加，对自然资源的索取也会增加，因而富裕也是环境恶化的原因。之所以贫穷对环境的影响范围要比富裕更小一些，是因为穷人为了生存一般会选择较近的地点进行消费，消费那些运输成本低而便宜的本地商品，他们只是对当地环境产生影响。但富人可以买得起从国外进口的商品，这些商品对环境的危害很大，而人们对此往往视而不见。于是，穷人就有了双重负担：维持生计和来自富人过度消费活动的影响。贫穷更有利于环境保护的观点是一种环境法西斯主义，是用一种"高尚"的理由维持不正义的发展方式。这种现象并没有否定穷人富裕起来之后对环境有更高的要求，而只是表明了可持续发展机会还要在全球不同国家之间进行公正分配。

绿色发展以保护和改善自然环境、实现人与自然的可持续发展为目标，主张通过发展生态产业来构建生态化的经济体系；强调经济发展必须抛弃以高消耗、高排放、高污染、高破坏和低效能为特征的不可持续的生产方式，走向以低消耗、低（零）排放、低（零）污染、低破坏和高效能为特征的资源节约型和环境友好型的可持续的生产方式；倡导经济的绿色增长，即经济增长不再以环境退化和生态失衡为代价，而是以自然保护、生态恢复、环境优化为前提。绿色发展的本质是追求经济与生态的共赢，是融经济繁荣和生态良好于一体的新发展模式。

公平的可持续发展是一种机会与利益均等的发展，它包括代内公正与代际公正。代内公正指的是代内区际间的均衡发展，即一个国家、地区和人群的发展不应以损害其他国家、地区和人群的发展为代价；也包括代际间的均衡发展，即既满足当代人的需要，又不损害后代的发展能力。地球上的所有人都应享有公正和相同的机会，过上有尊严的和充实的生活。公平的可持续发展范式的提出具有重要的理论意义和现实意义。经典的可持续发展理论主要关注自然和生态保护，其倡导者多为中产阶级和上流社会人士，他们对贫穷人群及其所居住共同体的环境保护却毫无兴趣，从而使经典的可持续发展范式沦为"贵族的政治"。公正的可持续发展把消除贫困作为需要优先解决的重要问题，要给各国、各地区的人，世世代代的人以平等的发展权。公正的可持续发展倡导一些基于新的全球资源和技术分配的国际体系或制度安排，指向某些财富从富者向穷者的重新分配。公平的可持续发展还与"穷人的经济学家"阿马蒂亚·森的使穷人摆脱贫困、获得能力、共享发展的伦理经济学的旨趣是完全一致的。缺乏对公平、正义等伦理要素的考虑，即使是坚持可持续发展的经济学也会因贫困化而失败。如果不考虑公平、正义，那么"可持续发展"就只不过是一曲颂歌，一个只是因为有镇静作用而总被人提起的名词。因此，要有效实施可持续发展战略，就决不能仅仅关注经济和环保的硬指标，而忽视了公平正义的伦理软指标。

（三）以五大发展理念应对气候变化

"创新、协调、绿色、开放、共享"五大发展理念，不仅可以使社会更公平、发展更可持续，也有利于中国更好地应对气候变化。

创新发展要求进行供给侧改革，调整经济结构，使要素实现最优配置，提升经济增长的质量。供给侧改革可以有效化解过剩产能，淘汰落后企业，加大产业重组，培育战略性新兴产业和服务业，提高中国经济的能源使用效率，降低单位 GDP 的碳密度。"中国需要走向低碳，中国也在努力走向低碳。"① 低碳经济是中国创新发展的内在要求，是在碳排放空间有限的情况下实现社会和谐发展的一种经济形态。② 低碳经济的概念具有低碳排放、低碳竞争力和低碳转型的阶段性三个核心特征。当经济和社会发展到一定水平，经济增长的重要性有所下降，生存质量和居住环境越来越被重视，生态环境的重要性将日益凸显。③

应对气候变化恰恰需要各地区、各行业之间的协调发展。如果东西部地区、城乡地区不能协调发展，就会出现过剩产能、高污染高排放企业的跨地区迁移，从而无助于应对气候变化。低碳与绿色发展使社会深处变革之中，而且速度越来越快。应对气候变化带来了新的技术和新的投资机会，低碳和绿色领域将成为新的经济增长点和就业增长点。据《金融时报》报道，现在世界各地有810万人在从事绿色技术的研发和绿色产品的生产，而在传统的就业领域，就业数量在下降。④

开放发展有助于中国以更积极的姿态参与国际气候合作。2015年11月30日，习近平主席在联合国气候变化巴黎大会上代表中国承诺，"有信心和决心"到2030年单位国内生产总值二氧化碳排放比2005年下降60%—65%、非化石能源占一次能源消费比重达到20%左右、森林蓄积量比2005年增加45亿立方米、二氧化碳排放在2030年前

---

① 潘家华、庄贵阳、朱守先等：《低碳城市：经济学方法、应用与案例研究》，社会科学文献出版社2012年版，第42页。
② 潘家华、庄贵阳、郑艳等：《低碳经济的概念辨识及核心要素分析》，《国际经济评论》2010年第4期。
③ 庄贵阳等：《中国城市低碳发展蓝图：集成、创新与应用》，社会科学文献出版社2015年版，第30页。
④ Frans Berkhout：《低碳革命将改变人类的行为模式》，《社会科学报》2016年9月22日第1版。

后达到峰值并争取尽早达峰。

共享发展有助于实现气候公平,推动应对气候变化的全民参与。共享发展强调发展的伦理基础。共享发展是一种重视公平、正义的伦理式发展,它不仅有助于人民共享发展成果,也有助于全民参与应对气候变化事业。

中国所取得的巨大发展成就,使人民生活和社会面貌发生了巨变。总之,气候变化给中国和全球带来了难得的发展机遇,发展是中国参与全球气候治理的最佳路径,发展可以降低中国经济的温室气体排放强度,提高能源使用效率,增强减缓和适应能力。作为发展中国家,中国应该统筹协调经济增长、社会发展、环境保护,增强可持续发展能力,摆脱先污染后治理的老路。从长期看,没有各国的共同发展,特别是没有发展中国家的发展,应对气候变化就没有广泛而坚实的基础。

"危机"不仅预示着"危险",也暗含着"机遇"。风险与机遇并在,有风险的地方就有机遇。气候变化的风险也会引发新的机遇,如新思维、新产品、新服务、新流程等可以大幅减排、降低成本,提供"低碳"或"零碳"的竞争优势。我们有理由相信,面对气候变化的挑战,人类也能在进行深刻的反思和系统的变革之后找到新的机遇,使人类的技术和文明都再上一个新台阶,使气候系统与人类活动建立起一种新的平衡关系。气候变化对我国的发展机遇包括调整经济结构、推进技术进步、发展低碳能源、加强生态建设等,这些应对气候变化的措施都将有力推动我国经济社会的可持续发展。[①] 这种机遇主要体现在:应对气候变化推动我国实施绿色低碳能源战略,节能也将成为我国应对气候变化时代经济战略转型的推动力;化石能源的高效、洁净化利用和发展非化石能源将成为我国应对气候变化时代新的发展战略方向;同时,发展能够适应气候变化的农业、能够减缓气候变化的林业,以及创新型城市的发展等方面努力都将使得我国在应对

[①] 秦大河:《积极应对气候变化,努力实现可持续发展》,http://finance.sina.con/roll/20100127/08103199550.shtml,2017年9月18日。

气候变化过程中，提高自身的社会经济发展能力，找到新的崛起空间。低碳发展本身就是一种国际竞争力，[①] 有助于中国顺利迈向"现代、和谐和有创造力"的高收入社会[②]。可见，应对气候变化内在的发展契机是我国社会经济发展的驱动力。

作为上层建筑，国家的价值立场不是一成不变的，会随着国家经济基础的发展而变化。一旦中国实现了基本的经济发展目标，价值立场就会随之发生变化，环境、社会等层面价值的重要性就会前移。中国会随发展带来的能力提高而承担越来越多的责任。中国承诺到2030年达到排放峰值，意味着中国给自己的经济发展设定了一个期限。这是基于中国未来发展的判断，也是对中国之世界责任的承担。

第二节 气候变化是环境问题

虽然气候变化的本质是发展问题，但它的直接表现却是环境问题，且会通过环境灾难而对发展不足的贫困地区和贫困人群造成更大的伤害。如果说贫穷（社会不正义）不是社会主义，那么气候变化所造成的环境恶化（环境不正义）也不是社会主义。中国正在经历深刻的经济和社会变迁，中国的发展将在很大程度上影响未来全球的环境与社会状况。那种认为只要发展了经济，积累了社会财富，即使造成了环境污染，也最终一定可以得到治理的想法是错误的。[③] 中国的生态问题日益受到重视，出于生态价值而应对气候变化的理由越来越充分。在这一阶段，中国经过几十年的高速经济发展，遭遇了以全国性雾霾为典型代表的严重环境危机，使我们开始重新审视环境与发展的关系。目前，我国已经成为全球 PM 2.5 污染最为严重的地区之一，其

[①] 卢愿清、史军：《低碳竞争力评价指标体系的构建》，《统计与决策》2013年第1期。

[②] 张永生：《绿色发展：中国的新机遇》，载张坤民、潘家华、崔大鹏《低碳创新论》，人民邮电出版社2012年版，第308页。

[③] ［日］佐佐木毅、［韩］金泰昌主编：《地球环境与公共性》，韩立新、李欣荣译，人民出版社2009年版，第3页。

中以京津冀、长三角、成渝、关中地区、中原地区等最为严重。[1] 自美国大使馆于2011年10月开始发布北京的PM 2.5浓度以来，该指标已经成为国际社会关注中国发展的一个重要视角。雾霾污染及其治理，直接影响我国的国际形象。中国政府开始明确强调，搞发展不能以环境为代价。2009年哥本哈根世界气候大会之后，中国在国际气候合作中的立场由"被动参与"转变为"积极参与"也是与这一阶段中国的国情密切联系的。中国政府于2012年党的十八大报告中首次提出"美丽中国"建设的理念，表明中国希望进行发展方式转变，实现低碳绿色发展，而这一自身内部的发展转型需求恰恰与全球应对气候变化对中国的外部需求相一致。

一 气候变化的环境影响

环境问题与发展问题一样，都是人类所面临的根本性问题，"真正的大规模杀伤性武器是全球性的贫困现象和初露端倪的环境大灾难"[2]。自然环境是一个生态系统，大气是这个系统的组成部分。大气中温室气体浓度的变化不仅会造成气候变化，也会对整个生态环境造成破坏性影响。比比皆是的证据显示，大气的容量已达极限，人类再也不能不计后果地把天空当作排污场所，不重视气候变化这颗定时炸弹已经不行了。[3] 美国宇航局（NASA）戈达德空间科学研究院（Goddard Institute for Space Studies）院长詹姆斯·汉森（James E. Hansen）写道：全球变暖使地球陷入了"能量不平衡"。[4]

应对气候变化的目标是使气候系统恢复平衡与稳定，因为不稳定的气候对自然生态系统和人类社会系统都会造成致命的破坏。《联合国气候变化框架公约》第二条声明，应对气候变化的最终目标是要"实现大气中的温室气体稳定在某个水平，以防止人为危险地干扰气

---

[1] 曹军骥等编著：《PM 2.5与环境》，科学出版社2014年版，第8页。

[2] ［美］托尼·朱特：《重估价值：反思被遗忘的20世纪》，林骧华译，商务印书馆2013年版，第434页。

[3] ［美］格蕾琴·戴利、凯瑟琳·埃利森：《新生态经济：使环境保护有利可图的探索》，郑晓光、刘晓生译，上海科技教育出版社2005年版，第50页。

[4] James Hansen, Larissa Nazarenko, Reto Ruedy et al., "Earth's Energy Imbalance: Confirmation and Implications", *Science*, Vol. 308, No. 5727, 2005, p. 1431.

候系统"。千万年来，大自然免费无限地为人类提供了赖以生存的各种自然资源，但是，我们对大自然的这种慷慨赠予浑然不觉。随着人口增长和人类社会经济发展，大自然生态系统的功能轻易地被破坏了，它曾慷慨提供的服务再不能免费无限供应。人类的恣意妄为正在受到自然界的报复，这种报复不仅伤及环境，也威胁到人类的生存底线。人类赖以生存的生态系统已不堪全球经济的劫掠，正在面临崩溃。大自然无私的给予在有的地方正蜕变为涓涓细流，甚至悄然停滞。人类为此而付出的金钱和由此而产生的痛苦正与日俱增。气候变化的环境影响是全方位的，不仅会影响大气环境，也会对水资源和土壤环境产生严重影响。

大气环境是所有生物赖以生存的基础。气候变化对大气环境的影响，主要通过气温升高、干旱、气压异常、太阳辐射、地面蒸发以及风速的变化等气象过程反映出来。从源头上看，引发气候变化的许多因素与造成大气污染的因素是一样的，如汽车尾气、工业排放、燃煤供暖等。化石燃料使用既是温室气体的排放源，也是大气环境的污染源。因此，应对气候变化也可以改善大气环境质量。

水是生命之源，是人类生存和发展所不可或缺的物质资源。气候变化不仅会影响水资源的分布与数量，还会影响水资源的质量（水污染）。从水资源的量上看，气候变化会造成一些地区降水过多，造成洪水，同时使另一些地方的降水减少，造成干旱。在非洲，到2020年，由于气候变化，预计7500万到2.5亿非洲人口将面临更加严重的用水压力。历史监测及IPCC预估报告显示，某些地区干旱频率及时间有增加的趋势；在我国，某些河道或湖泊的径流量也不断减少。①从水资源的质上看，气候变化会通过对降水的改变而导致水污染加剧。

另外，为人类生命直接提供粮食与栖居之所的土壤环境与自然生态系统也会受到气候变化的严重影响。

---

① 张建云：《气候变化对水影响以及科学问题》，《中国水资源》2008年第2期。

二 环境目标还是社会目标

虽然气候变化会对自然生态系统造成影响，但这本身并不能成为应对气候变化的充分理由。如果气候变化仅仅对生态环境产生影响，而这些环境影响对人类社会和人类生命不会产生任何不利的反馈，那么，气候变化在人类所建构的以人类为中心的"价值"问题上就是中立的，为保护生态环境而应对气候变化就要让位于其他社会目标。这似乎是一种人类中心主义的价值立场，会受到非人类中心主义的批判。但对任何国家和政府而言，其存在的目的就是保障人民的生存和发展权利，因此，虽然人类中心主义作为一种价值论，在环境伦理学上备受指责，但在政治学意义上，国家和政府持人类中心主义价值立场似乎并没有什么问题，况且人类中心主义也要求对生态环境进行保护，因为健康、稳定、优美的生态环境对人类的生存和发展也是必需的。

自从国际气候体制建立以来，公平这一社会目标与气候稳定这一环境目标就被双双列为应对气候变化的核心目标。但是，随着时间的流逝，这两种目标在互相作用中从互补走向了对立，使气候变化谈判陷入了僵局。立场不同的南北方各国思考气候问题时，公平目标与环境目标越来越被视为一对矛盾体。

在过去的二十多年中，西方发达国家将气候变化主要理解为环境问题，认为应对气候变化的目的是维持自然气候系统的稳定。与之相对立的观点认为，气候变化问题本质上是社会公平问题，没有社会公平就不可能真正实现气候稳定的环境目标。它强调，虽然存在环境限制因素，但气候问题主要是由于发达国家不合理地占用有限的生态空间造成的。显然，这种观点更为发展中国家所支持。同时，在经济全球化背景下，发达国家正将大量的生态问题转移到发展中国家，这种不合理的国际分工保护了发达国家的环境，却牺牲了发展中国家的环境。

环境问题与贫穷之间存在一种内在的联系：穷人总是在较为恶劣的环境下生存，而他们对自我生计的追求又会反过来给环境造成更大的压力。同时人们也认识到了这一点：环境和发展问题从根本上说是全球性的，必须要放在全球体系的大背景下来考虑。处于边缘国家的穷人最直接地遭受了环境恶化所带来的恶果。发达国家工业体系对资源的需求同时对环境也造成了压力。还有人认为，发展中国家不应追求发达国家的生活模式，因为发达国家实际上处于一种过度发展状态（over‐developed），全球没有足够的资源来支撑所有的人都过上这样的生活。[①] 同样，污染问题已经溢出了发达国家的边界，蔓延到了发展中国家。

气候谈判开始以来的二十多年间，许多发达国家的排放量依然持续增加，这一事实也加强了发展中国家对公平的诉求。寻找解决方案已成为当务之急。许多发展中国家，特别是工业化发展迅速的发展中大国担忧减排行动的责任和注意力会越来越多地转移到它们身上。所谓的"主要排放源"，包括工业化发展迅速的大国，是这个问题的主要担忧者，也是公平观点的主要倡导者。

要应对气候变化，就必须考虑伦理要素。如果不考虑公平与正义，就抽象地谈论应对气候变化，让所有人都承担同样的责任，其结果会加大不平等的"暴力性"，降低穷人的生存权，更重要的是无法在全球范围内取得共识，从而无法在应对气候变化问题上激发共同行动，采取真正有利于气候稳定的对策。

一种方法试图围绕发展权而不是排放权和识别国家在应对气候变化中的"责任"与"能力"来重新界定问题。另一种方法建议将发展中国家的可持续发展政策和方法，与发达国家的绝对量减排目标相结合。为了让发展中国家相信兼顾气候行动和发展需求不会让它们承担更加沉重的减排责任，全球气候体制必须以公平原则为保障。比如，将各国人均排放量的长期目标定为一个区间；这个原则是一个道德范畴，一个保证气候体制未来不会陷入不平等困境的方式。

气候变化挑战中的环境论与公平论都假设困难在于责任分担问题。责任分担意味着减缓气候变化的措施会给国家经济造成相当大的

[①] ［英］彼得·普雷斯顿：《发展理论导论》，李小云、齐顾波、徐秀丽译，社会科学文献出版社 2011 年版，第 317 页。

成本。南北阵营针对气候政策的矛盾症结就在于责任分担，因为气候问题中的环境论和平等论意味着截然不同的两种责任分担方式，所以也会产生不同的政治成本。要视气候变化减缓为应当抓住的机遇而不是责任分担。许多气候减缓项目的机遇能为本国发展带来其他协同利益。"在瞬息万变的环境中，机会永远属于最早实施减缓气候变化行动并从中寻找优势的国家，这与其他国家的行为无关。"[1] 气候行动中蕴藏的经济机遇可以打破僵持已久的政治平衡，从而开启将经济与社会带入未来低碳发展之路的艰巨任务。到目前为止，主要发达国家还未采取任何实际行动去抓住气候变化中存在的机遇，并帮助发展中国家实现这个机遇。

实际上，应对气候变化的目标不是单一的。气候稳定与社会公平就像一枚硬币的两面，少了任何一面，都不能成为一枚完整的硬币。在气候变化问题上，环境目标与社会目标是相互促进、相互支持的，少了任何一面，应对气候变化都不会成功。

三 气候变化与生态社会主义

如果社会主义通过比资本主义更变本加厉地破坏环境、排放更多温室气体的方式实现生产力的解放，这种所谓的"解放"不还是对自然的奴役？如果社会主义仅仅在生产力上比资本主义更发达，但却留下了一个满目疮痍的自然世界，我们怎能让人相信这是一个比资本主义更好的社会？如果社会主义是对资本主义的扬弃和超越，它就应当在各个方面都比资本主义更先进、更高级、更美好。"好"不仅包括物质层面的（生产力发达），也应包括人际层面的（社会公平）和精神层面的（环境优美）。因此，贫穷不是社会主义，不正义不是社会主义，环境破坏也不是社会主义。社会主义社会理应在保护生态环境和实现气候稳定上做得更好。

在依赖市场和利润的资本主义社会，应对气候变化是困难重重的。如何才能在主要依赖经济增长来提供就业和更高生活质量的资本

---

[1] 世界银行：《2010年世界发展报告：发展与气候变化》，清华大学出版社2010年版，第234页。

主义经济中实现大幅减排？如果真的迫使化石燃料公司实现减产90%，经济将会怎样？财富500强中排名前10的企业中有7家是石油公司和汽车制造商，如果这些公司必须减产90%，那将意味着资本主义社会的经济崩溃。"资本主义社会中的企业和个人都存在一种损坏、消耗以及破坏生产以及社会再生产的总体环境条件的倾向。"[1]

因此，"我们必须在资本主义模式以外寻求答案，一种基于人类真实需求来组织生产、严格限制特定资源能源消耗、尽力减少污染与浪费的社会主义式生态经济可能是唯一的出路"[2]。企业的目的是赚钱，而不是拯救世界。资本主义把世界上的大多数人"贬低为劳动力的储备军"[3]。拯救世界要求将对企业最大利润的追求让位于对生态的关注。以气候变化为代表的生态危机是资本主义生产与消费方式的产物，而社会主义，尤其是生态社会主义范式可以有效地纠正发展的方向。

目前，理论界对如何转变发展方式存在两种观点：一种是反对增长但赞成市场的"稳态经济学派"，主张实现"只增质，不增量"的稳态式发展，在政府设定排放"限额"的基础上充分发挥市场的作用，继而避免气候灾难；另一种是支持增长的"绿色资本主义"学派，主张通过征收碳税、让消费端对生产过程施压等方式打造绿色工业革命，继而确保资本主义式的经济增长永远持续下去。反增长学派有关降低经济增长速度、减少消费和能源消耗的观点是正确的，但由于忽视了资本主义增长的内生性及其无法被剥离的事实，加之其过于强调市场机制在资源配置中的作用，很可能将生态环境带入万劫不复的境地。

生态社会主义要求用质的发展代替量的增长。这就像人类在青春

---

[1] [英] 艾丹·维尔、安德鲁·乔纳斯、大卫·吉布斯：《从可持续发展到碳控制：生态国家重构与城市和区域的发展政策》，裴雪姣译，《国外理论动态》2013年第10期。
[2] [英] 理查德·史密斯：《超越增长，还是超越资本主义？》，闫斐编译，《国外理论动态》2015年第4期。
[3] [美] 乔尔·科威尔、迈克尔·洛威：《生态社会主义宣言》，载郇庆治《重建现代文明的根基——生态社会主义研究》，北京大学出版社2010年版，第302页。

期停止体格的增长,但可以继续发展我们的能力、智力和技能等。可以更多地推动社会层面的发展,在社会真正需要的事务上大幅增加投资,例如可再生能源、有机农业、公共交通工具、公共供水系统、公共健康、优质教育资源以及其他许多当前投资不足的社会和环境需求。

改革开放以来,我国为了迅速提高人民生活水平,长期以经济建设为中心,借鉴了资本主义的许多生产方式,并一度忽视了生态环境问题,生成了包括大气污染、水污染、土壤污染等在内的许多环境方面的问题,也使中国跃升为世界第一温室气体排放大国。随着我国人民收入、教育水平的提高,人们对环境也越来越关心。[1] 党和政府逐渐认识到,实现小康社会和人民幸福,光靠经济发展是不够的,必须还要有优美的环境,要"留得住青山绿水,记得住乡愁"。"中国在环境治理方面一定要有决心,否则经济社会将难以可持续发展。"[2] 实现美丽中国和应对气候变化都是中国所面临的新的发展机遇,"绝不能片面地把低碳发展视为发达国家的阴谋和陷阱而不予理睬"[3]。中国要把握"绿色工业革命"的机遇,并成为这场革命的全球领导者。[4]

美丽中国建设体现在许多方面,这些方面不仅能够提升生态环境质量,也能为应对全球气候变化做出巨大的贡献。从应对气候变化的维度看,美丽中国建设的具体要求也能对应对气候变化做出巨大贡献,例如能促进乡村旅游和低碳旅游,减少旅游业的温室气体排放;能增加森林覆盖率,提高森林碳汇;能减少单位 GDP 的温室气体排放强度,减少主要污染物的排放量,提高可再生能源和清洁能源的消费比重。

"美丽中国"建设具有多重维度的意义:在国内层面,它是中国

---

[1] 洪大用等:《环境友好的社会基础:中国市民环境关心与行为的实证研究》,中国人民大学出版社 2012 年版,第 128 页。
[2] 厉以宁:《中国经济双重转型之路》,中国人民大学出版社 2013 年版,第 9 页。
[3] 何建坤:《全球应对气候变化与我国可持续发展》,载中国可持续发展研究会《绿色发展:全球视野与中国抉择》,人民邮电出版社 2014 年版,第 4 页。
[4] 胡鞍钢:《全球气候变化与中国绿色发展》,《中共中央党校学报》2010 年第 2 期。

发展理念与发展方式的转变，是人民跨过温饱阶段后需求的必然提升；在国际层面，它是中国履行大国责任，积极减缓全球气候变化的体现；在意识形态方面，它是社会主义优越性的进一步证明。美丽中国理念所建设出的是一个生态社会主义的中国，一个能够克服人类现在的危机，促进所有人解放，让人们过上有意义的生活的社会。

第三节　气候变化是全球治理问题

气候变化不仅会危及国内安全，也会危及国际安全，并且国内安全与国际安全相互关联。气候变化及其引发的新的全球性安全风险有可能改变旧的世界格局和国际秩序，这对全球治理提出了新的要求，对世界主义民主政治的构建提出了新的可能。气候变化是典型的跨国界问题，要成功地解决这一问题，只能采取全球性行动。21世纪，我们所面临的挑战是，人类如何在这个拥挤的地球上同呼吸、共命运。21世纪，国际社会是走向繁荣还是走向覆灭，取决于全世界人民是否有能力从一系列共同目标和实现这些目标的可行方法中找到共同语言。新的全球治理环境需要新的理念，仅凭军事力量实现全球安全的观念已经十分落后，合作、共赢、共享的全球治理理念必将取代传统的单边主义和军事霸权主义的治理理念。全球问题需要全球性的解决方案。全球治理就是要全球共同解决气候变化带来的发展问题、环境问题和安全问题。气候变化的风险不仅是超越性的，而且是"去边界"性的，因为它们最终改变了自身的边界。它们在空间（跨越民族国家）、时间（不同的时间范围）和社会（义务、责任、债务）上做到了这一点。改善全球穷人的生活与稳定地球气候是21世纪人类面临的两大挑战。在面对气候变化时，把个人利益置于共同利益之前，很可能导致两者都遭受损失。

进入21世纪以来，全球治理问题日益突出，其中包括中国在内的发展中国家的参与问题尤其引人注目。中国曾错失许多参与全球治理的机会，而气候变化问题让中国再次成为全球瞩目的焦点，使中国获得了极大的话语权，因为中国的参与对全球应对气候变化的成败至关重要。在这个意义上讲，气候变化所引发的全球性安全风险，对中国也意味着机遇和挑战，中国有可能通过积极应对气候变化，重新获得参与全球治理的话语权，彰显中国的大国责任。从这个意义上可以说，气候变化问题为中国参与全球治理提供了千载难逢的机遇。2015年巴黎世界气候大会以来，中国"主动引领"全球气候治理的立场与中国对气候变化是一个全球治理问题这一价值判断也是一致的。

一 气候安全与全球治理

安全与稳定是国家繁荣与发展的前提，甚至也"成为政府存在的意义和目的"[①]。一个国家的安全关系到其独立和主权。中国备受列强侵略的近代史使中国对国家安全问题尤其敏感。气候变化会对一个国家的经济、社会、公共健康和国际环境产生严重影响，进而影响一个国家的政治安全。只有气候安全才能保障发展，从而使中国有愿望和能力应对全球气候变化。因此，中国需要积极应对气候变化，提高中国适应气候变化的能力，以减少中国面临的气候安全威胁。

气候安全已经成为现代风险社会的一种非传统安全。气候变化的论述具有强大的道德使命，特别是当它与国家安全问题交织在一起时。[②] 气候问题一直影响着中东地区的和平进程，自1932年在巴林岛发现第一口油井起，中东国家因气候资源问题已经引发多起矛盾甚至战争。对中国而言，气候变化既是一种内部安全问题，也是一种外部安全问题。其内部安全意蕴体现为气候变化引起的安全问题日益严峻。中国是一个气候脆弱型国家，气候变化对中国等发展中国家的安全威胁远远大于发达国家。中国是一个多灾多难、极端气候事件频发的国家，如2008年长江洪水、2015长江之星客轮事件、2016盐城龙卷风事件等。而且历史上，气候变化也与中国的政治、经济安全稳定密切关联。气候变化影响国家安全古已有之，例如，气候变化与秦汉

---

① [美] 托马斯·潘恩：《常识》，赵田园译，北京大学出版社2015年版，第10页。
② Andrew Baldwin, "Carbon Nullius and Racial Rule: Race, Nature and the Cultural Politics of Forest Carbon in Canada", *Antipode*, Vol. 41, 2009, pp. 231–255.

政权更替、唐朝和明朝衰亡之间都存在直接的联系。① 以史为鉴，可以知兴替，历史是认识现在和未来的钥匙。从中国历史的进程中获取气候变化影响中国政治稳定的一般过程和机制，可以为当前政府参与国际气候合作的立场选择提供参考借鉴。其外部安全意蕴体现为中国可能会因气候变化问题遭到国际社会的经济、政治或军事制裁；碳减排的国际监测等会对中国国家安全与主权造成影响——例如，在2009年的哥本哈根世界气候大会上，中国对国外监测中国减排情况的反对即是出于国家安全的考虑。

现代社会是一个风险社会。现代性的直接后果就是造成风险社会的出现。与传统的以战争为主要表现形式的安全问题相比，现代社会所面临的是非传统安全，并且非传统安全的威胁日益上升，已经引起国际社会的高度重视。一方面，世界各国把注意力转向气候变化、恐怖主义、经济发展、金融危机、网络安全、能源与粮食安全、重大传染性疾病等全球性挑战，以联合国为主要平台开展各种国际合作；另一方面，在应对因地区冲突、环境恶化、自然灾害等因素而导致的人道主义问题上，世界各国和国际组织的解决力度不断加强。②

气候安全属于非传统安全问题，但温室气体的跨境流动，则可能导致国家间关系紧张而变成传统的政治安全问题。气候变化导致的生态压力（表现为旱灾、水灾和瘟疫等）会迫使人们迁移，使气候难民成为未来全球难民中增长最快的部分。③ 假如气候变化使朝鲜发生大规模饥荒，引发朝鲜难民涌入中国，将对中国和东北亚地区的安全构成极大威胁。作为一种非传统安全的气候变化既是一种来自自然的外部风险，也是一种来自社会的内部风险。气候变化也会导致中国国内气候移民的增加，并加剧中国社会内部的安全压力。2007年，一位英

---

① 李廉水等编著：《应对气候变化研究进展报告》，气象出版社2012年版，第253—276页。
② 《总体安全观干部读本》编委会编著：《总体国家安全观干部读本》，人民出版社2016年版，第6页。
③ ［澳］邹若素：《邹若素气候变化报告》，张征译，社会科学文献出版社2009年版，第148页。

国资深环保记者也在中国发出了"到 2050 年上海将被海水淹没"的警告。① 这样的警告一次又一次使中国政府备感压力。虽然短时期内，中国还看不到上述预言中所提及的风险，但气候变化对中国的现实和潜在影响却是"难以忽视的真相"。

美国国防部一直将气候变化列为五角大楼的核心安全问题之一。在朝鲜半岛的事例中，美国军事战略家关注着极端天气事件的影响，认为它相当于战场上的第三支军队。② 美国国防部认为，全球变暖最后会成为对美国安全的严重威胁，比恐怖主义还要严重。③ 该报告预见，气候因素会加剧紧张局势，当其越过临界点时，便会引发严重冲突。④ 2009 年末，美国中央情报局成立了一个专门评估气候变化的中心。该中心的一项研究表明，到 2030 年，非洲的武装冲突将增加 50%，预计会有 40 万人因此死亡。⑤ 2011 年 1 月，美国海军上将马伦在军官读物《联合部队季刊》发表评论："随着冰川正以更快的速度融化和萎缩，亚洲部分地区的主要淡水源头会进一步萎缩。一旦沿海土地消失，大量难民涌入，加之资源正变得日益稀缺，不仅可能产生人道主义危机，而且可能出现国家解体、民众变得更加激进的局面。这些令人不安的挑战反映出能源安全和气候变化必然导致的系统性影响。"⑥

近年来，我国的温室气体排放量急剧攀升，排放总量已居世界之

---

① 《英国环保记者：全球气温再升 2℃ 上海将被淹没》，http://tech.sina.com.cn/d/2007-03-18/13541421472.shtml，2017 年 9 月 18 日。

② [美] 克利奥·帕斯卡：《新一轮全球博弈：环境、经济及政治危机将如何改变世界格局》，钱峰译，中信出版社 2011 年版，前言第 3 页。

③ Climate Change Science Program, "Our Changing Planet: The US Climate Change Science Program for Fiscal Years 2004 and 2005", http://www.usgcrp.gov/usgcrp/Library/ocp2004-5, 2017-09-25.

④ Committee on National Security Implications of Climate Change for Naval Forces, *National Security Implications of Climate Change for US Naval Forces*, Washington: The National Academic Press, 2011, p. vii.

⑤ [美] 劳伦斯·史密斯：《2050 人类大迁徙》，廖月娟译，浙江人民出版社 2016 年版，第 250 页。

⑥ 参见 [美] 卢安武《重塑能源：新能源世纪的商业解决方案》，秦海岩译，湖南科学技术出版社 2014 年版，第 10 页。

首。受气候变化影响，近百年来，我国陆域平均增温 0.9—1.5℃，洪涝、台风和季节性干旱更趋严重，低温冰雪和高温热浪等极端天气事件频发，造成农业生产的不稳定性和成本增加，基础设施建设和运行安全受到影响。根据《第三次气候变化国家评估报告》，1980—2012 年我国沿海海平面上升速率为 2.9 毫米/年，预计 21 世纪末我国海区海平面将比 20 世纪高出 0.4—0.6 米，可能对长三角、珠三角等地区经济社会发展造成重要影响。

气候变化对中国国家安全的影响主要体现在自然灾害频发、粮食安全面临挑战等方面。作为世界第一人口大国，粮食安全是我国的首要关切。粮食安全是一个国家安全稳定的基本保障，而农业又是一个极易受到气候变化影响的产业。据估算，到 2030 年，我国农业产量会因全球变暖而下降 5%—10%，农田大面积减少，地力下降。① 人口增长和气候变化的双重压力将进一步加重土地使用、水资源利用和粮食安全的压力。气候变化所导致的干旱、洪水、热浪和酷寒等极端气候将对农业产量造成极大威胁。海平面上升也将导致农作物种植面积进一步减少。②

气候变化还可能引发战争。首先，气候变化可能使一些地区变得不适宜生存或消失——如淹没一些争议岛屿，也可能使一些争议地区变得气候适宜或产生一些新的陆地，并使对这些地区的争夺成为国家间新的战争导火索。例如，在气候变暖造成的海平面上升威胁之下，日本的军国主义可能会重新抬头，再次觊觎我国领土。

其次，气候变化对不同国家的影响是不同的，对一些国家有利，而对另一些国家不利。因此，一些国家希望通过大量排放温室气体受益，而不顾及对其他国家的灾难性影响。如果用常规的国际谈判途径无法阻止这些国家的破坏性排放行为，那些受到气候变化灾难性影响的国家可能会视这种高额温室气体排放为一种侵略性行为，向高额温

---

① 国家气候变化对策协调小组办公室、中国 21 世纪议程管理中心：《全球气候变化：人类面临的挑战》，商务印书馆 2004 年版，第 81 页。
② [美] 布鲁斯·麦克卡尔、马里奥·费尔南德斯、詹森·琼斯等：《气候变化与粮食安全》，郑颖、刘仁译，《国外理论动态》2015 年第 9 期。

室气体排放国发起战争。甚至可能引发两种新联盟间——受益国和受害国——的"世界大战"。

严峻的气候安全形势迫使国际社会就气候问题进行全球治理。① 全球治理需要世界主义价值视野。全球治理的一个结果是,国家、非国家行为体和私人行为体为应对全球挑战而通力合作。全球化会通过全球生产方式的资本主义化带来全球的物质现代化,但也会产生资本主义自身的各种环境与社会负外部性,造成环境、经济、军事、宗教等方面的全球性冲突和问题。这些全球性问题是任何单一国家无法单独解决的,需要全球性解决方案。全球治理意味着为开放而危险的世界提供解决方案。世界主义可以给全球治理问题领域的研究提供政治解决方案。② 各国地理上的差异以及基础设施和市民社会顺应力的差距使得全球变暖不能或者还未成为真正意义上的全球性问题。这种情境不利于形成共同体意识,而这种共同体意识能够在公共资源使用者之间发挥社会控制的作用。③ "全球合作必将走上历史舞台。那种势均力敌的国家之间相互争夺市场、权力和资源的思维模式终将被历史淘汰。"④

全球治理需要以公平为价值基础。"公平性是有效的全球治理模式的道德基础,是基本的价值规范性要求。"⑤ 全球治理中的公平包括治理主体间在参与程度、治理程序、治理能力等方面的公平。

从治理主体上看,"没有任何一个国家可以保证全球性的和平"⑥。

---

① 美国学者詹姆斯·罗西瑙(James N. Rosenau)在 1992 年主编了一部著作《没有政府的治理》,而在同一时间,瑞典政府推动成立了政策导向的"全球治理委员会"。
② [意]富里奥·塞鲁蒂:《全球治理的两个挑战:哲学的视角》,载[意]塞鲁蒂、卢静《全球治理:挑战与趋势》,社会科学文献出版社 2014 年版,第 1—15 页。
③ Young Oran R., *The Institutional Dimension of Environmental Change – Fit, Interplay and Scale*, Cambridge, MA: The MIT Press, 2002, p. 156.
④ [美]杰弗里·萨克斯:《共同财富:可持续发展将如何改变人类命运》,石晓燕译,中信出版社 2010 年版,第 3 页。
⑤ 卢静:《全球治理:模式转变》,载[意]塞鲁蒂、卢静《全球治理:挑战与趋势》,社会科学文献出版社 2014 年版,第 16—31 页。
⑥ [美]格伦·廷德:《政治思考:一些永久性的问题》,王宁坤译,北京联合出版公司 2016 年版,第 53 页。

"在冷战后的世界中，全球政治在历史上第一次成为多极的和多文明的。"① 有人认为，全球治理缺乏一个真实存在的世界政府，因而全球治理方法会失败，② 但实际上，全球治理的主体不仅仅局限于世界政府，其主体已经呈现出多元化的趋势。在过去十余年中，随着发展中国家的崛起和发达国家的式微，新兴发展中国家对全球治理提出了更多的利益诉求，从而要求，在其内部孕育、形成新的秩序。例如，巴西（Brazil）、俄罗斯（Russia）、印度（India）和中国（China）在金融危机的背景下，组建了"金砖四国"（BRIC），代表新兴经济体在国际金融秩序改革议题上，协调立场、表达诉求、对抗欧美，在全球治理体系中争取更大的话语权。在气候变化背景下，巴西、南非、印度、中国四个最主要的发展中国家组建了"基础四国"（BASIC）。

虽然在全球治理中存在权力和资源分配的结构性失衡，但发展中国家对全球治理有着整体性影响，在环境和可持续发展领域尤其如此。全球环境议程由以环境为主导转向为减贫和可持续发展，就体现了发展中国家对全球治理的这种影响。在气候变化问题上，多维度的综合治理可能会发挥越来越大的作用。

二　全球化与全球气候治理

并非所有的环境问题都能成为全球性问题。由于温室气体本身的流动性和不可分割性，气候变化及其影响具有全球性，导致气候问题成为全球性问题。气候变化是一个全球性问题，因为无论人们生活在哪里，其活动都会产生温室气体排放，并且这种人为的温室气体会迅速在大气中扩散，影响全球气温，对全球造成影响。传统的环境问题可以在国家和地方层面进行治理，而气候问题则不行。气候变化的这一全球维度使其常常被当成主要的政治单元——民族国家——之间讨价还价的议题，这表明应对气候变化需要全球治理。

气候变化需要全球治理的理由不仅是气候变化及其影响的全球

---

① ［美］塞缪尔·亨廷顿：《文明的冲突与世界秩序的重建》，周琪等译，新华出版社2009年版，第5页。
② ［德］赫尔曼·希尔：《能源变革：最终的挑战》，王乾坤译，人民邮电出版社2013年版，第200页。

性，还因为人类社会已经全球化了。无论愿意与否，我们都生活在一个全球化的国际社会之中。全球化指的是这样一个过程，即世界范围内的相互联系和相互影响不断扩展、加深、加强和加速。全球化是这样一种运动，它建立起了一个世界范围的自由市场，工作机会、产品以及资本在其中可以自由流动。全球化表明，全世界不同地区间尤其是不同国家间的关系和依赖性不断深化与扩展。国内事务和外交事务、国内政治问题和国外政治问题往往交织在一起，界限变得非常模糊。"资本与商品、信息与意象、污染与民族，正在以前所未有的容易程度实现跨国流转，在这样一个世界上，政治必须采取跨国的乃至全球的形式，才能与其保持步调的一致。"①

全球化既给人类生活提供了新的机遇，也带来了全新挑战。"世界的全球化不是像头脑简单的人要我们相信的那样是解决一切问题的万能药。它造成的问题或许和解决的问题一样多。"② 经济的全球化必须要伴之以规范的全球化。由于全球市场已经变得没有国家界限，因此，正义也必须要变得没有国家界限。正如美国著名经济学家加尔布雷斯指出的那样：无论人们生活在何处，他们都有权利获得经济与社会福利这类超越国界的普遍性东西，不能因为他们所生活的地方而遭受饥饿、疾病与剥削。③

全球化对包括气候变化在内的环境问题也是一个巨大的挑战。所有国家的人民都会受到他国国民行为的影响，而且，这不单单是在涉及重大问题的时候才会发生。例如，发生在发达国家的一次金融危机就可能带来对外援助的缩减，并致使贫穷国家每年数十万的儿童死亡。全球落后国家都希望通过全球化所诉求的全球繁荣而过上美国式的生活，达到与发达国家相同的排放水平，其结果是，在大多数不发

---

① ［美］迈克尔·桑德尔：《公共哲学：政治中的道德问题》，朱东华、陈文娟、朱慧玲译，中国人民大学出版社2013年版，第23页。
② ［荷］托恩·勒迈尔：《以敞开的感官享受世界：大自然、景观、地球》，施辉业译，广西师范大学出版社2009年版，第59页。
③ John Kenneth Galbraith, *The Good Society: The Humane Agenda*, London: Sinclair-Stevenson, 1982, p. 2.

达国家成为高收入国家以前，它们不得不排放比发达国家更多的二氧化碳。全球性问题只能通过全球性措施来解决。解决发展中国家的环境问题需要开展国际合作。环境污染的影响并非局限于某个地区，往往要广泛扩散到全国甚至全球范围内。山区热带雨林的耗竭，不仅危害这一地区的山区部落，而且会加剧下游平原洪水和干旱的发生率，进而减少全球的氧气供给。同样，许多发展中国家的工业化，如果在没有适当保护措施的情况下发展，所造成的空气和水污染可能会恶化成全球性的大灾难。当今世界，在增长的人口和经济活动的压力下，地球的有限性越来越明显，没有一个国家可以避免遭受其他国家污染的影响。[1]

气候变化也推动了全球跨国合作。各国政府越来越意识到，通过气候条约、协议和磋商与其他国家进行应对气候变化合作可增加本国利益。如果不通过国际合作，那么一个国家单独应对气候变化所耗费的资源可能太多，或者因其他国家也可以从中获益，所以一国不愿支付所有成本。同时，一个国家的经济与气候政策也会影响到其他国家。因此，各国必须加强合作以共同制定全球气候政策。

即使是发达国家，出于对本国人民利益的考虑，各主权国采取实际行动的并不多。现代民主政体的许多结构性特征都妨碍了其应对气候变化，包括基于选择周期的短期决策、自闭决策（决策时轻视外部性和跨边界溢出效应），以及大利益集团抱团守一、倾向于迎合狭隘利益群体并可能导致公共决策相互冲突的多元化。另一个问题是气候变化议题横跨了国内和国际两个领域。组织的分裂和国与国之间的竞争可能导致气候变化的解决依靠的是一种仓促的、不协调的方式。

谋求国际间的合作以试图解决全球环境问题，在制定条约时遇到的最大障碍就是"国家利益"。一句常见的口号是："全球化思考，本土化行动。"这句话的意思是，国家追求的是自身利益最大化而不是全球利益最大化。人们担心国际气候协议会削弱国家主权和自主

---

[1] ［日］速水佑次郎、神门善久：《发展经济学：从贫困到富裕》（第3版），李周译，社会科学文献出版社2009年版，第199页。

性，并降低它们以自身利益最大化采取行动的能力。任何国家抛开本国利益，空谈国际间合作都是不可能的。签订国际条约时，"科学认知"并不起决定作用，关键还在于"国家利益"权衡上，这才是问题的症结所在。例如，在臭氧层破坏问题上，美国为控制氟利昂的使用投入了极大的热情，率先签订了《维也纳条约》。但是，始终与美国保持立场一致的日本，因为在氟利昂生产上曾做过大量投资，在禁止使用氟利昂问题上就显得过于沉默了。据说，是因为美国杜邦公司拥有的氟利昂专利恰好到期，正蓄意开发新的替代产品，而美国政府很好地利用了这次机会。换言之，可以认为，美国产业界在背后操纵着美国政府。只要不危害本国利益，并能为产业界所接受，条约制定起来就相对容易一些。

罗尔斯正义论的两条基本原则（权利原则和差别原则）不仅适用于一个国家内部，而且适用于全球体系。气候变化暗含着一种政治范式的转变。正是气候变化的全球化发挥了催生"世界主义的现实主义"的杠杆作用，激发民族国家以一种"世界主义的现实政治"方式有效行动起来；提高人类对世界的认识，将世界看成一个威胁我们生存的全球风险共同体，以动员各种力量应对气候变化；借助一种世界主义的哲学来寻求发展。这种哲学能够打开一片伦理和政治的空间，从而催生一种超越边界和冲突的公民责任文化。

全球性问题需要全球性决策，全球性决策只能由超国家的决策机构做出，但截至目前还没有一个有效的超国家决策机构。同样，如果没有一个超越国家的决策机构，全球气候治理也无法实现。一个理想的图景是，全世界的领导人能成功地创建一个超越国家的、被广泛接受的决策机构来解决全球性问题。这首先需要一个全球法治体系。如果各国过于强调自己的主权，那么全球气候治理结构难以形成。由于缺乏一个超国家的决策机构，只能通过国家间的自愿协议去解决争端。不幸的是，这种主权国家体系有三个主要的弱点：①谈判拖延，而在此期间，问题和风险都变得更加严重；②国家利益控制谈判过程，结果往往无法令人满意；③当系统缺乏制裁时，某些国家因当前的系统缺乏制裁机制而选择违约的风险很大。包括气候变化在内的所有的全球性问题都受到这些弱点的影响。2008年，气候公正网络成立，目前已有超过160家公民团体成为其会员。他们的鲜明口号是"改变体制，而不是气候"，体现了其对国际制度本身提出的挑战。哥本哈根会议之后，他们在声明中称，联合国是一个代表全球资本主义和民族国家利益的机构。人们日益发现，仅仅寄希望于联合国气候变化会议解决气候危机是十分天真的，必须要借助于社会运动，对国际气候制度做出必要的变革。

三 中国参与全球气候治理

世界各国在发展阶段、政治制度、宗教信仰等方面存在着巨大差异，影响了各国对应对气候变化问题的基本价值判断，从而难以就全球气候治理方案达成一致，这是否意味着全球气候治理是不可能实现的？对气候变化所引发的安全风险和社会风险的深深忧虑，也使得人类的集体性政治行动成为可能，这也是全球气候治理的内在动力。如果没有全球政府的干预和治理，而仅凭个别的国家个体理性行动，是不可能解决包括气候变化在内的环境问题的，因为当许多人有着共同的或集体的利益时——当他们共有一个目的或目标时——个体的无组织性利己行为就无法保障共同利益与目标的实现。同样，如果没有世界各国建立在集体理性基础上的全球气候治理，气候变化就会使人类陷入这样一种公地悲剧："一群无助个人陷入了毁灭他们自己资源的残酷进程之中。"①

历届世界气候大会所面对的最根本的两难困境是，形成保护世界气候的迅速而综合的动议必须要以取得全球性共识为基础。但是，在加速行动和取得共识之间存在一个根本的、不可调和的矛盾。一份具有约束力的国际协议越是直接影响各国的经济和社会结构，达成共识就越发困难。② 如果人们还希望在未来的几十年里兼顾解决其他环境

---

① ［美］埃莉诺·奥斯特罗姆：《公共事物的治理之道：集体行动制度的演进》，余逊达、陈旭东译，上海译文出版社2012年版，第10页。
② ［德］赫尔曼·希尔：《能源变革：最终的挑战》，王乾坤译，人民邮电出版社2013年版，第58页。

和经济问题，就必须进行全球合作。① 全球气候治理的目的就是希望在国际公共事务上使各国从独立行动转变为一种合作的或集体的行动。气候问题的全球性和严峻性，说明任何一个国家都无法独自应对气候变化，需要的是全球性的合作治理。"唯有建立一个有效的世界性的权威，才能找到一条公平而正当的途径，进而保卫整个星球的生态环境。"②

不管从自然环境方面，还是从社会环境方面，都说明了全人类从事相互合作的重要性和必要性。只有加强全人类的合作，才能共渡难关。③ 加强全球气候治理，是现实的气候危机倒逼人类的结果。尽管国际社会在气候变化问题上分歧巨大，但应对气候变化这一人类共同事业仍可能成为激发全球合作，以创造一个更好世界的契机。④ 全球气候治理需要遵循"和而不同"的价值理念。全球治理的价值应当是超越各国的经济发展水平、宗教信仰和意识形态等之上的全人类的普遍价值。"人与人之间可能会相互冲突，但是基于同样的理由，我们也会帮助他人或者寻求合作。"⑤ "宇宙飞船理论模式"认为，我们所有人都是乘坐在狭小的宇宙飞船上的旅客，凭靠稀少的空气和土壤存活。我们的安全均维系在这艘宇宙飞船的安全与和平之上。其新颖之处在于，它揭示了地球与宇宙飞船同样是一个封闭式的重合维持系统。

气候变化有可能显著地干扰发展中国家的发展，这类似于一种跨国伤害罪。然而，如果向前看，当前的发展中国家将对大多数新增排放负有责任。类似于两个犯错者之间的关系，先行者犯了错，后来者

---

① [美] 格蕾琴·戴利、凯瑟琳·埃利森：《新生态经济：使环境保护有利可图的探索》，郑晓光、刘晓生译，上海科技教育出版社2005年版，第18页。
② [西] 费尔南多·萨瓦特尔：《政治学的邀请》，魏然译，北京大学出版社2014年版，第110页。
③ 张之沧：《新全球伦理观》，《吉林大学社会科学学报》2002年第4期。
④ [英] 安东尼·吉登斯：《气候变化的政治》，曹荣湘译，社会科学文献出版社2009年版，第255页。
⑤ [西] 费尔南多·萨瓦特尔：《政治学的邀请》，魏然译，北京大学出版社2014年版，第27页。

却不得不再次犯错。责任在谁？即使后来者知道前方有陷阱，且先行者已经掉了进去，但却缺乏绕道的经验与能力。先行者必须不仅提供知识（走这条路充满危险——问题是：哪条路不危险呢？有没有危险更小的路呢？或许排放温室气体就是危险最小的道路），还要提供援助（帮忙架个桥——技术与资金援助）。

假设我们到一个陌生的国度旅行，看到一个孩子掉入了池塘，很快会被淹死。只要我们立即跳入池塘就能救起那个孩子，但是我们脚上正穿着十分名贵的鞋子，如果跳入池塘，鞋子将被毁坏。在这种情况下，虽然我们不属于那个国家共同体，但是大多数人都会选择拯救那个孩子，而不伸出援手在道德上是令人无法容忍的。世界上有10亿左右的富人，他们都有能力拯救每天因贫困而死亡的25000名孩子中的一些。如果我们没有做这些事，那么我们的道德境界与那些为了鞋子而拒绝救那个孩子的人又有什么不同呢？我们是否愿意放弃一次旅行，将这笔费用用于救人呢？极端自由主义者认为，"我的钱是我辛辛苦苦挣来的，因而我用它来做什么是我自己的事"。这并没有解释，我们有幸生长在能够挣到钱并因此生活得舒舒服服的社会中获得了多少利益。相反，它也没有考虑那些非常不幸地出生在完全不同的环境中的人们的命运。在那种环境下，不管一个人如何努力，都不可能达到我们享有的舒适程度。极端自由主义者的观点背后隐含一个假定——"我挣我的钱，过我的生活，并没有侵犯任何其他人的权利"。极端自由主义者于是主张：只要我没有侵犯任何其他人的权利，我对其他人就不负有义务。但是，正如我们将会注意到的，当我们谈及气候变化问题时，如果不影响其他人的生活——特别是发展中国家人民的生活，要在发达国家生活几乎是不可能的，其影响方式可以被看作是对其他人权利的侵犯。

黑格尔相信，"一个共同体要想具有任何真正的生命，必须在历史上有某种重要性，必须在人类事务中起到过作用"[①]。作为一个负责

---

① ［美］格伦·廷德：《政治思考：一些永久性的问题》，王宁坤译，北京联合出版公司2016年版，第53页。

任的大国，我国参与国际事务的程度在不断加深，在全球气候治理中的作用也越来越大。突出表现是，我国加入日益增多的国际气候组织、国际气候条约和多边气候机制，积极参与地区和全球的气候治理，在解决气候变化、核扩散等地区与全球性问题过程中，我国与其他国家积极协调，发挥着不可替代的作用。中国主动引领全球气候治理并带头减排，"不是一个主观选择，而是由中国在世界中的特殊地位和重要作用决定的"[1]。战胜气候变化的挑战可以使中国在国际事务中获得更多的话语权和决定权，树立起中国在国际事务中新的领导地位。[2]

国家主席习近平在2015年9月28日出席第70届联合国大会一般性辩论时表示，中国将始终做国际秩序的维护者，坚持走合作发展的道路。习近平主席还强调，中国将始终做世界和平的建设者和全球发展的贡献者，永不称霸和扩张，与各国同心打造人类命运共同体。[3]习近平在2015年10月12日主持十八届中央政治局第二十七次集体学习时强调，推动全球治理体制更加公正合理，为我国发展和世界和平创造有利条件。坚定维护和巩固第二次世界大战胜利成果，把维护我国利益同维护广大发展中国家共同利益结合起来，推进全球治理规则民主化、法治化，加强国际社会应对资源能源安全、粮食安全、网络安全，应对气候变化、打击恐怖主义、防范重大传染性疾病等全球性挑战的能力，弘扬共商共建共享的全球治理理念。[4]

由于历史原因，中国曾错失了许多参与全球治理的机会，导致在诸多全球重大问题上没有中国的声音，国际规则中缺乏对中国和其他发展中国家利益的必要保护。积极应对全球气候变化是中国重新参与和融入全球治理体系的极好机遇，中国要把握好这次难得的机遇。中

---

[1] 胡鞍钢、管清友：《中国应对全球气候变化》，清华大学出版社2009年版，第162页。
[2] 李传轩等：《气候变化与环境法：理论与实践》，法律出版社2011年版，第33页。
[3] 习近平：《携手构建合作共赢新伙伴同心打造人类命运共同体——在第七十届联合国大会一般性辩论时的讲话》，http://politics.people.com.cn/n/2015/0929/c1024-27644905.html，2017年9月18日。
[4] 习近平：《推动全球治理体制更加公正更加合理为我国发展和世界和平创造有利条件》，http://cpc.people.com.cn/n/2015/1014/c64094-27694665.html，2017年9月18日。

国要在参与全球气候治理进程中发挥更大的作用,就需要建构自己的全球治理理论和全球治理战略。在全球治理进程中,中国自20世纪80年代以来的角色存在一种从"被"全球治理到主动治理世界的转折,不过这种转折目前面临很大的挑战。以G20为代表的"新多边主义"的兴起以及以《京都议定书》为代表的全球治理范式走向衰落是当前全球治理最为突出的两大趋势。G20遇见中国,这是爬坡过坎的世界经济走向复苏的必然选择,也是一个影响力不断提升的大国走向复兴的必经之路。罗马俱乐部前秘书长、中国环境与发展国际合作委员会创始成员马丁·李斯(Martin Lees)指出,中国的治理经验正在为世界提供新的方法、政策与合作方式。中国能够在G20平台上为全球治理贡献中国方案,推动世界的繁荣与和平。①

面对全球气候变化,中国不再强硬坚持原有发展模式,而是积极应对气候变化的挑战,全面参与全球气候治理。中国的这样一种积极应对气候变化的立场,有利于维护中国的国际形象,提高中国的国家地位。国际气候合作为中国提供了一个展示和沟通的舞台,我们应充分利用这个舞台,为国内发展创造良好的国际环境。②习近平主席在2014年7月9日召开的第六轮中美战略与经济对话和第五轮中美人文交流高层磋商开幕式上指出:"中美双方应该不断挖掘合作潜力、培育合作亮点,加快双边投资协定谈判,深化两军对话,共同打击一切形式的恐怖主义,共同应对气候变化,加强在重大国际和地区问题上的沟通和协调。"③ 2015年9月27日,习近平出席联合国气候变化问题领导人工作午餐会时指出:"中国一直本着负责任的态度积极应对气候变化,将应对气候变化作为实现发展方式转变的重大机遇,积极探索符合中国国情的低碳发展道路。中国政府已经将应对气候变化全

---

① [意]马丁·李斯:《G20:为世界经济提供中国"方案"》,《社会科学报》2016年9月15日第2版。
② 陈宝明:《气候外交》,立信会计出版社2011年版,第9页。
③ 《第六轮中美战略与经济对话和第五轮中美人文交流高层磋商在京开幕》,http://politics.people.com.cn/n/2014/0710/c1024-25261465.html,2017年9月18日。

面融入国家经济社会发展的总战略。"① 2015年10月18日,习近平主席在华盛顿接受路透社采访时谈道:"气候变化是全球性挑战,任何一国都无法置身事外……中国向联合国提交了国家自主贡献,这既是着眼于促进全球气候治理,也是中国发展的内在要求,是为实现公约目标所能做出的最大努力。……中国宣布建立规模为200亿元人民币的气候变化南南合作基金,用以支持其他发展中国家。"② 中国参与全球气候治理也表明中国政府能力的提升。2015年11月30日,习近平主席在气候变化巴黎大会开幕式上发表了《携手构建合作共赢、公平合理的气候变化治理机制》讲话,提出"三个未来"倡议,呼吁创造一个各尽所能、合作共赢、奉行法治、公平正义、包容互鉴、共同发展的未来。习近平提出的"三个未来"的目标,不仅对全球气候治理机制建设,而且对全球治理制度建设指明了方向,彰显了中国的国际大国责任。

中国不仅与各国在温室气体减排方面开展合作,而且还在激励各种创新力和想象力,开创发展模式和超越工业时代的社会进步的新思维。"通过学习从自己的智慧传承中汲取越来越多的力量,中国会像许多其他国家一样,真正理解气候变化给开展全球合作带来的终极礼物,并开始依此而行事。"③ 中国已经在社会和经济的战略选择上开辟出了一条新路,中国将会证明自己有能力在应对气候变化和实现低碳绿色发展上给全世界提供所需要的礼物。

本章小结

从理想主义角度看,在气候变化问题上不应当有国家的价值立

---

① 《习近平出席联合国气候变化问题领导人工作午餐会》,http://politics.people.com.cn/n/2015/0928/c1024-27642517.html,2017年9月18日。
② 《习近平接受路透社采访》,http://news.xinhuanet.com/world/2015-10/18/c_1116859131.htm,2017年9月18日。
③ [美]彼得·圣吉等:《必要的革命:可持续发展型社会的创建与实践》,李晨晔、张成林译,中信出版社2010年版,中文版序言。

场，而应以全球共同的价值信仰来维护人类整体利益，但实际上不是如此。各国之所以会形成不同的气候价值立场，是与其独特的历史文化、经济发展阶段等分不开的。气候价值判断的背后是利益，利益虽是决定性因素，却不是唯一决定因素。价值不仅仅包括经济价值，也包括环境价值、社会价值、伦理价值等。正如社会主义核心价值观并非凭空出炉，而有其历史和现实根源。中国的气候立场也是如此。

中国对气候变化的这三个基本价值判断不是独立的，而是相互联系的。发展是根本，环境保护与全球治理是对发展的保障。任何成功的应对气候变化方案都必须兼顾经济发展、环境保护和全球公平。[1] 对中国来说，发展是根本，但发展又离不开环境保护与全球治理。发展又是环境保护和中国参与全球治理的基础。对以中国为代表的诸多发展中国家来说，发展就是最大的安全。[2] 只有聚焦发展主题，推动中国经济发展质量和效益稳步提升，才能夯实安全根基，中国才有可能在全球气候治理中拥有话语权。

这三个方面的价值判断也是层层递进的，类似一种马斯洛的需求金字塔，反映我国对气候变化问题认识的不断深入和中国发展的动态变化。在中国全力脱贫致富，追赶西方发达国家，建设小康社会的进程中，气候变化问题只能被界定为一个发展问题，并通过发展提升中国应对气候变化的能力。但在发展取得一定成就，人民生活水平逐步提高后，对环境质量的要求也越来越高，作为环境问题的气候变化也越来越引起重视。同时，气候变化的日益严重对发展成果的威胁也越来越大，使其演变为一个需要进行全球治理的安全问题。

---

[1] ［德］乌尔里希·贝克：《变化的气候——绿色现代社会如何成为可能》，载［德］韦尔策尔、泽弗纳、吉泽克《气候风暴：气候变化的社会现实与终极关怀》，金海民等译，中央编译出版社2013年版，第29页。

[2] 《习近平谈治国理政》，外文出版社2014年版，第356页。

第四章　国际气候合作的价值立场分歧

气候变化体现了民族国家间的囚徒困境与公地悲剧。在国际气候合作中，发达国家与发展中国家从自身的利益出发，分别持有不同的价值立场，并试图为这些价值立场进行伦理辩护。

第一节　个人主义与国家主义

应对气候变化究竟应当以国家为责任主体还是以全球的个体公民为责任主体，并给他们分配减排任务？信奉自由主义的西方发达国家强调个人主义价值立场，要求全球的个体公民成为应对气候变化的责任主体，发展中国家的公民（尤其是富裕公民）也要承担应对气候变化的大量责任，其目的在于通过人头的计算（主要是针对中产阶级群体迅速壮大的中国等发展中大国）要求发展中国家承担更多的责任；而发展中国家则强调国家主义价值立场，认为个人主义无法解决气候变化的公地悲剧问题，并且个人主义立场恰恰是导致公地悲剧的根源，气候变化主要是由发达国家的历史排放引起的，而不是由发展中国家的个体公民造成的，发达国家忽视国家义务就是逃避历史责任，并将这种责任转嫁给发展中国家，从而剥夺发展中国家的发展权。

一　发达国家立场：个人主义

（一）个人主义与公地悲剧

西方发达国家具有自由主义传统，其个人主义价值观根深蒂固。

个人主义的首要价值是，人与人之间在哲学意义上是平等的。①"资本主义者是个人主义者，因为他们崇尚个人的自我依靠和个人责任。他们反对政府干预市场，也反对由政府决定人们应该得到多少奖励。"②

西方国家的个人主义价值立场也体现在发达国家应对气候变化问题的立场上。发达国家认为，国际气候合作难以取得有效进展的部分原因就在于，国际社会把气候变化争论的焦点放在了国家责任而不是个体责任上。发达国家认为，国家是由亿万个个人组成的，国家的温室气体排放最终也应落脚到个人的消费上。气候变化的根本原因就是地球上数十亿人的温室气体排放量远远超过了他们所"应当"使用的排放量，从而引发了气候危机。在某种意义上讲，气候变化是全球推崇高排放生活方式所致，这种生活方式信奉消费主义、自由市场且需要化石燃料。个人主义立场的辩护逻辑是：气候变化是个人自利行动所造成的公地悲剧，因此，要解决这一公地悲剧，也需要对个人行为进行限制，要求个人承担更多的责任。

对于人类活动引起气候变化的事实、人类在其中的作用，以及气候变化对人类的道德要求等，我们早已熟知，但为什么所做甚少？人们的一种担忧是，个人应对气候变化的行动会对个人造成损失，但收益却是他人的。大气排放空间属于一种公共物品，个人为了追求私人享受和利益，通过排放温室气体污染了它。排放通常是有害的，对他人和对排放者自身一样有害。但每个排放者因其排放而获得的收益，要大于由于他自身导致的污染增多而不得不丧失的利益。于是，为了个人利益就继续排放。换言之，排放对个人的较大的可见收益，足以让人忽视排放对其他人造成的伤害。

公地悲剧的部分原因在于公地的无主性。在一定意义上讲，"公地问题"是使用权问题，按哈丁的理论，共有地一旦彻底开放，就将陷入无法无天的境地，因此需要用"私有化"来对共有地实施严格管

---

① [美]詹姆斯·布坎南：《制度契约与自由：政治经济学家的视角》，王金良译，中国社会科学出版社2013年版，第12页。
② [美]菲尔·沃什博恩：《没有标准答案的哲学问题》，林克、黄绪国译，新华出版社2014年版，第187页。

理。私有化的方式可以对公地起到一定的保护作用。假如大桥上的每个螺丝都是有主的财产——假设每人拥有一个螺丝的所有权，并且只有当个人所拥有的螺丝完好无损时，个人才有收益，其生活才有依靠，这样每个人就都会竭尽全力保护他所拥有的这颗螺丝，从而使整座大桥安全无事。通过私有化可以保护土地、桥梁等公共资源，但是，对于会随意流动的大气空间又如何私有化？国家很难通过私有化来保护渔业资源和大气资源，但国家可以进行统一管理和治理，如制定休渔法和清洁空气法。

个人的行为也像国家一样，经常处于观望状态：看他人是否先做了。例如，如果别人都闯了红灯，自己也就跟着闯。如果预见他人都不会减少温室气体排放，自己也不会先做。就像美国说要等中国先减排，而中国则要等美国先减排，谁都不愿比别人做出更多的牺牲与贡献。还像战争中，如果战友都很勇敢，个人也会变得勇敢，如果都很怯懦，个人也会变得怯懦。人们对于他人参与合作的预期、群体的习俗等都对生活方式的改变产生着影响，例如，假日探亲的习俗会使中国人比某些西方人在交通上排放更多。如果合作被普遍接受，就会促成全球平等主义的行动，避免将达成目标的重担不公平地置于任何一个人的肩膀上。

全球变暖是人类活动，尤其是人类大规模工业化的结果。在个人层面，气候变化问题的出现是个人主义所鼓励的人对物质利益的贪婪追求所造成的恶果。个人主义对自我利益的追逐会导致理性经济人将利用自然资源直到其枯竭：如果所有的理性经济人都这样做，像海洋和大气层这样的公地就会退化，个人的自我利益能够导致集体的环境灾难。也就是说，在全球气候变化的背景下，个人主义理念与人类生存之间产生了激烈的矛盾。哈丁"公地悲剧"理论的基础是19世纪英国自由放任的原子式个人主义。个人主义对个体至上的推崇是西方近现代文化的一个共同特征，西方近现代主流价值文化是个体主义的、个人主义的、自由主义的。然而，一旦从人的共同性出发思考地域关系，那些建立在个人主义基础上的理论将失去合法性。个人主义导致的一个危险是，"除了追求个人安逸之外，没有任何激情去追求更高目标"①，而应对气候变化就是这样一种人类必须共同努力才能实现的更高目标。

个人主义者认为，就像房子是由砖块构成的无生命结构一样，社会是由个人构成的，所有社会都是个人的集合。甚至认为"不存在社会这种东西"，只存在个人，因此社会不是一个复杂系统或整体。个人主义是一种赋予个人自由以很高价值的政治和社会哲学，个人主义也是自由主义理念的基本出发点。② 个人主义的最为重要的理念在于强调个人权利的绝对优先性。然而，没有一个人是一座孤岛。极端个人主义文化最终会导致共同体形成基础的丧失。③ 在任何一个社会，每个人的行为都可能损害其他人或者有益于其他人。经济学家把这类效应统称为外部效应（或外部性）。在个人主义立场下，"一个人的活动和处境，不仅受他周围的物质环境的限制，而且也为他所依附的那种经济范围内其他成员的现实活动和潜在活动所限制"④。个人主义认为，世界是机械论的、静态的、原子论的，视个人爱好与偏好为理所当然且为决定性力量。因技术进步与替代的无限性，资源基础从根本上来说被认为是无限的。而国家主义认为，世界是动态的、系统的、进化的，是人类偏好、理解力、技术以及组织的共同进化，折射出广泛的环境机遇与制约。人类有责任理解其在更广大系统中所扮演的角色，并设法使其可持续发展下去。个人主义需要经过公共精神的中和，与共同体主义形成平衡，⑤ 才能促进社会的和谐发展。

但是，当前国际社会应对气候变化的现实却向人们揭示，气候危机与个人权利发生了激烈的冲突。自由主义在根本上认为，道德选择

---

① ［美］弗朗西斯·福山：《历史的终结与最后的人》，陈高华译，广西师范大学出版社 2014 年版，第 336 页。
② 自由主义与个人主义是有区别的：自由主义强调的是群体中个体的特殊性，不否认其他特殊个体与选择的价值，而个人主义只承认个体价值与选择的合理性。
③ ［美］弗朗西斯·福山：《大断裂：人类本性与社会秩序的重建》，广西师范大学出版社 2015 年版，第 19 页。
④ ［美］鲍莫尔：《福利经济及国家理论》，郭家麟、郑孝齐译，商务印书馆 2013 年版，第 8 页。
⑤ ［美］弗朗西斯·福山：《信任：社会美德与创造经济繁荣》，广西师范大学出版社 2016 年版，第 329 页。

是个人的事情。可是，虽然金钱是个人的，但资源却是大家的。个人主义把自由当做满足个人欲望的幌子。个人主义由于缺少真正的生态关怀，成为环境伦理的巨大障碍。①

个体之所以常常拒绝应对气候变化，不外以下九个方面的理由，而这些理由在道德上都是站不住脚的：

（1）"我不相信气候变化。"——这表明人们愿意相信怀疑论者，却不相信科学事实。

（2）"技术会阻止气候变化。"——这是一种非理性的乐观主义，实际上是不愿对生活做出改变。汽车公司在推广新车时会夸大新车的能源问题，"60%的汽车污染排放来自20%最老式的车型。换掉它们吧！"可是，旧车的淘汰和新车的生产会消耗多少排放？如果人们的出行方式不发生改变，省油的新车只会让人们开得更多、更远，结果像电话费一样，并没有因每分钟话费的下降而节省了话费，因为通话量大幅提高了。汽车虽然更环保了，但全世界汽车总量却在大幅增加，最终将抵消所有的减排效果。

（3）"我谴责国家、美国人或中国人。"——别人犯错不是你犯错的借口，除非你的目的也是犯错。

（4）"我们在气候变化上确实已经取得了许多进步。"——通常，可以通过关注问题的积极特征，并忽视其困难的一面而解决其内在的冲突。这是一些政治家惯用的障眼法。例如，说汽车的能源使用效率已经得到大幅提升，但却忽略了道路在增加、更多的汽车被使用，从而排放量仍在上升。

（5）"这不是我的问题。"——这是一种逃避。有人会说，等气候变化真正发生灾难性影响时，我已经死了，但实际上，气候变化的灾难性影响正在发生着，它已经是我们自己的问题了。

（6）"我对气候变化无能为力。"——这明显是错的，因为一个人如何生活、如何使用能源都与气候变化息息相关。

（7）"我如何生活是我自己的事情。"——这一借口有多种不同

---

① 卢风：《人、环境与自然：环境哲学导论》，广东人民出版社2011年版，第146页。

表现形式。如老布什说："美国生活方式是绝不容置疑的。"再如人们说，他们没法放弃使用汽车，因为公共交通不够便捷。可是，公共交通怎样才够便捷呢？开到每个人的家门口吗？与过去相比，已经便捷得多了。

（8）"还有更重要、更紧迫的问题需要解决。"——虽然世界上不止有一种疾病，但我们也不能对各种疾病的治疗进行优先性排序。因为世界是一个复杂的有机体，所有问题都存在千丝万缕的联系，只有共同应对这些问题才不会变成"头痛医头、脚痛医脚"的"庸医"。

（9）"我至少已经做了一些事情。"——但这些行为通常只是生活的边缘性改变或微小改变，不过是一种自我安慰。应对气候变化所需的远不止是一点小小的生活改变。很多人认为自己响应了每年的"地球一小时"行动就已经做了很多。其实，根据化学原理，"关灯点蜡烛"实际上会排放更多的碳元素。因此，"地球一小时"中许多人关灯点蜡烛实际上与他们所声称的减碳行动的主张相违背，作秀的成分更多。

（二）应对气候变化：谁的责任

如果某人花了 2 亿元在一艘私人游艇上，而每天却有 25000 名儿童饿死，这笔资金本可以用来为那些孩子做许多的善事，或者用来资助从事对我们星球的未来及在地球上有感觉的存在物至关重要的其他事业。我们应当培育出一种伦理观念来着重地说："这是可耻的。"花那么多的钱为你自己，为你的个人快乐以及少数家庭和朋友的快乐，这本身就是一种耻辱。但是，如果你不去平衡这种个人快乐同缓解贫穷的重大支持，或者为所有人过一种可持续的生活方式而奋斗之间的关系，就更加可耻了。这艘游艇 1 小时所消耗的柴油量，就可以让一辆普通轿车行驶数万公里。任何一个人都不能为如此巨大的碳足迹进行辩护。可能富人会说，他们的消费本身也创造了就业机会，为脱贫做了贡献。与那些没有排放，也不捐赠一分钱的守财奴相比，他们对人类脱贫事业所做的贡献要大得多。真是如此吗？虽然钱是你的，但资源是大家的。与餐桌的浪费一样：餐桌的浪费并不会减少饥饿人群的数量，反而会提高他们获取食物的价格。

个人负有应对气候变化责任的道德逻辑与国家应当负有责任的逻辑相同：无论你是谁，生活在哪个国家，只要你曾排放过超过个人公平份额的温室气体，你就应当承担历史责任；只要你的超额排放对环境造成了污染，对他人造成了伤害，你就有责任为这些排放埋单或付费；即使你个人的排放量有限，但只要你是他人温室气体排放的受益者，你也应当承担责任；如果你比他人有更多应对气候变化的能力，那么，应对气候变化，你就责无旁贷。对于那些没有历史责任、不是主要排放者、没有从他人的温室气体排放中受益，并且缺乏减排能力的穷人，当然可以免除一些责任。对于个人、企业和国家，都存在这种逻辑。如果美国的排放行为招致道德愤怒，那么我们个人的排放行为也是一样的。

确实，如果美国或其他高排放国家的行为让我们感到道德愤怒，那么对于我们自己来说也应当一样。如果我们生活在发达国家或发展中国家的发达地区，那么我们可能比其他人排放得更多。或许我们跟美国一样，我们的行为导致了大量不成比例的温室气体排放份额。即使我们的排放份额并不比别人多（甚至可能比使用低效能源的穷人更少），但我们仍可能比世界上的大多数人更有能力减排。我们可以使用更节能的家电、更高效的电灯、更多地使用自行车。如果他人减排，而我们不减，我们就是搭便车者，就是不道德的。

或许有人会认为，与发达国家或石油公司的排放量相比，我们的超额排放即使不对，其影响也非常小，以至于可以忽略不计。但是，发达国家和石油公司的失败和我们个人的失败在道德上相同的，所不同的仅仅在于规模。如果美国人的高碳生活方式不道德，那么全世界的每个人也一样。

如果个人需要为气候变化负责，那么，个人具体应当负有多少责任？负有哪些责任？又该如何负责？温室气体排放会伤害他人，这是否意味着我们的所有温室气体排放行为都是不道德的？

虽然我们要为个人的温室气体排放负责，但也只是有限责任。其原因有以下三点。

（1）我们无须为我们的所有温室气体排放行为承担责任，而只需为那些超过我们个人公平份额的排放负责。虽然我们究竟应当排放多少温室气体是伦理学家无法精确回答的问题，但却可以对那些超过其公平排放份额的高排放者给予强烈的伦理谴责。

按照能力原则，可以用社会经济地位来衡量某一个体在应对气候变化中所应负有的责任程度。一般来说，一个人的社会经济地位越高，就越可以在没有重大私人损失的情况下，更大程度地减少其对气候造成的负担。人们越富裕，他们消费的就越多。因此，在其他方面同等的情况下，个人在一个国家中的社会经济地位越高，个人给环境造成的负担就越重，并且从环境不公正中获益就越多。

因此，一个生活在发达国家的中等收入者应当承担更多的责任，其理由在于：他比一个生活在欠发达国家的中等收入者有更多的应对能力——能力原则；他的生活是过去与现在世界上不公正行为的既得利益者——受益者付费原则；他所购买的商品之所以更为廉价，是因为将工厂转移到了第三世界国家，从而避免了高额的排放成本、污染成本和商品制品中消除有毒化学物质的成本——污染者付费原则；他的食物之所以廉价，是因为运用了那些劫掠地球并将隐藏成本传递到后代无辜成员身上的耕作方法——历史责任原则。

（2）只要个人排放量未超过个人的公平份额，他就有权使用其温室气体排放权满足其个人价值偏好。由于每个人都有其特殊的价值偏好，这些价值偏好原本是价值中立的，但在气候变化背景下，由于所有的选择都具有碳排放属性，因而那些高排放的偏好似乎就变成不道德的了。例如，有的人喜欢吃面食，有的人喜欢吃大米；有的人喜欢吃肉食，有的人喜欢吃素食，这原本是生活环境与习惯问题，是价值中立的。但是，在气候变化背景下，偏爱肉食的人似乎就是不道德的，因为他们排放了更多的温室气体。可是，如果偏爱肉食的人饭量很小，而偏爱素食的人饭量很大呢？或许偏爱素食的人的总排放量更大。可见，只要一个人的温室气体排放量没有超过其有权享有的公平份额，我们就无权干涉其正常的价值偏好。

再如人们经常谴责长途自驾旅行者制造了过多的温室气体，这种谴责也同样面临着质疑。假如长途自驾旅行是我的一大人生爱好，少了这一活动，我的生活会缺少重要的乐趣。为了应对气候变化、减少温室气体排放而让我放弃这一爱好，实在是一件痛苦的事情。当别人谴责我长途自驾排放了太多的温室气体时，作为一位环保主义者，我也同样会感到自责，但由于我对于这种行为具有特殊的价值偏好，因而我可以选择用其他方式进行补偿。例如，我平时只骑自行车上班。其实，那些谴责我以这种方式旅行的人也同样会去旅行，例如，他们会经常乘飞机旅行，他们还经常开车上班。如果把我的温室气体排放总量与他们的排放总量进行对比，或许我的排放总量更少。例如，我偶尔自驾长途旅行，每年的汽车行驶总里程为2万公里，但那些本可以骑车或搭乘公共交通工具上班却每天开车上班的人的年行驶里程却为3万公里，他们的排放总量远远超过我的排放总量。

当然，那些开车上下班的人可能会争辩说，他们开车上班是迫不得已——因为住得太远、不会骑车、公共交通不方便、不安全、空气污染、要接送小孩等，而我骑车上班是为了省钱、住得离单位近、骑车技术好、身体好等。我也可以回应说，那些没有驾车长途旅行的人可能只是因为缺乏驾驶技能而不得不放弃这一选项，可能他们所追求的不同生活乐趣产生的间接排放更多——如经常做丰盛的菜肴而大量排放油烟，或喜欢大量食用肉食而间接产生更多的温室气体，而我对饮食并不看重且是素食主义者，在食物上产生的排放量比他们少得多。食物产生的是日常排放，但我的长途自驾游仅是偶尔为之。

人们的价值偏好与生活方式选择往往是社会环境的产物，具有很强的地方特性，受生活周边环境的影响。例如，某地人喜爱在闲暇时喝茶打牌，而另一地方的人则喜欢乘飞机长途旅行。人们消费排放的对比很难跨越地域和代际。如果认为中国人种植水稻会释放甲烷这种温室气体而谴责中国人食用大米是不道德的，我们也可以说，西方人更多地食用肉类在气候上是不公正的行为——因为那些喂养动物的谷物本可养活更多饥饿的人口。

（3）我们只应为个人能力范围之内的减排或适应责任负责。虽然世界因气候变化而陷入了危机，但作为个人我的能力有限，我们不可能有能力使整个气候恢复正常。我们的责任仅仅延伸到可能的事物以及个人力所能及的事情，而没有责任去做那些不可能之事和力不从心之事。

有些人可能认为，如果要确定我应对气候变化的责任，就必须把我的行为与那些处于相同情形下的人们的行为进行比较。我为什么要比别人付出更多呢？对于防止气候变化而言，如果缺少一个比普通人多付出一些的正当理由，我可能会推论说，我的义务只是不比一般人更差就足够了。如果普通人将他所有额外的钱用在相对不重要的消费项目上，只是分配他1%的收入去帮助穷人和应对气候变化，那么我的义务就是分配我收入中的1%来帮助穷人和应对气候变化。如果在我所生活的社会中，普通人每天排放1吨的温室气体，那么只要我的排放量不超过1吨，我就没有违背我的个体责任。

要防止整个气候系统的变化似乎既不可能，也超出了我们个人能力的范围。应对整个气候系统变化的计划如此庞大与纷繁，完全超出我们个人的能力范围。如果让我个人竭尽全力实现这个计划，就意味着要将我的整个生命奉献给应对气候变化事业，弃绝所有不相关的活动、快乐、亲情和才艺，减少所有高排放属性的价值偏好。而这可能会使我的个人生活变得悲惨。幸运的是，正义对我们个人的要求并没有这么多，它仅仅要求我们做力所能及的事情。

（三）应对气候变化："我"的责任

那么，在我们的能力之内，我们有没有责任去做些什么以防止气候变化呢？例如，购买多套住房、家庭过度装修、不断购买最新款手机、食用遥远产地的食物、使用一次性用品、过于频繁地清洗汽车等行为可能都会造成不必要的浪费性排放，因而都存在气候伦理问题。个人有责任减少浪费性消费行为，以减少温室气体排放。

个人如何从气候变化中拯救地球？在我们力所能及的范围内，可以做很多"小事"来应对气候变化。例如，对有"电老虎"之称的冰箱来说，用一些简单的办法就可减少碳排放：减少开冰箱门的次数，开冰箱门时动作要快。我们还可以通过使用节能灯泡、废物回收利用、延长家用物品的使用时间等各种方式减少碳足迹。麦肯锡全球研究所（The Mckinsey Global Institute）发现，把白炽灯换成紧凑型荧光灯，可以在不到一年的时间内收回成本；把低效率的热水器换成按需定制的或者太阳能热水器最高可节约65%的所需能源，投资的年回报率大约为11%；而以不到1000美元的成本安装现有技术水平的热力泵，平均每年的制热制冷费用可以节省25%。

我们确实有义务去做这些事情，我们的生活也确实需要改变。我们不能以一种方式保护环境，却以另一种方式破坏环境——例如以大量浪费水资源的方式去种树。我们不能只谴责他人是气候变化的更大制造者，却拒绝自己应负的责任。我们应当改变自己舒适的物质生活，更少地消费——一个人的消费还常常因不公正的国际贸易而包含了对更穷国家中穷人的气候不公正，更多地从精神与道德的层面寻找生活的乐趣。积极承担应对气候变化的个体责任在许多情况下对个人和气候是双赢的，减少消费不仅节省了我们自己的金钱，也拯救了地球，在这个意义上讲，地球就掌控在你的钱袋之中。

可见，个人确实有应对气候变化的有限责任，但发达国家之所以强调这一立场却有着其不可告人的"秘密"。发达国家的这一价值立场偏好除了与其自由主义和个人主义的政治文化传统有关之外，也与其自身利益密切相关。发达国家在国际气候谈判中逐渐认识到，不能仅仅将争论聚焦在发达国家富人不正义的奢侈排放与贫穷国家穷人的生存排放上，发展中国家大量出现的中产阶级也有责任减少温室气体排放。发达国家开始有意地引导人们越来越多地关注发展中国家的个体责任。

如果要求个人成为应对气候变化的责任主体，那么，新兴发展中国家的大量富人（或先富起来的人）也要承担大量的责任，而发达国家的许多穷人也可以少承担责任，这一立场对于发达国家十分有利。众所周知，中国改革开放以来40年的高速发展造就了大批的"中产阶级"，由于中国人口基数大，相对富裕群体的数量也相当可观——中国一线城市的有房家庭大概都能算得上。同时，由于中国近十余年来的房地产价格飙升，以及中国人对购买的热衷，造就了大量的"伪富人"。为什么说是"伪富人"呢？首先，房地产价格存在极大的"泡沫"，属于泡沫财富，人们随时可能因泡沫破灭而变成穷人。同时，中国人的投资渠道单一，绝大部分的所谓富人都是因房而富。其次，大部分购房人都是通过高比例的银行贷款购房，除去银行贷款部分，很多人的财富都会"缩水"，重新变成穷人。最后，从排放的角度看，这些所谓的"富人"还是穷人。他们为了购房或还房贷而省吃俭用，通过长期储蓄（甚至几代人的节俭）而成为有房人。由于他们的其他消费相对较少，因此温室气体排放量并不大。例如，中国长江流域的大部分住房在寒冷的冬季没有取暖设施，或者人们由于节俭而舍不得长时间使用空调设施。如果从能够共享到的社会基础设施、医疗服务、养老保障等来看，中国"富人"的财富会继续缩水。例如，由于优质基础教育和高等教育资源的严重匮乏，中产阶级为子女教育问题而严重焦虑，投入大量金钱用于子女的教育。

当然，中国人对房地产消费的热情与温室气体排放密切相关，这对应对气候变化是不利的。房地产与钢铁、水泥、能源行业等关系密切，是温室气体的重要来源。普通"刚需"的购买需求所产生的温室气体排放是可以豁免责任的。但投机性、投资性房地产则需要对气候变化负责。可以通过对房地产征收碳税的方式限制人们非理性购房冲动。当然，在当前的经济形势下，百姓对房地产的热情也是身不由己——缺乏多元化的投资渠道，而房地产的利润又太高。这也表明我国的经济结构出了问题，而应对气候变化恰好有助于激发经济结构的调整，减少国民经济对房地产的依赖，从而减少源于房地产的碳排放。

反观发达国家的许多所谓"穷人"则可能是"伪穷人"：他们虽然没有多少存款，或者没有自己的住房，从财富拥有量上看是穷人，但却住着政府提供的高耗能（24小时空调、热水）的廉租公寓，每天开车几十公里上班，然后花光每月的薪水。他们有着完善的医疗与养老保障，子女也可以享受到免费的优质教育。他们之所以被界定为"穷人"，只是从资产与存款的角度看，他们没有进行储蓄和投资。但从个人消费层面看，他们一生中所排放的温室气体数量可能远远高于大部分他们所认定的中国"富人"。可以对比一下两种生活场景：一边是中国"富人"们：住在千万"豪宅"（这套房可能是当年低价购买或单位集资建设的唯一住宅，因生活所需或政策限制，无法出售变现）里的北京、上海的普通百姓，每天挤着公交、地铁上下班，生活中省吃俭用；而另一边则是美国"穷人"们：租住在纽约郊区，每天开着大排量汽车上下班，花光所有积蓄成为"月光族"。

当然，发达国家可能会反驳说：贫困也有绝对或相对的标准。如果贫困的标准是绝对的，我们就可以根据它判断现代纽约和孟买的贫困情况，同样用它判断公元前的罗马和耶路撒冷。如果贫困的标准是相对的，则意味着我们可以认为一个只拥有公寓和电视的巴黎人是贫困的，但对于非洲乍得共和国的农民来说，拥有同样的财产就是富裕的。[①] 虽然贫困的标准可以是相对的，但在应对气候变化中，我们用以确定责任大小的标准是相对客观的温室气体排放量。只要巴黎的穷人的温室气体排放量比非洲乍得共和国的农民大，他就应当承担更大的责任。如果要坚持以个人主义立场而非国家主义立场进行温室气体减排责任的分配，那就应当以个人的消费排放量进行计算，而不是简单地以个人的资产或财富拥有量来进行计算。在温室气体排放量上，发展中国家那些资产和财富上更富有的人完全可能比发达国家所谓的"穷人"更低。

虽然个人可以做许多事情应对气候变化，但是个人并非组成社会的全部要素，即使个人竭尽全力，如果没有其他责任主体的积极参与，个人的努力可能仍旧无法拯救地球。即使我们将自己每日的温室气体排放量降低为零，也无法避免地球陷入气候危机。因此，在应对气候变化中，企业与国家同样负有责任，而且是更大的责任。

二　发展中国家立场：国家主义

（一）市场失灵与国家主义

发展中国家倾向于国家主义立场，认为每个国家都有应对气候变化的积极义务，而且这种义务要以国家的实力和能力为基础进行分配。由于发达国家已经率先完成了工业化进程，积累了巨大的经济与

[①] ［英］朱利安·巴吉尼、［美］彼得·福斯：《好用的哲学》，陶涛译，中国人民大学出版社2016年版，第11页。

科技实力，具有应对气候变化的更大能力。正因为国家主义立场强调国家的整体能力，而非个体能力，有助于像《京都议定书》那样清晰地划定不同发展阶段的国家，并赋予不同的义务，所以发展中国家坚持这样一种国家主义的价值立场，以期为自己国家的发展争取更多的空间。同时，这样一种国家主义立场也是能够获得道德辩护的。国家主义并不否定个人，而是认为一旦国家之间的平等得到确保，那么，个人之间（国家内部的人们之间以及全球范围的个人之间）的平等就能得到实现，因此，虽然个人仍是终极的道德单元，但"为了满足个人的需求和利益，作为一种方法和一种策略，把国家当作终极的关切单元来对待是最有效的途径"[1]。

在国家主义看来，由于社会个体成员都是自私的，他们不仅不会和不能自主地追求公共利益，而且有可能利用各种机会主义的方式去损害公共利益，因而不能"天真"地寄希望于个体道德的提升，只能通过国家来代表全社会的共同利益。人类不是天使，完全自由的个体常常会选择邪恶，而不是善良。一旦人们有了选择的自由，其行为就会与长治久安的社会秩序背道而驰，那么，防范就应该成为管理体制所要实现的目标。国家的责任就是要为社会谋求公益，国家的权威和理性使之有能力实现上述职责。其实，没有国家，个人的自由也难以实现，因此，为了实现自由，一定程度的强制是必需的。"自由是在共同体中，也只有在共同体中能够体验……为了共同体，你将不得不以某种方式重新适应"[2]；"不论我们多么盼望权利的普遍性，但推行权利的始终是国家。如果政治力量不愿意，那么权利观念仍只是一纸空文"[3]。国家主义认为，个体与整体的利益没有冲突。对整体的利益必须存在的，对于个体也不会有害。就像对于蜂群无害的东西，也不

---

[1] [美] 科克-肖·谭：《没有国界的正义：世界主义、民族正义与爱国主义》，杨通进译，重庆出版社2014年版，第36—37页。

[2] [美] 格伦·廷德：《政治思考：一些永久性的问题》，王宁坤译，北京联合出版公司2016年版，第186页。

[3] [美] 大卫·哈维：《新自由主义简史》，王钦译，上海译文出版社2016年版，第189页。

会对蜜蜂有害；不损害国家的事情，也不会损害到公民。个人主义使社会分崩离析，鼓动公众在广阔的时空中狭隘地关注个体自我及其短期收益。国家主义要求改变人们原有的理性观念，将长远的共同利益视为自身利益所在。假如我们视他者为我们自身的一部分，而不是与我们毫不相干的话，我们就会自觉地视我们的个人利益与更广泛社群中的他者利益息息相关。国家主义认为，关于人们应当有多少自由这个问题，我们永远无法达成共识，因为我们不知道什么时候一个人是在滥用他的自由伤害别人。因此，为了实现保护气候这一公共利益，就需要国家扩大其对应对气候变化政策与行动的广泛介入。

全球温室气体排放是市场失灵的一个例子。右翼人士不仅没有注意到国家的成功，而且忽略了市场的失败。虽然可以从道德上要求个人和企业积极承担应对气候变化的伦理责任，但是道德要求并不具有强制力。即使人们承诺自己有应对气候变化的道德责任，人们仍可能会说："我为何要按道德的要求去行动呢？""我为何应做我应做的呢？"这就如同"我为何要接受逻辑思维？"温室气体排放是个人生活与企业生产活动中的一种环境负外部性。与交通拥堵和传统的地域性污染事件的影响相比，温室气体排放的影响有所不同：它的外部性是长期的、全球性的，包含有大量的不确定性，具有潜在的巨大规模。市场失灵得不到纠正会导致低效率的浪费，导致对环境资源的竞争性破坏。市场失灵有多种表现形式，最显著的市场失灵是信息缺乏、滥用市场力量和"外部性"。当一个人的行为直接影响他人的利益时，就产生了外部性，例如向河流中抛弃有害垃圾、在公共场所吸烟。

确实，一个人认识到应该做什么不等于他实际上就会这样去做。即使所有人都认识到不应破坏公地，如果没有制度的约束，也无法阻止公地的悲剧命运。人们常常会"说一套，做一套"。实际上，做某些道德所需要的事情，需要的不仅仅是应该去做某事的知识，还需要将这些知识转化为内在的道德动机，并且需要外在制度机制的约束与激励。从道德意识到道德行动，需要内部道德自律与外部法制他律的结合，需要国家的道德引导与法治规范。在此，国家的角色是至关重要的，高层政治领导人的作用也是必不可少的。

如果没有国家制定的制度约束，个人和企业的温室气体排放也会陷入公地悲剧。企业在温室气体排放上的竞争是一种市场失灵的表现。企业生产的社会成本、生态成本可能超过了其人力成本和物力成本，以至于在没有国家干预的情况下，市场会导致这种产品的过多生产和消费。要求企业家在他们的核算中加入环境有效因素是徒劳的，因为自然界免费提供资源又没有市场价格，破坏生态也没人要求赔偿。如果负责任的企业仍然想遵从环境的道德呼吁，那么他们会面临被竞争出局的危险。

因此，应对气候变化不仅仅是个人和企业的责任，更是国家和社会的责任，并且最主要的责任还是在国家。国家领导人必须制定规则，在不会对人们的生活生产条件产生不利影响的前提下，限定开发和利用自然资源的程度和方式。政治决定应该禁止或惩罚那些不遵守规则的行业和企业。政客们必须通过税费为自然资源定价，规定哪些开采是受到限制的。这意味着，合理的产品价格还应包括产品和废物处理的成本，以保证自然不会被破坏。当然，最重要的是，这些禁令和税费应平等地运用于各国的各个竞争者。如果国家为应对气候变化所征收的税费没有"取之于民，用之于民"，就会造成人们对国家的不信任，担心国家不会像它所承诺的那样行动，或只是利用气候变化征税。

（二）国家的选择困境

对于国家而言，应对气候变化并不是唯一的管理目标。虽然气候变化可能引发严重的危险，但贫困、流行病、恐怖主义等引发的危险可能更为严重。面对贫困、疾病等更为棘手的问题，国家会不会或愿不愿意将应对气候变化作为首要任务来解决？

人们通常认为，在面临选择时，总是存在一个优先性的排序，或认为选项都是非此即彼的。而事实情况并非如此。例如，人们在考虑家庭开销时，应当优先考虑家庭成员的饮食需求和健康问题。但是，如果屋顶漏水，人们会不会因家用紧缺而忽视该问题呢？事物之间往往存在密切的联系，屋顶漏水会损坏食物，损害家人的健康。同样，气候变化会让贫困、饥荒、流行病等国家最为关注的其他问题恶化，因此，解决气候变化问题与国家的其他关切事项并不矛盾。

　　根据国际人权法，一国公民的人权保护首先要依赖其本国。然而，国家的首要兴趣往往是促进经济发展而不是保护大气环境，因此，公民的气候权利未必能够得到其国家的有效保护。国家的职责就是为个人能够遵守某种尺度提供制度担保。在西方民主政体中，为了减少环境压力和应对气候变化而限制经济活动与人口的增长，是非常困难的，因为民主形式的治理不能应对气候变化所带来的挑战的规模，因此更为强制型的政府也许是必要的。① 在当今世界，一个力促自由市场的最弱意义上的国家，对维持气候正义而言也是不够的。在自由主义阶段，国家主要把自己限定为"守夜人"的角色，在国家主义阶段，国家则发挥着"社会守护天使"的作用。实际上，放任主义式最小政府并不一定是最好的政府，例如索马里的政府小到基本上不存在，但却是世界上最不发达的国家之一。空气污染会影响到大量公民。对于那些想要污染空气的人来说，保证得到每个人的同意，或者给生命和财产都受到污染不利影响的每个人都提供可接受的赔偿，是不现实的。即使每个人都同意，并且给予他们补偿以使他们准予某人污染空气的权利，让每个人都接受这桩交易也是极不可能的。那些不缺钱的人，那些患有呼吸系统疾病的人，那些特别关心自己和孩子健康的人，以及那些希望地球大气被保持在最纯净状态下的人，不可能为得到一些数额的钱或潜在污染者能支付的任何金额，而宽恕对大气的污染行为。

　　国家在应对气候变化时还存在一个价值选择困境：应对气候变化并非国家的唯一责任，甚至不是最首要的责任。要从根本上解决气候变化问题，国家或许需要首先解决社会公平问题。

　　为什么富人开着大排量汽车排放温室气体，损害的却是马路上骑自行车的穷人的健康？对于那些受到他人不公正排放伤害的人，国家

---

① [英]戴维·赫尔德、安格斯·赫维：《民主、气候变化与全球治理》，谢亚辉摘译，《国外理论动态》2012年第2期。

有责任矫正这种不公正,对受伤害者提供补偿。将高排放者投入监狱是对排放者的惩罚,但对受害者来说于事无补。只有国家才有财力对受害者提供赔偿。自由主义者赞成最弱意义的国家,但这种国家却产生不了公正的结果。公民遭受了完全不是由于他们自己的过错造成的、得不到赔偿的损失。自由主义者一般同意,应当给那些不是因自己的过错而遭受损害的人们提供赔偿。但是,当污染是由一个已经破产的公司引起的时,自由主义对国家活动的限制如何使无辜的污染受害者得到补偿?有人或许会认为,污染公司无须对居住在附近的人负责,人们对允许自己及其财产暴露于已经公认的致毒化学物品之下负有责任。因为人们是为了利益——如高工资、低房价——而自愿选择在工厂的污染区居住的。可是这种选择也是社会不正义的结果,为了生存,人们别无选择。即使存在选项,人们也往往不是在有风险和无风险之间做选择,而是在冒哪个风险上做选择。

要谴责那些因贫穷买不起市区住房而不得不每天远距离通勤的人的交通排放吗?是否更应该谴责那些住在城市郊区别墅里的富人?如果富人使用昂贵的节水洗衣机从而比穷人使用更少的水资源,难道国家应当向穷人征收更多的排放税吗?如果农民因缺乏处理秸秆的手段而简单焚烧,他们要为这种大量燃烧所排放的温室气体承担所有责任吗?可能正是由于农民以焚烧这种便捷的手段处理秸秆,才降低了农产品的生产成本,使城里人享受到更廉价的食物。在经济全球化的时代,一切都与运输息息相关,所有人的生产与生活都存在不可侵害的联系。如果仅仅让直接制造问题的个体——如长时间乘坐交通工具的郊区上班族、焚烧秸秆的农民和生产商品的企业——承担所有责任,就是将环境外部性个体化了,是将集体责任转嫁给了个体,是一种社会不公正。

再以"碳税"为例。人们通常认为,提高石油价格和石油消费税会使汽油消费减少,从而达到减少排放的目的。但是,最终的负担会转嫁到谁的头上?油价的提高虽然会增加富人飙车的成本,但对他们生活的影响可以忽略不计。但蔬菜运输成本的上升和人们通勤成本的上升却会加重普通人的生活负担。石油公司或许并未投入更多的成本就开始为其产品索要一个更高的价格。他们的利润将会猛增。一些石油公司的管理者和股东将会得到一辆新的豪华跑车、一套新住房和一次新的国际旅行。环境将会免遭一些破坏，但更加贫穷的人将会受到伤害。可见，社会正义的需要与保护气候的方法可能存在冲突。大多数针对环境质量而建议的解决方案都将直接或间接地给穷人或低收入人口带来不利影响。如果控制大气污染的成本通过所有商品直接转移到消费者身上，低收入人群受到比富有人群更为严重的影响。如果新技术不能解决气候危机，而且又需要减少商品的生产，就会有大批的人加入失业大军，从而使低收入人群的处境雪上加霜。

与个人主义一样，国家主义立场也会遭遇一个类似公地悲剧与集体行动非理性的问题：如果其他国家，尤其是那些具有强大经济竞争力的国家没有实行高代价的气候变化政策，那么本国也不必这样做，以防止本国在经济竞争中处于不利地位。例如，美国拒绝签署《京都议定书》的一个理由就是，如果美国减排，而中国或印度没有这样做，美国就会在经济上处于劣势。即使许多签订了《京都议定书》的国家也无法绕开这一观点的干扰。例如，在澳大利亚关于气候变化的争论中，一位观察员这样说道："一般而言，我认为，除非全球有可能达成可靠的、广泛的协议，否则澳大利亚应该重新考虑一下减排5%的承诺。"[1] 日本也曾宣称，除非新上任的美国总统在气候变化方面有所行动，否则日本不会参与协商制定新的二氧化碳排放目标。[2] 实际上，许多国家都在等待美国率先采取行动，做出减排承诺。[3]

这一观点在美国尤为常见。30年来，美国气候政策的反对者声称，除非其他国家也承诺减排，否则美国不应当这样做。2009年，在

---

[1] Ergas, H., "Australia Should Delay a Carbon Tax until the Rest of the World Acts", *The Conversation*, http://www.theconversation.edu.au/australia-should-delay-a-carbon-tax-until-the-rest-of-the-world-acts-3120, 2017-09-25.

[2] Harrabin, R., "Japan Waits on US for CO_2 Targets", *BBC News*, http://www.news.bbc.co.uk/2/hi/science/nature/7493081.stm, 2015-08-09.

[3] Brown, D., "The World Waits in Vain for US Ethical Climate Change Leadership as the World Warms", *Climate Ethics*, http://www.rockblogs.psu.edu/climate/2011/02/the-world-waits-in-vain-for-us-ethical-climate-change-leadership.html#more, 2016-03-07.

哥本哈根会议之前，这些反对者争论说，如果只要求美国却不要求中国减排，这样做是不公平的。因此，许多美国人反对做出减排承诺。①10多年前，当美国正在考虑是否签署《京都议定书》时，反对者大肆宣扬《京都议定书》对美国不公平，理由是中国没有承担减排义务。②几十年来，美国一直持有这样的观点。就连新当选的美国总统特朗普也迫不及待地退出了《巴黎协定》。

美国国会反对《京都议定书》是因为中国未受到强制减排目标的约束，这很大程度上导致美国拒绝签署《京都议定书》，并最终退出《京都议定书》。同样，即使是在相对温和的奥巴马政府治理下，在2009年哥本哈根会议上，与其他发达国家相比，美国在减排承诺问题上采取相对消极立场的主要原因，也是认为中国的应对力度不够。美国的一些参议员（包括部分民主党派人士）在2009年指出，美国的减排承诺应当视其他国家的行动而定。③10位民主党派参议员在给奥巴马总统的信件中写道：如果美国无法要求其他国家在制造业领域做出相应的减排，他们就会反对本国的应对气候变化立法。

在奥巴马于2008年当选总统时，全世界都认为美国有可能开始承担起应对全球气候变化的责任。然而，尽管奥巴马政府比前任布什政府更为支持应对气候变化行动，但是美国国会还是没能通过应对气候变化立法。由于应对气候变化需要高额成本，气候变化却又具有科学不确定性，再加上中国和印度未承担强制减排义务，从而使得美国的气候变化立法举步维艰。2009年1月，《纽约时报》对这些问题进行了报道。奥巴马政府在应对气候变化问题上分为两大阵营：以卡罗尔·布劳纳为首的阵营支持严格减排；以劳伦斯·萨默斯为首的另一阵营认为，如果减排成本太高，就应当采用经济例外条款，并且只有

---

① Brown, D., "A Comprehensive Ethical Analysis of the Copenhagen Accord", *Climate Ethics*, http://www.rockblogs.psu.edu/climate/2010/01/a-comprehensive-ethical-analysis-of-the-copenhagen-accord.html, 2015-08-01.

② Brown, D., *American Heat: Ethical Problems with the United States' Response to Global Warming*, Lanham, MD: Rowman & Littlefield, 2002, p. 36.

③ Brown, S. et al., "US Senate Letter to President Obama", *US Senators*, http://www.graphics8.nytimes.com/images/blogs/greeninc/manuf.pdf, 2016-03-07.

发展中国家同意减排之后，美国才能制定严格的减排目标。① 如果认为美国的应对气候变化政策仅仅事关国家利益问题，那么萨默斯阵营的立场就是言之有理的。萨默斯认为，发展中国家必须遵守碳排放限制，否则美国的制造业工作机会都将转移到没有碳排放限制的国家。可以看出，奥巴马政府中有一部分人认为，除非其他国家承诺减排，否则美国无须将排放量降至全球安全排放的公平份额。但是，如果认识到，应对气候变化政策不仅事关国家利益，还涉及全球伦理责任，那么萨默斯阵营的立场就存在很大的伦理缺陷。

众所周知，无论哪个国家，只要它们的排放量超过全球安全排放的公平份额，并且拥有减排的经济与技术能力，就有义务立即将排放量减少至份额以内，而不应只着眼于自身的国家利益。这是因为，应对气候变化的责任事关全球正义而不仅仅是自身利益。全球正义要求所有国家将温室气体排放量减少至其公平份额以内。因为，任何国家都没有权利以"其他造成伤害的国家没有停止破坏性行为"为借口，而不停止其自身的破坏性行为。就像一个人暴打了无辜的受害者之后，不能狡辩说其他人没有停止暴打受害者，所以自己也没有义务停止殴打。应对气候变化问题也是如此。高排放国家正在对穷国造成巨大伤害，穷国又无力保护自己免受这些伤害。但高排放国家却不愿改变现状，理由是其他高排放国家还没有进行减排。这一说法为最易受气候变化侵袭的穷国所诟病。

即使有些国家不愿将排放量减少至其公平份额之内，任何其他高排放国家（包括美国）都不能以此为由拒绝减排。除非一个国家的排放量在其公平份额以内，才暂时没有义务进行减排。也有人认为，即使一国的排放量在其公平份额限额内，任何国家或地方都可以在不对自身造成重大伤害的前提下进一步减排，以避免对其他人造成灾难性的伤害。毋庸置疑，从伦理角度看，所有国家都有义务将温室气体排放量限制在公平份额以内，而不需要管其他国家是否也这样做了。这

---

① Broder, J. M., "In Obama's Team, 2 Camps on Climate", *New York Times*, http://www.nytimes.com/2009/01/03/washington/03enviro.html, 2015 – 08 – 10.

是强烈而明确的伦理责任问题,而不是政策选择问题。

但是很难确定各国温室气体排放的公平份额,因为不同的伦理原则有可能得出不同的结果。只有根据在道德上站得住脚的标准得出的结果,才能通过伦理的检验。无论是美国还是其他发达国家,抑或高排放的发展中国家,目前都无法声称自身的排放量已在全球安全排放的公平份额以内。一些低排放的发展中国家或穷国可以有效证明,目前其排放量在公平份额以内。但任何发达国家或高排放的发展中国家都无法声称自身的排放量符合自身承担的义务。这是一个有关国际法和基本正义的问题。那些以其他国家暂未采取行动,自己就没有义务减排为理由的国家,实际上是在逃避法律和伦理责任。

那种"除非其他国家采取行动实现减排目标,否则自己无须进行减排"的观点,忽视了这样一个事实,就是气候变化将会或已经对整个世界造成了巨大伤害。那种观点表明,国家经济利益是制定应对气候变化公共政策的唯一标准;高排放国家无须考虑本国对他人和整个世界造成的巨大伤害。

有些气候变化的影响是显而易见的,尤其是在北极地区。除此之外,最近许多地区都遭遇了严重干旱,给人们带来难以名状的痛苦。2011 年 8 月 7 日,联合国难民署的负责人说,饱受干旱的索马里是世界上"最糟糕的人道主义灾难"①。2011 年 8 月,世界粮食计划署估计,索马里干旱已导致 1000 万人需要人道主义救助,这已经大大超出国际非国家组织的救济能力。② 据联合国难民署统计,2011 年 8 月,肯尼亚达达布的难民营接收了 38 万余人,另外还有几千人等待进入难民营。的确,索马里的难民问题部分是由于国家机能失调,但不可否认的是,主要原因还是干旱。索马里的干旱已经夺去了数千人

---

① Kemenade, V., "Somalia Drought is Worst Humanitarian Crisis", *Huffington Post*, http://www.huffingtonpost.com/2011/07/10/somalia – drought – worst – humanitarian – crisis_ n_ 894072.html, 2015 – 08 – 10.

② UN World Food Program, "UN Calls Somalia Drought Refugee Crisis 'Worst Humanitarian Disaster' in the World", http://www.wfp.org/content/un – calls – somalia – drought – refugee – crisis – %E2%80%98worst – humanitarian – disaster%E2%80%99 – world, 2015 – 08 – 10.

的生命。索马里部分地区已经连续三四年未降水，导致家畜饿死，庄稼枯死。气候变化研究预计，不仅是非洲，世界许多地区都将面临不断恶化的干旱。其中，大学大气研究联盟预计，在未来10年时间里，美国和许多其他人口众多的国家将越来越受到严重而旷日持久的干旱威胁。研究表明，在未来30年，气候变化引起的气温上升很有可能使世界上大部分地区变得越来越干燥，并且到21世纪末，部分地区有可能成为近代以来最干旱的地区。其他可能面临严重干旱的地区包括拉丁美洲的大部分地区（包括墨西哥和巴西的主要地区）、与地中海接壤的地区、亚洲西南部主要地区、非洲和澳大利亚的大部分地区，以及亚洲东南部——包括中国及其邻国的部分地区。① 干旱并不是气候变化给全球带来的唯一问题。2010年，巴基斯坦、澳大利亚和中国都遭遇了严重的洪水，俄罗斯受到了灾难性热浪的侵袭，森林发生空前规模的火灾。2011年和2017年，美国灾难性的飓风频发，密西西比河遭遇历史罕见的洪水侵袭，美国得克萨斯州和非洲遭受了毁灭性的干旱。

不能说人为引起的气候变化是这些灾难发生的唯一原因，但是气候变化确实增加了这些灾难发生的可能性。正如政府间气候变化委员会预计的那样，极端天气事件发生的频率在不断增加。政府间气候变化专门委员会在第四次评估报告中指出：热浪的数量不断增加。变热的天气导致蒸发作用增强，越来越少的降水量使得越来越多的地区受到干旱的侵袭。热带风暴和飓风发生频率每年都不同，但是有证据表明，自从20世纪70年代以来，其强度和持续时间都有明显增长。② 大部分怀疑派则反驳说，干旱、洪水、反常天气、热浪、极端气温一直都存在。但大部分气候学家认为，极端天气事件发生的频率越来越高，强度越来越大，这说明大气中不断增加的温室气体导致了这样的

---

① University Corporation for Atmospheric Research (UCAR), "Climate Change: Drought May Threaten much of Globe within Decades", http://www.ucar.edu/news/2904/climate-change-drought-may-threaten-much-globe-within-decades, 2015-08-11.

② IPCC, *Impacts, Adaptation, and Vulnerability*, contribution of Working Group 3 to the IPCC Fourth Assessment Report, Cambridge: Cambridge University Press, 2007, p. 69.

长期恶化。①

如果气候科学共识是正确的,那么任何国家的温室气体排放都会导致大气中温室气体浓度的增加,并促使气候变暖,增加极端天气事件的强度,从而给全世界人民带来苦难,并危及生命所依赖的生态系统。大气中温室气体每增加一吨,情况就多恶化一些。因此,其他国家不减排就拒绝减排的理由,使得全球悲剧越来越严重,全世界陷入更深重的苦难。

从功利主义的立场看,国家拒绝限制温室气体排放的观点也是站不住脚的,因为该观点忽略了采取行动减排可能带来的利益。该观点类似"半个"成本效益分析理论,也就是说,该观点只看到了成本这一层面,却忽视了采取行动可以避免危害,从而获得好处。尽管运用成本效益分析指导制定气候变化政策存在严重的伦理道德缺陷,但是,当采取行动应对气候变化带来的利益大于减排成本时,成本效益分析的支持者也会要求采取行动应对气候变化。

考虑到全球气候变化将影响农业、渔业、林业和水资源等,同时严重危害人类健康,因而忽视积极应对气候变化所带来的经济效益可能是个可悲的错误。实际上,人为引起的气候变化可能带来灾难性的危害,但又具有不确定性,因此对避免危害带来的好处进行经济效益分析也存在不确定性,以致传统的成本效益分析几乎起不了作用。②然而,忽视采取行动带来的好处并不能解决这个问题。这是因为,不采取应对气候变化行动所产生的重大经济损失可能比采取行动所需的成本还要大得多。

如果各国在减排问题上相互观望,认为谁先减排,谁减排得过多,谁就是"傻瓜",是在损己利人,就表明,大家都不愿"争着当

---

① John Vidal, "Warning: Extreme Weather Ahead", *The Guardian*, Monday 13, June 2011, https://www.theguardian.com/world/2011/jun/13/extreme-weather-flooding-droughts-fires, 2017-09-25.

② Dale Jamieson, "Ethics, Public Policy and Global Warming", in Stephen M. Gardiner ed., *Climate Change: Essential Readings*, Oxford and New York: Oxford University Press, 2010, p. 167.

好人",而想着"多当一天坏人是一天",是"抢着当坏人"。如果所有个人、企业和国家都抢着"当坏人",就会出现破坏气候系统的温室气体排放竞赛。

实际上,无论谁先减排、多减排都是利人利己的。因此,各国应当"争着当好人",以善而非恶为价值指引。即使印度等发展中国家当前可能因超量排放而犯错了,美国以此为是否减排的"标杆"在伦理上也是站不住脚的。毕竟印度的现状不等于价值上的应当。假如印度因还存在使用童工这种已被美国等发达国家公认的"恶行"而提高了生产效率、降低了产品成本、促进了经济发展和就业,那么美国是否应当以"经济发展"和"公平"为由推翻自己的价值观而"效仿"?富国关注未来,穷国关注过去。既然富国(富人)更加关注未来,就应以身作则,成为"道德楷模",而不是纠结于发展中国家(穷人)还在犯它们曾经犯过的"错误"而止步不前。

第二节 代际正义与代内正义

气候正义问题已经成为国际气候合作中的一个无法回避的基本问题。虽然发达国家与发展中国家都认可气候变化是一个正义问题,但是对于气候正义的实质内容却存在较大争议。当代人之间的分配问题属于代内正义的范畴,不同世代人之间的分配问题属于代际正义的范畴。代际正义要求当前世代为了未来世代而减少温室气体排放,而代内正义要求温室气体排放空间在当前世代之间进行公正分配。发达国家坚持代际正义对代内正义的优先性,其意图在于强调对未来世代的"高尚而遥远的责任",而忽略其历史排放责任和援助当前发展中国家的现实道义责任。发展中国家坚持代内正义对代际正义的优先性,要求发达国家先考虑当前发展中国家的生存与发展权利,再考虑未来世代的相关权利。

一 发达国家立场:代际正义优先

发达国家指出,气候变化主要是一个未来问题,因为气候变化的影响会随着人类排放量的增加而日益严重,受其不利影响最大的人可能尚未出生。换言之,气候变化问题是:当代人排放,未来人受害。对于那些还没有来到世上的人来说,他们有与我们同等的或相同的权利吗?如果我们确信后代人真的会存在,就很难想出他们拥有的权利为何会比我们少的论据。为了保护后代免受气候变化的伤害,当代人应当付出多大的代价?如果大幅缩减当前的温室气体排放会使当代人陷入经济萧条的境地,当代人能够承担多大的损失呢?

既然气候变化会对尚未出生的未来世代造成巨大伤害,那么正义理论就必须对其进行解释和矫正,或者说,正义理论必须关照未来世代[1]。认为未来世代没有法律权利的观点是明显错误的,[2] 不能关照未来世代的正义理论则是存在严重缺陷的,[3] 不足以解决包括气候变化在内的环境问题。

代际正义之所以常常遇到困境,是因为在不同世代之间存在一种普通正义关系中的相互性。当代人与未来世代之间只能是单向的影响:当代人伤害未来世代,或是把利益留给未来世代,只能是"我们为后代做事,而后代不能为我们做事"[4]。虽然如此,但当代人与未来世代在政治、文化与利益传承上仍是一个共同体,是一个"现实的跨代共同体"[5],而在一个共同体之内是存在与代内关系相同的正义问题的。

代际正义遇到的另一个困境是,未来世代目前尚不存在,而未来是否存在并不确定,即使未来存在也无法找到具体的权利主体,而给

---

[1] James Fishkin, *The Dialogue of Justice: Toward a Self-Reflective Society*, New Haven: Yale University Press, 1992, p. 9.

[2] Joerg Tremmel, Katherine Robinson, *Climate Ethics: Environmental Justice and Climate Change*, London: I. B. Tauris & Co Ltd, 2014, p. 189.

[3] Brian Norton, *Toward Unity among Environmentalists*, New York: Oxford University Press, 1991, p. 216.

[4] [美] 约翰·罗尔斯:《正义论》,何怀宏等译,中国社会科学出版社1988年版,第292页。

[5] Avner de. Shalit, *Why Posterity Matters: Environmental Policies and Future Generations*, London: Routledge, 1995, p. 15.

不存在的人权利，会"弄巧成拙"。① 主体的存在是获得权利的前提，② 我们如何剥夺一个并不存在的人的权利呢？实际上，未来人是否会存在以及会如何存在取决于当代人的选择。如果当代人选择不结婚或不生孩子，未来人就不会存在；如果当代的马尔代夫人放弃国土集体移民到了西伯利亚，那么即使未来海平面上升淹没了马尔代夫，也不会有人受到伤害。按照这个逻辑，对于气候问题而言，如果当代人没有过度排放温室气体，没有进行工业化和城市化，未来世代可能就不会存在或者存在的是另一些不同的人。因此，未来世代不仅没有机会，也没有权利对当代人的排放进行道德谴责。费因伯格（Joel Feinberg）直接回避了存在的问题，认为未来人是否拥有权利的前提条件并非他们是否存在，而是当代人是否会伤害他们的"利益"。③ 确实，只要不发生灾难性生物大灭绝，未来人总会以某种方式存在。因此，只要当代人的温室气体排放行为可能影响到未来人的利益，就是不正义的。

另一种反驳代际气候责任的方式，是从经济学角度认为，与其留给未来世代一个未经破坏的大气空间，不如留给他们科技与经济利益。并且，从历史上看，未来世代总会比当代人富裕，因此，为了未来世代而牺牲当代人的利益是"劫贫济富"。但是，只有在不发生灾难性气候和其他环境风险的情况下，未来世代才有可能比当代人富裕。如果发生气候灾难，留给他们的一切都会毁于一旦。因此，留给未来世代一个稳定的气候仍然是最为基础的道义要求，我们要留给后代一个更好的世界。

在气候变化的代际正义层面涉及两个问题：一方面是留给后代多少大气排放空间以保障他们的生存与发展；另一方面是当代人需要占用多少排放空间，以保障我们自身的生存与发展。代际问题使国际气候合作

---

① Brian Norton, "Environmental Ethics and the Rights of Future Generations", *Environmental Ethics*, Vol. 4, Winter 1982, p. 320.

② Charles Taliafeno, "The Environmental Ethics of an Ideal Observe", *Environmental Ethics*, Vol. 10, No. 3, 1988, pp. 233–250.

③ Joel Feinberg, "The Rights of Animals and Unborn Generations", E. Partridge ed., *Responsibilities to Future Generations*, New York: Prometheus Books, 1981, p. 143.

中的伦理争论变得更加混乱。代际之间的伦理冲突在于：如果后代人的需要与当代人的需要相加已经远远超过了大气容量，那么，谁应当拥有优先权，究竟牺牲哪一方的利益以优先保障另一方的利益？

二 发展中国家立场：代内正义优先

发展中国家不否认气候变化问题上代际正义的存在，但认为，代际气候正义问题的意义只是促使当代人之间放弃狭隘的利益争夺，为了人类的共同未来而"更为紧密地合作"[①]。换言之，当代人之间的代内正义问题才更具有现实意义，理应予以优先关注和解决。如果发达国家在国际气候合作中过分强调代际正义问题，并因此而忽略了对代内正义问题的讨论和解决，就是有意回避问题的实质——逃避其历史责任与当下责任，同时用对遥远未来世代的责任这一"高尚"目标胁迫发展中国家放弃当前的利益，与发达国家承担相同的责任。

通过文献梳理发现，西方学者对代际气候正义表现出了浓厚的兴趣，[②] 但对代内气候正义问题（主要是发达国家的历史责任问题以及对发展中国家的援助问题）则很少讨论，这其中是否存在某种不可告人的目的？

代际正义所探讨的未来世代是在时间上不与当代人重叠的人群，然而，社会并不是断裂的，当代人与未来世代之间也是连续的，因此，用"后代"（succeeding generation）一词取代"未来世代"（future generation）会更恰当，前者包括未出生的世代，以及当前的儿童和青少年，而后者只包括未出生的世代。前一概念更合理，不断裂，符合整体性思维。从世代之间的连续性上看，如果当代人的良善生活

---

① 史军：《代际气候正义何以可能》，《哲学动态》2011 年第 7 期。
② 例如，卡特里奥娜·麦金农（Catriona Mckinnon）的著作《气候变化与未来正义：预防、补偿与求助》（Climate Change and Future Justice: Precaution, Compensation and Triage, New York: Routledge, 2012）；特蕾莎·索普（Teresa Thorp）的著作《气候正义：为未来代言》（Climate Justice: A Voice for the Future, New York: Palgrave Macmillan, 2014）。另外，在笔者参加的多次国际学术会议上，西方学者都大量讨论代际气候问题。西方学者对代际气候问题的特别关注逐渐引起了笔者的警觉，于是作了论文"代际气候正义的陷阱"（《阅学学刊》2013 年第 6 期）来反驳个人之前发表的论文"代际气候正义何以可能"（《哲学动态》2011 年第 7 期）。

能够实现,那么未来人的良善生活也能得到保障。因此,重要的是当代人要过什么样的生活,以及传递什么样的价值观与生活方式给后代。对当代人有利的,对未来人也有利。

虽然后代人有稳定气候的权利,但他们这种权利的实现也需要他们前代人的争取——尤其对发展中国家的后代来说。如果因为后代人在气候变化问题上是弱势群体,因而需要给予优先保护,那么当前的发展中国家和贫困群体也与后代人一样是弱势群体,也需要得到优先保护。发达国家不应首先帮助发展中国家实现同代人之间的公正吗?在其他国家的人民正忍受饥饿的时候,却呼吁保护工业化国家的环境的措施,这难道不可笑吗?环境问题在贫困国家已经引发了社会灾难,如果发达国家对于这些当下的弱势群体都不愿意伸出援手,我们又怎能相信它们会为了遥远的未来世代(也包括当前弱势群体的后代)而减排呢?

应对气候变化的政策首先应当保障当前世界的代内正义,不应加大当前穷国和富国之间的差距。如果要给未来世代留下足够的生存排放空间,就要给当代人的排放设定一个上限,但首先需要解决的问题在于如何在当代人之间分配这一有限的排放空间。这一分配需要考虑各国的历史责任、各国的当前需求以及各国未来的发展情景等。

如果大幅减排使当代人损失惨重,似乎也是难以让人接受的。但如果只是稍微降低一点生活水平就可以拯救人类呢?问题在于,谁的生活水平降低空间较大,或者稍微降低一点谁的生活水平对其生存不产生重大影响。答案明显是当前的发达国家和全世界的富人。世界上的贫困是全球制度的产物,而发达国家对这种制度负有集体责任,因此,发达国家有义务向发展中国家提供援助,并"停止把现在的全球秩序强加给全球穷人,阻止并减轻现有全球秩序给世界上最贫穷人口所持续地带来的伤害"[1]。

全球气候变暖的影响在北半球对人类生命的威胁比南半球要小。

---

[1] [英]戴维·米勒:《民族责任与全球正义》,李广博译,重庆出版社2014年版,第235页。

南半球部分地区气候正在变得不可预测，干旱、洪灾或火灾逐渐增加，威胁着地球上最为贫困、人口最为稠密的地区。这不仅是因为南半球人们的财富与技术受气候变化的影响大，还因为全球气候变暖对人类的最坏影响发生在热带或亚热带地区。气候变化激化了厄尔尼诺现象，使热带地区发生的干旱与洪灾特别集中，并导致热带季风发生变化。据 IPCC 估计，南半球发展中国家承受了严重负面影响的大部分，这些影响表现为蚊子、水生病菌不断蔓延到新的地方，干旱造成农作物减产、空气质量下降、地下水减少。同时，海平面上升也将给南半球带来严重后果。2004 年，印度尼西亚海啸表明，发展中国家的人们更容易因海平面及暴风雨的变化受到影响。

历史上，大部分环境污染是在国内的工业生产过程中产生的，小部分是在生产及销售和消费过程中产生的，但是，资本主义的不断创新改变了这种结构，环境污染通过境外投资和商业而实现转移，商品链不断扩大，废弃物被转移到了世界上贫穷的国家。发达国家消费量的大幅增加也导致各种废弃物的大量增加。这种现象在个人电脑的生命周期中特别明显。个人电脑在发展中国家进行生产，然后运往发达国家。发达国家的消费者使用了几年之后再被运送至发展中国家，以回收电路板中某些有用的金属。在美国，每年售出 1 亿多台电脑，每年有 2000 多万台电脑被淘汰。现在，一台个人电脑的平均使用寿命为 3 年左右，所以会有越来越多的电脑需要处理。许多个人电脑被送往垃圾填埋场，另一些则被二次卖给或送给发展中国家的用户。而汽车、手机、微波炉以及其他的 21 世纪生活用品，也同样是这种情况。只要处于饥饿边缘的埃塞俄比亚和索马里还依然不得不为北方国家的宠物出口饲料，只要美国人所食用的肉类还是以被严重毁坏的亚马逊雨林所生产的大豆作为饲养材料而生产出来的，那么北方国家的过度消费便扼杀了南方国家实现真正自给自足的机会。

康德认为，总是将理性存在当作目的本身而非仅仅当作手段加以对待的这一指令，是确立根本性的、作为我们所有道德义务之基础的道德原则的一种途径。如果为了拯救所谓的未来世代而牺牲当前世代，就相当于是把一个人扔到桥下去阻止一辆原本会撞死 5 个人的脱轨电车，这是相当错误的，是把当前世代仅仅当成了手段。如果当前世代的排放不幸造成了未来世代的死亡，就相当于电车拐到另外一条会撞死 1 个人的轨道上。这样造成的伤害是可以接受的，因为这种情况并没有把那个不幸的人当成手段——另一条轨道才是手段。"一个旨在造成某个无辜者死亡的行为，不管是作为目的还是作为达到该目的的手段，都是错误的。……这种行为不能由它所带来的好的结果——如挽救了更多无辜者的性命——而得到辩护。"[1] 况且，未来人尚不真实存在，他们不一定就恰好处于这些"轨道"上，如果牺牲当前真实存在的人去保护那些尚不存在的人，明显是难以获得道德辩护的。

第三节　形式平等与实质平等

虽然温室气体排放是生存与发展所必须的，并且各国未来可允许的排放空间与其发展潜力成正比，但大气中所剩余的安全排放空间已经不多，于是在国际气候谈判中，各国都力图为自己争取更多的未来排放空间，同时尽可能地减少其他国家的未来排放空间。在伦理层面，如何分配历史累积与剩余的温室气体排放空间就成了一个核心问题。虽然各种碳排放权的分配方案都对其"公平性"进行了论证，但其背后所反映的都是国家和国家集团的利益。在气候变化公平性问题上的争论，主要发生在发展中国家阵营与发达国家阵营之间。公平问题争论的焦点是，发达国家试图压制发展中国家，要求发展中国家承担更多的减排义务。[2]

发达国家以平等主义为伦理武器，要求赋予全球每个人以平等的人均排放权，即把剩余的大气温室气体排放空间按照人均进行分配。

---

[1] [美] 托马斯·斯坎伦：《道德之维：可允许性、意义与谴责》，朱慧玲译，中国人民大学出版社 2014 年版，第 1 页。

[2] 陈鹤：《气候危机与中国应对：全球暖化背景下的中国气候软战略》，人民出版社 2010 年版，第 74 页。

这样一种分配方式在形式上是平等的，但却忽视了不同发展阶段的国家、地区与人群的不同温室气体排放需求与减排、适应能力的差异，从而造成实质上的不平等，并且这样一种形式上的平等还存在一个陷阱：忽视了发达国家的历史排放，也忽视了发展中国家的发展需求。

发展中国家则认为，平等不仅是分配结果上的平等，还要求发展机会上的平等，要求将工业化开始之初的大气温室气体排放空间拿出来分配，充分考虑发达国家的历史占有，用人均历史累积的方式进行分配，从而将剩余的温室气体排放空间更多地分配给发展中国家，以保护发展中国家的发展权，实现实质上的平等。

一 发达国家立场：形式平等

目前发达国家的人均温室气体排放量仍然远远高于发展中国家，欧美人口只占全球的10%，但二氧化碳排放量却占到全球的30%，许多亚非拉地区国家的人均年二氧化碳排放量仅为0.2吨，而发达国家的人均年二氧化碳排放量却高达20吨。① 即使在美国最为绿色的城市地区，汽车和家庭能源使用所产生的碳排放仍然要比中国城市地区的平均碳排放高出10倍以上。② 但经过多年的国际气候谈判，发达国家开始接受一种形式上的平等主义分配原则。发达国家用平等主义这一最受拥护、在形式上最具迷惑性的平等原则来处理大气排放空间的分配问题。根据形式平等立场，对温室气体排放空间的最公平合理分配方式是人均一份，即不考虑国家与人际之间的差异，使每个人都获得同等份额的排放空间。③ 在国家之间，发达国家公民无权比发展中国家的公民排放更多；在国家内部，富人无权比穷人排放更多。

形式平等对大气排放空间的分配与分配蛋糕相似：如果没有人为蛋糕的制作提供过面粉和奶油等原材料，也没有人参与蛋糕的制作，

---

① Donald A. Brown, *American Heat: Ethical Problems with the United States' Response to Global Warming*, Lanham, ML: Rowman and Littlefield, 2002, table 8.2, p.182.
② ［美］爱德华·格莱泽：《城市的胜利》，刘润泉译，上海社会科学院出版社2012年版，第13页。
③ Dale Jamieson, "Adaption, Mitigation and Justice", in Walter Walter Sinnott – Armstrong & Richard B. Howarth eds., *Perspectives on Climate Change: Science, Economics, Politics, Ethics*, Oxford: Elsevier, 2005, p.231.

那么，就没有人有权获得比其他人多的份额。在气候变化问题上，由于任何人都未提供大气层，这就意味着从表面上看，没有人有权获取超过均等的温室气体排放份额。因此，除非能够有理有据加以反驳，否则，平均分配就会是一种在形式上公正的分配方式。当然，这并不意味着每个国家都应当获得均等的份额，而是在地球上的每个人都应当获得均等的份额。

形式平等的吸引人之处在于，它在形式上把每个人当作平等的个体，平等地尊重每一个人。它所强调的不仅是一个国家内部的平等，更从人的生命平等角度强调国家之间的人际平等，因此，这种平等具有一定的超越性。确实，给予每个人平等的排放份额至少在形式上使发展中国家的公民与发达国家的公民享有了相同的排放权利，这种看起来公平的分配也符合西方国家"一人一票"的民主原则。[①]

然而，形式平等必须解决一个基本的前提性问题：平等分配的内容是什么？是大气空间中剩余的温室气体排放空间，还是从工业化以来累积的温室气体排放空间？如果不弄清这个问题，就有可能掉入发达国家的陷阱：仅仅对剩余的排放空间进行平等分配，而不考虑历史责任或历史排放空间是如何分配的。由于二氧化碳在大气中的寿命长达150年，因此，发达国家过高的人均历史排放量已经大幅挤占了当代人所应享有的排放空间。如果仅仅把剩余的大气空间用于分配，明显是不公平的。这就像蛋糕的分配，先来者（发达国家）已经吃掉了一大块，然后把剩余的部分与后来者（发展中国家）进行平等分配。作为后来者（发展中国家）要求把先来者（发达国家）吃掉的那一部分也计算进来进行重新分配。

发达国家当然不希望"算旧账"，并会提出反驳理由：过去排放温室气体的人大多已经不在人世，况且他们的高排放与当今发达国家公民的个人排放之间不可通约，即不能把他人的排放量强加在自己头上。但发展中国家并不认可这一说法，因为发达国家的工业化、城市

[①] [美] 彼得·辛格：《一个世界：全球化伦理》，应奇、杨立峰译，东方出版社 2005 年版，第 40 页。

化和现代化进程都是建立在其高人均历史排放量基础之上的，发达国家的当代公民继承了其前代人基于高人均排放所创造的基础设施、教育与科技水平以及社会福利等累积利益，正是在这些发展成果的基础上，当代发达国家才有降低其人均温室气体排放量的潜力。例如，由于发达国家已经基本完成了工业化和城市化，已经不需要像发展中国家那样大规模新建铁路、公路等基础设施。既然发达国家的当代公民继承了其前代人留下的利益，就有义务继承其留下的"气候债"。因此，发展中国家由于发展的压力，需要更多的温室气体排放空间——其人均排放份额也必须相应增加。

对于发展中国家更多人均排放份额的要求，发达国家会从两个方面进行反驳：其一是地球的生态与气候系统无法承载发展中国家的高排放份额要求，即发达国家的高人均历史排放量是在生态与气候系统的承载力之内的——因而具有合理性，但在如今生态与气候系统已经无力承载的情况下，发展中国家还要求过高的人均排放份额就失去了合理性。其二是在当前的全球化背景下，发展中国家无须再重走发达国家曾经的高排放、高污染道路，可以直接走上低碳、绿色发展的道路。这两条反驳的言下之意是，发展中国家应当带头减排，因为它们可以跨越高碳阶段而直接进入低碳社会。发展中国家固然有可能直接走上低碳、绿色的新型发展道路，但这需要以发达国家无私地提供大量的资金与技术援助为前提，而在当前的国际政治与经济格局中，这一点无法兑现。同时，发展中国家大量匮乏的基础设施仍是无法通过其他发展方式替代的，而这些基础设施建设必然需要大量的碳排放空间。例如，中国广袤的西藏地区还严重缺乏道路基础设施，从四川进入西藏的"川藏线（318 国道）"通行条件十分恶劣，极大地制约了沿线地区的脱贫致富，而新修建"川藏高速公路"或"川藏高速铁路"都需要大量温室气体排放空间的保障。

另外，形式上平等的人均排放份额并不能保证其结果的合理性，因为这一人均没有考虑地区与人际之间的差异。例如，生活在北欧、加拿大、俄罗斯和美国阿拉斯加等地区的人们出于漫长严冬的取暖需求而需要比其他地区更多的排放量，如果分配给他们的温室气体排放量与气候温和地区的人们一样,就会侵犯他们的基本生存权利。发展中国家出于自身情况而要求更多的排放空间也是出于同样的逻辑:由于发达国家已经完成了工业化和现代化,具有了减缓和适应气候变化的基本能力,而发展中国家还在为脱贫而奋斗,在这种情况下分配给它们相同的人均排放份额,必然会进一步加大全球发展的不均衡性。可见,形式平等看似平等,实则不公平。

二 发展中国家立场:实质平等

虽然发展中国家人口数量众多,表面看来可以通过发达国家提出的形式平等获得更多的温室气体排放权及其带来的发展机会,但事实并非如此。例如,按形式平等方式分配给中国的排放额度很快就会用完,中国的发展将极大地受限。[①] 可见,即使是中国这个世界人口最多的发展中国家,也未获得任何排放特权与发展机会。因此,发展中国家认为,形式平等对于发达国家来说或许已经足够生存与发展,但对于发展中国家来说,或许连最基本的生存与发展权都无法满足。

发展中国家指出,发达国家所提出的形式平等忽略了发达国家的历史排放责任,而对剩余的大气排放空间进行人均分配已经无法满足发展中国家的长期发展需要,按照这一人均份额,发展中国家可能永远无法脱贫致富。因此,从发展中国家的立场看,必须把发达国家的历史排放量计算在内,以累积排放量为基础进行分配才能实现实质上的平等。

发达国家是历史上最大的温室气体排放者,仅欧美国家的历史排放量就占到大气中已排放二氧化碳量的90%。[②] 可见,发达国家已经在其漫长的工业化过程中积累了大量的"生态债",如果以限制发展中国家发展的方式来应对气候变化,就是让发展中国家来偿还这笔债务,这是不正义的。正是由于发展中国家与发达国家的历史排放差异巨大,而温室气体排放对发展中国家的发展又至关重要,因此,简单

---

① 基础四国专家组:《公平获取可持续发展——关于应对气候变化科学认知的报告》,知识产权出版社2012年版,第56页。

② [英]迈克尔·诺斯科特:《气候伦理》,左高山等译,社会科学文献出版社2010年版,第70页。

地以"人均排放原则为基础"[①] 分配排放权是不公平的。

人均平等只是一种形式平等而不是实质平等,它剥夺了发展中国家实现实质平等的机会。德沃金所认为的作为至上美德的平等所要求的是"物质平等"或"资源平等",[②] 这种平等就是实质平等而非形式平等。人类社会的发展路径好比一场登山比赛,但这场比赛的起点是不公平的:发达国家先行出发,等发达国家到达山顶后发展中国家才开始出发;等发展中国家爬到上山的山腰时,发达国家已经处于下山的山腰处。如果双方都于山腰处停止前进,此时双方从"海拔"上看是完全"平等的"(假设此时双方的人均二氧化碳排放量也完全相同),但二者的处境却完全不同(社会发达程度、人均 GDP 等相差巨大)。对发展中国家而言,不进则退,而退回去是十分危险的:如果不继续攀登,就会退回到贫困状态。但对发达国家而言,继续前进(下山,继续降低人均排放量)相对轻松,因为它已经经过山顶(比喻为历史排放峰值)翻过了高山(比喻为完成了工业化过程),具备了低碳发展的经济与技术实力。

可用图 4-1 较为形象地反映这一区别:

如图 4-1 所示,如果按照发达国家所支持的形式平等原则进行剩余二氧化碳排放空间的分配,即分配给发达国家与发展中国家相同的人均排放量(如人均 2 吨),那就意味着发展中国家没有机会继续原有的发展路径,无法到达发达国家曾经到达过的排放峰值(如人均 20 吨),更无法实现到达可持续发展的低碳未来(E 点),而只能停留在原地(B 点),甚至倒退回 A 点。当然,发达国家与发展中国家有可能共同努力开辟出一条新的低碳发展路径,使发展中国家不必经过 C 点就可以到达 D 点或 E 点。

可见,争论的实质不是人均排放量的多少,而是其背后所隐含的发展机会。形式平等堵住了发展中国家脱贫致富的传统道路,使其无

[①] 赵云芬、朱琳:《我国温室气体排放权分配之伦理原则》,《宁夏社会科学》2012 年第 5 期。

[②] [美]罗纳德·德沃金:《至上的美德:平等的理论与实践》,冯克利译,江苏人民出版社 2012 年版,第 3 页。

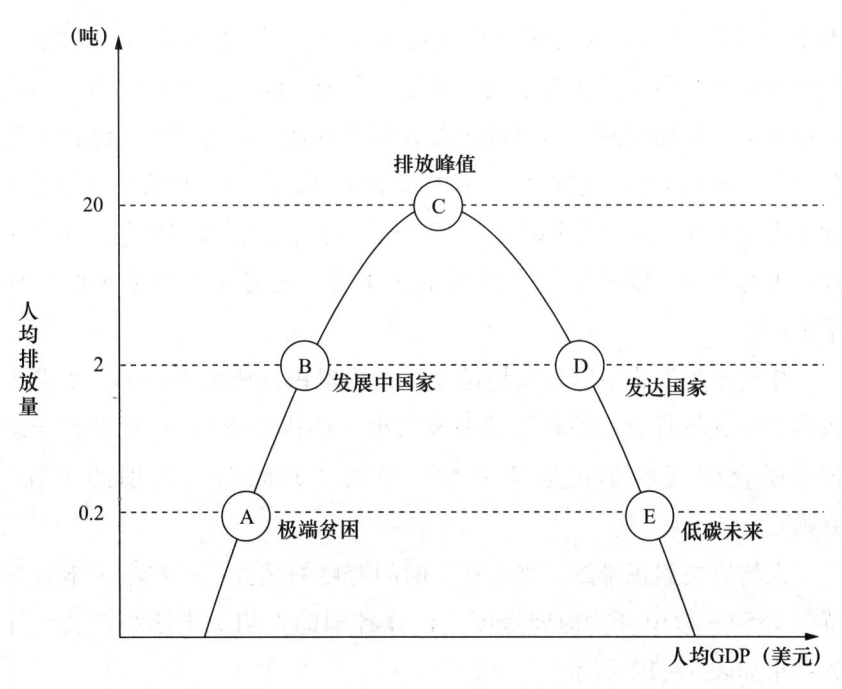

```
        (吨)
         ↑
         │
      20 ┼- - - - - - - -○- - - - - - - -
         │              排放峰值
         │               C
人        │            ╱    ╲
均        │          ╱        ╲
排     2 ┼- - - -○- - - - - - - ○- - - -
放        │      B              D
量        │    发展中国家        发达国家
         │   ╱                    ╲
         │  ╱                      ╲
     0.2 ┼○- - - - - - - - - - - - ○- - -
         │ A                       E
         │ 极端贫困                 低碳未来
         └──────────────────────────→
                              人均GDP（美元）
```

图 4–1　人均排放曲线

法过上富裕的生活。形式上的平等可能在实质上并不平等，就像田径比赛，虽然人们都站在完全公平的同一条起跑线上，但对那些营养不良、买不起跑鞋、请不起专业教练的人来说，还没有开始比赛就已经输了。虽然处于同一条线，但对一些人是起跑线（发展中国家），而对另一些人（发达国家）可能是终点线。又如来自两个不同家庭的大学同班同学，虽然看似处于同一社会竞争起点，但可能意义却完全不同。一位同学来自贫民家庭，对他来说，考上大学意味着获得了站在起跑线、参与许多社会竞争的机会，如有资格进入某家著名企业，并通过几十年的努力成长为企业经理；而另一位同学就是这家企业的法定接班人，他一毕业就可能掌管这家企业。

发展中国家认为，只有以"人均累积排放"[①]为基础进行排放空间的分配才能产生实质上的平等。发达国家的人均历史累计排放是发

[①] 中国学者于 2008 年波兹南世界气候大会上首次提出"人均累积排放"概念。

展中国家的 10 倍，人均累积排放要求将发达国家之前占用的温室气体排放空间与剩余的排放空间一起进行分配。以《京都议定书》为代表的国际气候协议默认历史排放差异的合理性，只规定某个终止年份各国的减排百分比，这对发展中国家意味着要在当前的低人均排放基础上实现减排，使发展中国家永远达不到发达国家的发展水平。为了实现真正的平等，就必须放弃这种形式平等，而寻求更加公平的实质平等。

相比作为形式平等的人均排放，人均累积排放更为公平，要求为人均温室气体排放水平较低的国家留出一些排放空间，[1] 更有利于维护《联合国气候变化框架公约》中的"共同但有区别的责任"原则[2]。

人均历史累积排放的难点在于时间跨度的选择。一些中国学者支持以 1850—2030 年为时间跨度，计算各国的人均历史累积排放。计算结果如表 4-1[3] 所示。

从该表可以看出，1850—2004 年，全球人均历史累积排放二氧化碳 173.5 吨，虽然中国同期累积排放二氧化碳总量约占全球的 13.8%，居全球第二，但中国在此期间的人均历史累积排放只有 68.9 吨，仅为世界平均水平的一半左右，仅为美国的 6.2%，在全球排名第 92 位。

另外，实现人均历史累积排放权也存在以下困难：

（1）历史统计数据是否准确？由于缺乏准确的历史记录，对于各国历史排放量的计算大多是估计值，缺乏严格的精确性。

（2）国家是否又再分配给个人了呢？即使按照人均累积排放权将温室气体排放分配给了每个国家，各个国家也不一定分配给了个人，

---

[1] 潘家华、陈迎：《碳预算方案：一个公平、可持续的国际气候制度框架》，《中国社会科学》2009 年第 5 期。

[2] 丁仲礼等：《2050 年大气 CO_2 浓度控制：各国排放权计算》，《中国科学》（D 辑：地球科学）2009 年第 8 期。

[3] 王伟光、郑国光：《应对气候变化报告 2010：坎昆的挑战与中国的行动》，社会科学文献出版社 2010 年版，第 58 页。

从而可能违背了保护个体排放权的初衷。

表4-1　　1850—2030年15个国家及全球人均历史累积排放

单位：吨二氧化碳

国别	人均历史累积 及排名 1850—2004年	人均累积 （低排放情景） 1850—2030年	人均累积 （较高排放情景） 1850—2030年
全球	173.5	348.84	356.01
中国	68.9（92）	253.6	241.2
印度	23.3（122）	217.2	366.5
南非	286.3（43）	—	—
墨西哥	112.3（78）	287	297.8
巴西	49.7（99）	132	176.2
印度尼西亚	28.4（118）	—	—
韩国	187.3（60）	545.3	627.7
澳大利亚	598.0（17）	1253.7	—
美国	1105.4（3）	1828.8	1830.6
英国	1134.9（2）	—	1424.4
俄罗斯	626.6（15）	972.7	—
日本	334.2（36）	776.9	738.2
意大利	307.5（41）	—	535.3
德国	962.8（6）	—	1266.4
法国	525.0（23）	—	749.1

（3）前代人的排放对当代人有什么关系？这涉及代际气候正义问题。

（4）人口变化情况如何解释？只累积排放总量却不累积人口总数，用历史累积排放总量除以当前人口是否合理？无论是使用1990年的人口数量还是2005年的人口数量，都无法反映100多年来的人口变化情况。有的国家2005年刚好是人口高峰，而另一些国家则可能是人口低谷。这样是否公平？

（5）如何选择时间跨度才是公正的？如果仅仅以各国利益最大化为标准就是以结果定标准，而不是以公正为标准。

可见，虽然人均历史累积排放权深化了平等主义人均排放权，弥补了当前人均排放指标在量化历史责任方面的不足，更加真实地反映了各国在工业化发展阶段所消耗的资源和能源，能够在最大限度上保障所有人在地球公共资源利用、生存和发展方面获得公平发展的机会，但是要真正实现这种权利，还存在许多现实的困境。

第四节 善优先与权利优先

当代西方伦理学论争的焦点就是围绕着权利与善这两个概念展开的。但是，目前对权利与善的讨论仅限于政治哲学的理论思辨层面，而事实上，权利与善的冲突已渗透于当代现实生活的各个领域，气候变化就是其中之一。在应对气候变化中，权利与善之间的冲突难以避免。在气候变化背景下，应当强调不同国家的权利还是强调全球的公共安全？国家拥有哪些与气候有关的权利？这些权利在全球气候威胁之下是否应当受到限制和约束？在极端情况下是否可以"以善之名"侵犯这些权利？这类问题将传统政治哲学中国家内部个人权利与共同善的争论扩张到了国际范围。争论的核心问题是：如何才能在气候变化背景下建构一个更好的全球社会？是否只有压制发展中国家的发展权利才能使全球气候实现稳定？还是保护发展中国家的权利更有助于全球气候稳定的实现？

发达国家认为，在灾难性气候危机面前各国应放弃自己对权利的诉求，以维护整体的公共善；发展中国家则认为，正是由于地球上一部分人的权利没有得到保护，权利没有被公平地维护，才会导致气候危机。发达国家认为，发展中国家对生存与发展排放权的过度强调是导致气候变化进一步恶化的主要原因，因此，为了维护人类共同体的生存这一"大善"，只能牺牲发展中国家的某些权利，这是用"小恶"换"大善"。

发展中国家则认为，发达国家这是以善之名侵犯发展中国家的权利，其实质是维持当前不正义的国际秩序，使发展中国家保持落后，而发达国家继续享用其奢侈排放权。发展中国家指出，权利与善之间并没有真正的冲突，用损害权利换取的善不是"真善"，对一部分人不善而对整体善的东西是不存在的，"任何终极的善的事物也是内在的善的事物，亦即是无关乎其后果的善的，或者即使在单独来看时也会是善的"①。可见，正义是内在之善，保护发展中国家的基本生存与发展权就是正义的内在之善，是实现全球气候稳定的根本路径。

一 发达国家立场：善优先于权利

面对气候变化，发达国家以维护人类的共同善为由，要求限制个体的温室气体排放权利，要求发展中国家放弃对自身生存与发展权利的诉求。其实质是发达国家企图用气候稳定这一所谓的"共同善"来要求发展中国家放弃对"区别责任"的追溯，而承担与发达国家相同的气候责任——"共同责任"。发达国家认为，不同的权利诉求之间存在难以调和的冲突。例如，A国是严重依赖化石燃料开发与使用的国家，而B国是依赖气候条件的农业国，从权利的视角看，两国都有选择自己发展道路的权利。但如果各国的这些"权利"都得到满足，势必阻碍气候稳定这一全球共同善的实现，因此，权利话语不适合用于解决全球气候变化问题。

发达国家在气候变化问题上强调"善优先于权利"的理由是，稳定的气候是一种全人类的共同善，而发展中国家对权利的坚持会破坏这种共同善的实现。按照麦金太尔的界定，共同善是"那些所有参与这一计划的人认为是他们所共同享有的"② 东西，稳定的气候无疑是这样一种东西。共同善"对于每个个体的价值非常巨大。它通常比个人具有权利得到的任何个人物品的价值都要大"。③ 共同善的持续存在

---

① [英] 戴维·罗斯：《正当与善》，林南译，上海译文出版社2016年版，第133页。
② [美] 阿拉斯代尔·麦金太尔：《德性之后》，龚群、戴扬毅等译，中国社会科学出版社1995年版，第277页。
③ [英] 约瑟夫·拉兹：《公共领域中的伦理学》，葛四友译，江苏人民出版社2013年版，第41页。

需要许多个人的合作行为，甚至往往需要牺牲一部分人的权利，一个极端的例子就是有时共同体的生存有赖于它的某些成员自愿牺牲自己的生命。例如，在SARS等致命传染性病源大肆传播期间，为了实现公共健康而需要对个人的许多权利进行限制（如隔离疑似患者）。

在政治哲学上，发达国家"善优先于权利"的立场是一种共同体主义视角。共同体主义所针对的是过度原子化的个人主义社会对共同善的破坏，试图通过恢复西方社会的共同体传统来克服新自由主义所造成的社会危机，以共同善统领一切领域。共同体主义的政治理论也被称为"公益政治学"。[1] 按照共同体主义的理论，人类处于一个相互依存的重叠共同体之中，"人类生活都是在共同体中进行的"[2]，如果共同体不能得到维护，人类就无处容身。共同体主义把"善"作为人类生活的最高目的，以共同善作为人类的最佳生活形式。"共同善"之所以如此重要是因为：它是个人生活目的和价值的源泉；它是个人利益与群体利益的有机结合；它规定了共同体的生活方式；它保障了社会福利。[3] 共同体主义否认个体有对善生活的自由选择权，认为个体权利的实现无法离开他所在的共同体，个体利益只能在共同体内才能得到最佳理解。[4] 只有共同体才能保障个人自由与权利，因此我们应当把社会的共同善置于比个人权利更重要的地位或至少是"给予同等程度的重视"[5]。

虽然共同体主义强调善对权利的优先性，但共同体主义理论本身也存在许多难以克服的问题。它否认了个体在共同体形成中所起的作用，共同体规定个人只能顺从而无权反抗。它强迫个体为共同体的"共同善"做出贡献，并用共同体的善取代了个体对善的独立诉求。

---

[1] 俞可平：《权利政治与公益政治：当代西方政治哲学评析》，社会科学文献出版社2000年版，第235页。

[2] [美]米尔恩：《人权哲学》，王先恒、施青林等译，东方出版社1991年版，第68页。

[3] 钱宁：《"共同善"与分配正义论》，《学海》2006年第6期。

[4] [美]恩格尔哈特：《生命伦理学基础》，范瑞平译，湖南科学技术出版社1996年版，第356页。

[5] [加]威尔·金里卡：《当代政治哲学》，刘莘译，上海三联书店2004年版，第376页。

在共同体主义看来，只要是共同善就对个体构成前提，但却不考虑共同善是否合理的问题，更不考虑对共同善的追求是否会侵犯个体的权利。

共同体主义理论所适用的范围是政治国家内部，是否可以扩展到全球社会是存在疑问的。国家不像个人那样在一个相对封闭的政治共同体内部成长和生活，从而要受到该共同体的限制。虽然各国可能在国际气候合作中促进"人类命运共同体"的建构，但在这一共同体尚未形成之际就诉诸共同体主义的价值理念，要求各国为了稳定的气候这一共同善而放弃对自身权利的维护，就只会走向全球专制主义。"穷人和富人彼此争斗。一方想要一个更开明、更民主的政体，另一方却想要更有秩序、更温和节制的政体。"[1] 在国际气候合作中，发展中国家想要的是一个能保护其生存与发展权的"更开明"的国际气候协议，而发达国家想要的则是一个能维持其自身既得利益的"更有秩序"的国际气候协议。

即使发展中国家为了稳定的气候这一人类的共同善而放弃一些发展的权利，国际社会（主要是发达国家）也应为发展中国家的这种牺牲做出补偿。如罗尔斯的差异原则就要求社会和经济上的不平等要能够为弱势群体带来利益补偿，以"补偿由偶然因素造成的倾斜"[2]。在"共同善"这一"崇高"目标之下，发展中国家为应对气候变化所做出的牺牲都是其应尽的义务。可见，这一立场有助于发达国家推卸自身的历史责任。同时，这一立场也有利于发达国家树立"道德"形象：如果说"碳排放"正在毁灭地球，毁灭全人类——摧毁这一最大的共同善，那么，中国等坚持发展排放权的温室气体排放大国就是毁灭地球和人类的撒旦，而积极进行低碳发展的欧洲则是气候危机时代拯救地球和人类的"新耶稣"。[3]

---

[1] [法] 雅克利娜·罗米伊：《探求自由的古希腊》，张竝译，华东师范大学出版社2015年版，第33页。

[2] [美] 约翰·罗尔斯：《正义论》，何怀宏等译，中国社会科学出版社1988年版，第96页。

[3] 强世功：《碳政治：大国格局下的战略抉择》，《中国经济》2009年第9期。

二 发展中国家立场：权利优先于善

发展中国家则认为，发达国家在应对气候变化中所提出的"善"并不一定是共同善，即没有体现出共同性，它们不过是以"善"之名维护自身利益，阻碍发展中国家应有的生存与发展权。从发展中国家的立场看，权利是优先于善的，权利的保障是实现共同善的前提，只有在基本权利得到充分保障与实现的条件下，发展中国家才会主动承担应对气候变化的全球责任。因此，权利保护是实现气候稳定这一共同善的最佳途径。

发展中国家指出，强调善的优先性是对处于弱势地位的发展中国家的权利的漠视，以及对发达国家既得利益的保护。例如，发达国家可能会提出，可以饿死穷国以拯救地球。但是，发展中国家可能会说，为什么不是杀死人均排放量高的发达国家的人口来拯救地球呢？更严肃的问题是：如果要通过严重违反人权的方式——如饿死一部分人——来应对气候变化，那么，即使我们成功地稳定了气候，生活在这样一个"邪恶"的世界又有什么意义？用康德的话说，只有把人当作目的本身，社会才有伦理意义。无论在什么情况下，都不应突破社会的道德底线，要尊重人，使人成为人。

发达国家认为，稳定的气候就像不平等但稳定的世界秩序一样，是一种所谓的"共同善"，但发展中国家却认为，这种善的实现不应建立在对他们基本权利的侵犯的基础之上。"不应当允许任何人生活在某种特定的底线福利水平之下。……人们的生存权就是人们拥有的对于满足这些底线需要来说必不可少之手段的权利。"[①] 道理很简单，把反抗者关进监狱确实可以使社会太平（共同善），但只是暂时的太平罢了。历史告诉我们，这种建立在严重侵犯人权基础上的"太平"其实很不太平，必然招致更大的反抗。国际"气候秩序"的建构也是如此。

发展中国家从"权利优先"的立场出发，要求在应对气候变化时

---

① ［加拿大］查尔斯·琼斯：《全球正义：捍卫世界主义》，李丽丽译，重庆出版社 2014 年版，第 65 页。

保障他们的一些与温室气体排放相关的基本权利：

首先需要保障的是生存排放权。生存排放权是为了保障人的基本生活，因此是一种具有优先性的基本人权。由于温室气体排放与人的生存直接相关，任何人只要生存都会产生一些基本的温室气体排放——完全的零排放是不可能的。对许多穷人来说，他们的温室气体排放主要是用于满足日常生存需要，例如，在撒哈拉沙漠以南的非洲地区，一些国家总能源消耗的60%—80%被用于人们的家庭烹饪。[①]如果要大幅减少他们的排放量，就可能意味着将他们的一日三餐减少为一日一餐。一个人为了生存而排放温室气体有什么错？这种权利与人呼吸空气的权利一样，都是不可剥夺的。作为一种基本人权，生存排放权也是不可转让的，穷国不能把本国的这类权利出售给富国。"在一个社会中，当人们拥有他们有权利拥有之物时，正义就得到了实现。理想状态不是建立一种分配方式，而是保护大众的权利。"[②]

从传统环境伦理视角看，消费是造成环境危机的根源，因此，消费越多越恶。但这并不意味着所有的消费都是恶的。为了生存而进行的消费，即使会对环境造成严重破坏，也有存在的充分道德理由，是一种必要的消费，或"必要的恶"。人们无须为生存排放受到道德谴责，例如，穷人为了生存而捕鱼或砍伐森林就不应让位于应对气候变化的减排需求。与穷人为生存而排放的温室气体形成巨大反差的是富人为享乐而过度排放温室气体，后者在每个国家中都存在，尽管南半球中这些人不多，他们以空前绝后的方式占有和消耗一切，包括占用财产和汽车，去国外度假和使用娱乐设施。需要受到道德谴责的正是这种浪费型"奢侈排放"，奢侈排放者应承担更多的减排责任。

既然生存排放权是一种不可剥夺的权利，那么，是否能将仅仅消耗生存排放权的简朴生活作为一种普遍化的道德要求？实际上，简朴生活是一些人反省性的内在精神追求，但也只是一部分知识和道德精

[①] Benjamin K. Sovacool, *Energy & Ethics: Justice and the Global Energy Challenge*, London: Palgrave Macmillan, 2013, p. 11.

[②] ［加拿大］凯·尼尔森：《平等与自由：捍卫激进平等主义》，傅强译，中国人民大学出版社2015年版，第71页。

英的"奢侈"需求，而不能作为普遍性道德要求。除了基本的生存排放权，还需要保障一定水平的发展排放权。中国和印度等国家绝不希望时光倒流，回到自行车时代。

人类文明的进步并不要求人们不消费和少消费。文明的前进方向是人类的全面自我实现，这需要物质文明作为基础——不同于宗教世界的目标。不能要求人类退回到农业文明，退回到马车时代。咖啡还要继续喝，并且喝得更多、更好，但这并不意味着一定会对环境造成更大的破坏，因为咖啡可能是以更先进高效、更生态化的技术与管理方式种植的，生产和销售更本地化，运输距离更短。交通也是一样，虽然通行速度更快了，但可能比马车时代更环保（如太阳能飞机）。人类也是自然界的一部分，人类的需求也是自然界循环所必不可少的一部分。人的作用是"参赞天地之化育"（《周易·系辞传》），即参与自然界变化的过程。正如老虎捕食其他动物也有利于整体自然界的平衡和健康。燃烧自然界的甲烷和森林里的枯木（减少火灾）反而有利于减少温室气体。可见，重要的不是消费多少，而是消费的是什么。消费原本不是问题，而有问题的是消费的方式和内容。消费副作用的大小不仅与消费的总量有关，也与消费的结构有关。正如我国当前经济结构所面临的调整问题：GDP 总量固然重要，但 GDP 的结构更重要。如果 A 的消费总量比 B 高，这是否表明 A 的环境影响更大，并要承担更大的责任？可能 A 使用的是可再生能源或消费的更多的是由可再生能源生产的商品，B 使用的是传统的化石能源，A 的消费总量虽然比 B 高，但其消费所产生的温室气体排放反而比 B 低。可见，消费数量的多少不是进行环境伦理判断的唯一标准，还应考虑消费的结构及其环境影响。

当前大多数中国人的消费仍属于必要的生存消费和生活消费，是不可剥夺的消费权的一部分。正是由于仍有众多中国人的消费水平偏低，中国的人均消费水平较低，并为中国争取到了一定的发展排放空间。但是，要利用好这些宝贵的资源。如果用不好这些"穷人"所争取来的资源（或用到了富人头上），是极不正义的。当然，也有很大一部分富裕起来的中国人消费观念扭曲，高排放、高消费，对环境造成极大破坏，对社会造成极大的负面示范效应，对中国的国际形象造成负面影响，并使国际社会要求中国（尤其是中国的富人）承担更大的应对气候变化责任。

本章小结

综上所述，发达国家与发展中国家持有何种价值立场所反映出的是其深层的经济利益。这表明，各国应对气候变化的价值立场是以其经济利益为基础的，对其立场的伦理辩护也是为了维护其经济利益。在此，我们看到了伦理道德在经济利益面前的无助，伦理仅仅沦为经济的"帮凶"。或许这并非伦理学家的本意，但不同国家的伦理学家在国际气候博弈的舞台上却有意无意地选择了对其国家有利的价值立场。伦理学家们必须重视这一问题，在国际气候伦理讨论中用"无知之幕"屏蔽个人的民族国家身份信息，推动全球气候共识的达成，建构出真正符合全人类共同利益的应对气候变化的伦理原则，最终解决气候变化问题。

第五章　国际气候合作的伦理原则

在全球气候变化及其不确定性的背景下，我们面临两大伦理选择困境：是否应当积极行动以应对气候变化？如何在不同国家与人群之间分配应对气候变化的成本与收益？即是否行动与如何行动两类问题。历届联合国气候大会之所以无果而终，一个重要的原因就是各国在温室气体减排与分担的伦理原则上未能达成共识，各国一直坚守有利于自身的伦理原则。因此，在伦理层面达成共识就成为国际气候合作成功的关键与基础。

然而，伦理原则上的共识并不容易达成，即使经过充分的对话与讨论，人们也仍然可能难以达成共识，因为人们在讨论问题之前就已经有了不同的国家与民族身份、文化传统与价值立场。需要用"无知之幕"[①] 屏蔽人们的价值立场，为了实现共同的目标[②]，寻求实现"视域融合"与"重叠共识"[③]。

国际气候合作需要气候国际价值观，需要气候普世价值，或者需要全球气候治理的底线伦理原则，以及在底线伦理原则之上的中线伦理原则、高线伦理原则和上线伦理原则。可按从消极到积极的顺序建构不同维度的全球气候治理之伦理原则：为保障基本生存与发展排放权的作为底线伦理原则的"非伤害原则"、为促进代内气候正义的作

[①] 罗尔斯在《正义论》中提出了"无知之幕"（veil of ignovance）理论。"无知之幕"用于屏蔽人们对个人角色的信息，以使他们公正客观地确定正义原则。

[②] 借用《周易》的命题："天下同归而殊途，一致而百虑"（《周易·系辞下》）。

[③] "重叠共识"不仅是一个理论问题，而且是一个实践问题。在不同国家与人群之间达成气候变化原则的重叠共识，关键在于人们都以高度负责的态度参与到共同的应对气候变化历史实践中去。

为中线伦理原则的"共同但有区别的责任原则"、为维护代际气候正义的作为高线伦理原则的"风险预防原则",以及为实现全球气候正义的作为上线伦理原则的"能力原则"。本章所提出的这些应对气候变化的伦理原则正是通过对具有最广泛认同的基本价值的探讨,力图找到一种应对气候变化的人类共识。

第一节 底线伦理原则:非伤害原则

要寻找伦理共识,首先需要探寻能够为所有(或绝大多数)国家和人群所普遍接受的伦理原则,并以之为不可突破的下限或底线。这种底线伦理原则的目的是保障人的基本生存权利与人格尊严不受任意侵犯,使人能够成为康德意义上的目的本身。无论是儒家"己所不欲,勿施于人"的基本精神,基督教的金规——"你们希望人怎样待你们,你们也得怎样待人"(《圣经·马太福音》和《圣经·路迦福音》),伊斯兰教所说的"你们当中,谁若不想要兄弟得到他自己想要得到的东西,谁就不是信徒"(《纳瓦维四十圣训集》),还是自由主义的基本政治哲学都支持不对他人任意伤害的"非伤害原则"。因此,"非伤害原则"能够成为最普遍的价值共识,并且由于它所保护的是人们的基本权利,因而可以作为一种底线原则,并可能适用于全球气候治理。

气候变化之所以会成为全球关注的焦点,是因为人们担心会受到气候变化的伤害。事实上,气候变化已经对不同国家、地区、人群及其他生物造成了多方面的严重伤害。例如,全球变暖使一些小岛国和低海拔地区的荒漠化与干旱程度越来越严重[1],一些国家和地区的农

---

[1] 全世界大约有1/3的人口生活在沿海岸线60千米的范围内,经济发达,城市密集。全球气候变暖导致的海洋水体膨胀和两极冰雪融化,可能在2100年使海平面上升50厘米,危及全球沿海地区,特别是那些人口稠密、经济发达的河口和沿海低地。这些地区可能会遭受淹没或海水入侵,海滩和海岸遭受侵蚀,土地恶化,海水倒灌和洪水加剧,港口受损,并影响沿海养殖业,破坏供排水系统。

业生产已经受到严重威胁①，从而影响粮食安全②。对人类而言，健康伤害是一种最直接、最严重的伤害。气候变暖却不断威胁着人类的健康。气候变化通过热浪、风暴、洪水、干旱、台风等极端气候事件对人类造成健康伤害。气候变化会增加心脑血管疾病的死亡率，加速传染病的蔓延，提高癌症等疾病的发病率。③气候变化不仅会造成伤害，而且其所造成的伤害还会不成比例地降临在发展中国家、穷人和未来世代身上，因为他们适应气候变化的能力较低④。因为政治、经济、教育与基础设施建设等方面的原因，发展中国家会受到气候变化更多的伤害。⑤

一 作为底线伦理原则的非伤害原则

全球气候治理需要国际价值观，需要普世价值，或者需要全球气候治理的金规，以及在金规之下的二级伦理规则和具体实践规则。因此，首先需要讨论普世价值是否可能存在，如果存在，会是哪些基本的价值？如果不存在，是否可能达成一些权宜之计的共识？

无论人们做什么事情，总有一些不能突破或违反的底线。在底线伦理要求上，人们最容易达成共识。底线伦理规范是更高伦理要求的基础。底线伦理的目的是防止人"作恶"或互相伤害，使人与人之间的相处脱离"人对人是狼"的原始状态，为人的生存与发展保驾护航。底线伦理就是使社会屹立不倒的地基，是所有社会都应普遍遵守的伦理原则。

---

① 随着二氧化碳浓度增加和气候变暖，可能会增加植物的光合作用，延长生长季节，使世界一些地区更加适合农业耕作。但全球气温和降雨形态的迅速变化，也可能使世界许多地区的农业和自然生态系统无法适应或不能很快适应这种变化，使其遭受很大的破坏性影响，造成大范围的森林植被破坏和农业灾害。

② IPCC, "Summary for Policymakers", in *Climate Change* 2007: *Impacts, Adaptation and Vulnerability*, Contribution of Working Group Ⅱ to the Fourth Assessment Report of the IPCC, Cambridge, UK: Cambridge University Press, 2007, p. 75.

③ 周晓农：《气候变化与人体健康》，《气候变化研究进展》2010年第4期。

④ IPCC, *Climate Change* 2001: *Synthesis Report*, Contribution of Working Groups Ⅰ, Ⅱ, and Ⅲ to the Third Assessment Report of the Intergovernmental Panel on Climate Change, Cambridge, UK: Cambridge University Press, 2001, p. 16.

⑤ 崔彦红、高凌：《应对气候变化，保护人类健康——2008年世界卫生日主题》，《医学信息学杂志》2008年第29期。

约翰·密尔提出的"一条极其简单的原则"——非伤害原则（do no harm principle）已经得到最大多数人的认同，被认为是一种维护自由主义社会的底线伦理原则，因为非伤害原则可以保障人类生存与安全的基本权利。正如芬伯格所说，"没有一个负责任的理论家会否认非伤害原则的正确性"。[1] 密尔指出，只有当出于自我防卫的目的或防止伤害时，才可以干涉他人的行动自由。[2] 在密尔看来，如果一个人的行为只涉及自己，社会就不应干涉其自由；如果一个人的行为危害了他人，就要受到社会的惩罚。非伤害原则之所以能够成为底线伦理原则，是因为它能够获得最大多数人的认同，也能在最大范围内被人们执行。[3]

以塞亚·伯林把自由区分为积极自由和消极自由。非伤害原则所保护的是一种消极自由。消极自由比积极自由更容易获得共识。消极自由仅仅要求个人的行为与选择不受他人的任意干涉，并不对自由的具体内容做出诉求；而积极自由则要求个人具有实现自由的工具和能力，要求社会为个人提供更多的资源与机会。伯林认为，只应当追求消极自由的实现，而不应追求积极自由的获取；积极自由是一种前现代的理想，只有消极自由才是现代人的理想。消极自由更容易达成共识的原因是，"积极进取"的积极自由容易被人性中的"恶"所利用，从而造成人们仅仅追求有利于他们自己却伤害他人的事情发生。

道德规范是每个人从理性的角度出发都必须赞同的。具有普遍有效性的道德规范是一种客观存在的规范，而且通常人们也承认它是客观、无偏见的规范。[4] 非伤害原则就是这样一种道德规范，它也易于达成罗尔斯所说的"重叠共识"。罗尔斯指出，"重叠共识"是指无论人们持有何种宗教、政治、哲学和道德观念都支持的观念。[5] 非伤

---

[1] Joel Feinberg, *Harm to Others*, Oxford: Oxford University Press, 1984, p.14.
[2] [英]约翰·密尔：《论自由》，许宝骙译，商务印书馆1998年版，第10—11页。
[3] 甘绍平：《应用伦理学前沿问题研究》，江西人民出版社2002年版，第65页。
[4] [德]诺博托·霍尔斯特：《何为道德：一本哲学导论》，董璐译，北京大学出版社2014年版，第21页。
[5] [美]约翰·罗尔斯：《作为公平的正义》，姚大志译，中国社会科学出版社2011年版，第44页。

害原则在自由主义、儒家、基督教和伊斯兰教中都能找到相应的规范。

儒家对"非伤害原则"的表达是《论语》中的"己所不欲,勿施于人"。赵汀阳认为,"己所不欲,勿施于人"表面上体现的是对他人的善意,但实质上却隐藏着主体观点和政治霸权,因为其思维出发点是"己",它只考虑到"我"不想要的东西就不要强加于人,却完全没有去考虑他人真正想要的是什么,这意味着,只有"我"才有权判断什么东西是普遍可欲的和什么事情才是应该做的。他认为,价值决定权以及游戏规则决定权才是最严重的政治问题。他提出,应当把金规改为"人所不欲,勿施于人"。他认为,这是一条"无人被排挤"原则。[①] 赵汀阳希望通过修改体现出对他人的尊重。但无论是"己"还是"人",都不希望受到他人的伤害,两种表述都反对伤害他人,因此,无论是否修改,都与非伤害原则是一致的。儒家的这一思想体现了对持有不同价值立场的他者的宽容与尊重。在这一思想中已经蕴含了自由主义的理念。

在西方自由主义传统中,自由被看作一种重要价值,如无必要,不得被削减。但是人们普遍承认,在某些情况下,限制自由是正当的,这些情况关系到对他人的伤害。正如密尔在《论自由》中所说,如果限制一个人的自由对于防止对他人的伤害来说是必需的,那么所谓的伤害原则就证成了对自由的这种限制。自由主义的非伤害原则表明,只要不伤害别人,一个人就可以自由地做自己想做的事情。当然,此处的"伤害"不仅包括直接伤害,还应包括间接伤害,甚至只是影响。

基督教的"黄金定律"有积极作为和消极不为两种版本。积极作为版本这样表述:如果人们希望他人用某种方式对待自己,那么他们就应该用同样的方式对待他人。消极不为版本的表述是:如果人们不希望他人用某种方式对待自己,那么他们同样不应该用这样的方式对待他人。积极作为版本要求采取某些行动,而消极不为版本则是对某

[①] 赵汀阳:《每个人的政治》,社会科学文献出版社2014年版,第77—79页。

些行动的禁止，即对放弃某种行为的命令。① 消极不为版本是：如果不愿意别人对我们做某些事情，那么，我们也不能对别人做这些事情。积极作为版本是：如果希望别人对我们做某些事情，那么，我们就必须为别人做这些事情。无论哪一个版本，都蕴含这样一种伦理要求：在为别人做事情的时候，应该想象一下，别人是如何从他们的角度来看你的。

二 非伤害原则之气候伦理意蕴

气候变化会引发各种伤害，"对在经济、政治和环境上的边缘人群造成了混合性的不正义问题"②，因而是需要极力避免的。避免伤害是一项最为基本的底线伦理原则，因而非伤害原则可以作为一种应对气候变化的底线伦理原则。用非伤害原则应对气候变化，使气候变化成为一个超越狭隘利益偏好的伦理道德问题。③ 它要求国际社会（尤其是发达的工业化国家）积极行动起来，为了避免对一些国家与人群造成伤害而减少温室气体的排放。

非伤害原则要求"人所不欲，勿施于人"，因此，首先要找到各国所"不欲"的是什么，这些"不欲"是否会使其受到伤害，是否具有道德合理性，是否应当得到尊重和保护。发展中国家所"不欲"包括贫困、环境污染、社会不公等，因此，应对气候变化的政策不能加重这些"不欲"项。非伤害原则要求发达国家不要将污染转移到发展中国家，否则就是对发展中国家的伤害。

然而，资本主义的经济理性却常常忽视非伤害原则，认为伴随经济运行效率最大化而产生的污染与伤害是不可避免的。说污染和温室气体是不可避免的是缺乏逻辑的。没有人必须需要私人飞机或昂贵的游艇，还有其他由现代工业生产出的不必要的物品。确实需要在奢侈

---

① ［德］诺博托·霍尔斯特：《何为道德：一本哲学导论》，董璐译，北京大学出版社2014年版，第51页。
② Gordon Walker, *Environmental Justice: Concepts, Evidence, and Politics*, London: Routledge, 2012, p. 179.
③ Paul Baer and Ambuj Sagar, "Ethics, Rights and Responsibilities", in Stephen H. Schneider etc. eds., *Climate Change Science and Policy*, St. Louis: Island Press, 2010, p. 264.

项目上减少浪费资源，以确保经济活动能满足人们的基本需求并为下一代和非人类生物留下必要的资源。资本主义对效率的优先考虑，是对非伤害原则的全面违反，并为未来的气候变化带来不可预料的风险。在英国，对汽车工业的国家支持，就体现了资本主义的经济增长优先于公平的资本主义原则。[①]

功利主义对于减排与伤害关系的反驳，从另一个方面反映了政府公共选择上的一个传统困境：公平与效率何者优先的问题——是优先发展经济（而非降低排放）提高人们免受（气候变化）伤害的能力，还是通过对有限排放空间的公平分配——即降低排放，实现人们不受（因过度排放所造成）伤害的权利？由于这是一个"后实利主义时代"，因此，人们对健康、安全与公平的选择应当"优先于对经济利益和政治权力的追求"[②]。

然而，仅仅减少温室气体排放量就足以防止气候变化造成的伤害吗？减少温室气体排放只能减缓当前的全球变暖趋势，使气候变化的不利影响减少，但是减排并不能保证对所有人的伤害都会减少。首先，温室气体排放和全球变暖的影响是不均衡的，对一些国家和地区（如寒冷的北极地区、加拿大、格陵兰岛、俄罗斯的西伯利亚地区等）或许会带来利益（如农业种植面积增加，取暖支出减少），而减排所造成的气候停止变暖则会使他们损失这些利益，从而造成间接伤害。其次，许多发展中国家由于尚未完全脱贫，还需要通过继续增加温室气体排放以提升人民生活水平，要求这些国家大幅减排可能会导致严重的饥荒，对他们造成巨大伤害。因此，适度增加发展中国家的温室气体排放量反而更有助于其防止伤害或提高其应对气候变化的能力。

因此，非伤害原则也具有环境正义的伦理意蕴，它要求充分考虑不同国家的具体受益或受损情况，不能通过伤害一部分人而使其他人受益。鉴于气候变化对不同国家影响的不均衡性，发达国家有可能将

[①] ［英］简·汉考克：《环境人权：权利、伦理与法律》，李隼译，重庆出版社2007年版，第114页。

[②] 杨通进：《预防原则：制定转基因技术政策的伦理原则》，《南京林业大学学报》2008年第3期。

污染产业和温室气体排放量大的产业转移到发展中国家,这种不合理的国际产业结构和分工对发展中国家无疑是一种伤害。这种掩耳盗铃的污染转移方式不仅不正义,也不可能真正解决气候变化问题,因为与传统的区域性环境污染不同的是,无论把工厂转移到哪里,所排放的温室气体都不会脱离地球,都会加剧全球气候变化。如果发达国家拥有减缓和适应气候变化的充足资金和技术,但任由气候变化对贫困人口造成伤害,或者要求发展中国家的穷人为了应对气候变化而减少自己的生存排放,这明显是不道德的。这也体现出应对气候变化的系统性,不能将气候变化仅仅视为一个环境问题,还需要将其视为一个社会问题,注重其蕴含的公平与正义要素。如果不顾不同国家与人群的差异而要求所有人都承担相同的应对气候变化责任,就是对穷人和穷国生存与发展权的剥夺,对他们造成更大的伤害,也无法达成全球共识,从而无助于气候危机的解决。

在国际气候合作中,作为一种底线伦理原则的非伤害原则有助于保障发展中国家的生存与发展。一方面,各国不能通过自身的高排放对其他国家和人民造成伤害;另一方面,也不能以应对气候变化为名,限制发展中国家的基本发展需求,因为发展是发展中国家抵御气候伤害的根本途径。应对气候变化不应使人们成为没有自由的穷人,[1]不应该使人死于饥饿或没有住所,[2] 不应使人们因为贫困而失去做人的尊严。[3] 可以想见,如果孟加拉国通过经济发展而脱离了贫困,提高了适应气候变化的能力,实现了城市化和现代化,就不会有那么多人继续居住在河水泛滥地区依赖农业为生,人们受到气候变化的伤害也会大幅减少。

我国恰恰是由于认识到不发展就会使人民受到气候变化的更大伤

---

[1] [美]大卫·哈维:《新自由主义简史》,王钦译,上海译文出版社2016年版,第192页。

[2] [印度]阿马蒂亚·森:《贫困与饥荒》,王宇、王文玉译,商务印书馆2001年版,第30页。

[3] [美]德尼·古莱:《残酷的选择——发展理念与伦理价值》,高铦、高戈译,社会科学文献出版社2008年版,第260页。

害,而通过发展提高适应能力可以防止气候伤害,所以才坚持认为气候变化不仅是环境问题,而且是发展问题。非伤害原则要求在国际气候合作中保障发展中国家的发展权,也要求发达国家进一步减少温室气体排放,以减少气候变化对弱势国家与群体的伤害。

第二节 中线伦理原则:共同但有区别的责任原则

无论何种全球气候协议,只要广大发展中国家认为不公平和不正义,就不会有效,因此,国家之间的气候公平与气候正义是国际气候合作的基础。由于各国对气候变化的贡献以及气候变化对各国的影响差别巨大,因此,国际气候合作中争论的核心问题就是如何分配应对气候变化的责任。如西蒙·凯里(Simon Caney)就认为,在应对气候变化上存在两类正义问题:避免伤害的正义以及分配负担的正义。[1] 避免伤害问题可以用作底线伦理的非伤害原则的指导,但要解决更为具体的责任分担问题,就需要比底线伦理原则要求更高的中线伦理原则的指导。分配的核心伦理精神是公平,这一精神也应当体现在用以指导责任分配的伦理原则中。《联合国气候变化框架公约》中所提出的"共同但有区别的责任原则"作为国际环境法领域的一条基本原则,充分考虑了各国对气候变化的历史责任及其应对气候变化的能力,反映了中国和广大发展中国家的国际角色定位——发展中国家,[2] 较好地考虑了代内不同国家之间的公平问题,可以作为全球气候治理的中线伦理原则。

一 平等主义责任分担是否正义

在国际气候合作中讨论最多的责任分担原则就是污染者付费原则

---

[1] Simon Caney, "Two Kinds of Climate Justice: Avoiding Harm and Sharing Burdens", *Philosophy, Politics & Society*, Vol. 22, No. 2, 2014, pp. 125–149.

[2] 郭锦鹏:《应对全球气候变化:共同但有区别的责任原则》,首都经济贸易大学出版社2014年版,第421—422页。

（PPP，Polluter Pays Principle）和受益者付费原则（BPP，Beneficiary Pays Principle）。污染者付费原则针对的是污染主体的"历史"污染行为，要求谁污染谁治理，或谁污染罚谁的款。在国际气候合作中，虽然这一原则有利于追溯发达国家的历史排放责任，要求它们为当前的气候变化更多地付费，但实际上该原则却对发展中国家提出了更多的要求，因为它要求当前的排放大国（主要是发展中国家大国）要为当前和未来的气候变化越来越多地付费。污染者付费原则的最大困难在于很难找到历史上的污染主体，他们可能早已去世（如 100 多年前的温室气体排放者），企业可能已经倒闭，因此找来找去，只能找到现在仍然"健在"或正在排放的污染者，这相当于在客观上忽视了过去污染者的责任。可是当前的排放大国恰恰是正在大力发展经济的发展中国家，他们既无力付费，也不应当成为付费的主力。由于发达国家的当前公民可能会将污染责任推卸给其前辈而拒绝为污染付费，因而人们转向另一条更为"现实"的"受益者付费原则"——谁受益谁付费，只要受益者还活着就要为其因污染而获得的利益付费。当前的发达国家公民明显都从其前辈的温室气体排放中受益了，因为其前辈的高排放行为所创造的经济收益使其后代能够享受良好的教育、医疗与基础设施等。虽然受益者付费原则有利于找到付费主体，但他们却不一定愿意付费。当前的受益者可能会反驳道：他们并非污染者，他们当前的利益与其先辈过去的污染之间没有直接的联系，他们即使间接受益了但却缺乏付费的能力（发达国家也有穷人）等。可见，这两条原则都会遭遇一些困难，其原因在于对历史和现实责任的分配不够公平。

人们之所以会对一些分配结果感到不公平，是因为认为自己没有被平等对待（equal concern），或者说自己的权利没有得到平等尊重。"真正的自由，必须建立于平等之上，否则只是少数人的自由。"[1] 罗尔斯试图通过改变和重构社会的基本结构以防止政治经济力量的过分

---

[1] 徐复观：《中国人性论史》，九州出版社 2013 年版，第 366 页。

集中,① 使人们获得"公平的机会平等",从而使人们获得真正的公平感——因为"机会和职位"向所有人开放,剩下的就靠个人努力了。道德平等观认为,人们必须作为具有平等价值的道德人而被对待。"平等应当被视为一种目标——一种基本的人类善,既是工具性的善,也是内在固有的善。还存在一种对平等的解读,即:平等是一种权利。"② 但反平等主义者迅速提醒我们,这并不意味着我们必须或应当完全平等地对待每一个人。平等的社会环境如果是合理的、可能的,那么它是一种内在的善,可以通过人们之间公平的关系获得,至少是平等应得的人之间的内在价值取向。平等虽然是一种内在的善,却不是唯一的内在善,因为在一些情况下,有限的财富不平等将会为所有人,包括那些最少受惠者,创造更多的物质成果。在一个充分发展的无阶级和无阶层的社会——未来的共产主义社会——善不是按照平等或基于劳动(功绩或资格的某种形式)来分配,而是按照需要来分配。③

  平等对待原则要求给予每一个人相同数量的温室气体排放份额,因为温室气体排放权作为一种"全球公共财富",也应当按人头进行平等分配。④ 发达国家公民无权获得更多的温室气体排放权,发展中国家的公民也有相同的排放权利。⑤ "一人一份"排放份额也是西方国家"一人一票"民主原则在气候变化领域的体现。⑥ 根据 IPCC 的研究报告,气候变暖幅度控制在 2℃ 以内才是安全的。与此相应的大

---

① [美] 约翰·罗尔斯:《作为公平的正义》,姚大志译,中国社会科学出版社 2011 年版,第 57 页。
② [加拿大] 凯·尼尔森:《平等与自由:捍卫激进平等主义》,傅强译,中国人民大学出版社 2015 年版,第 3 页。
③ Mihailo Markovic, *The Contemporary Marx*, Nottingham, England: Spokesman Books, 1974, p. 137.
④ Anil Agarwal and Sunita Narin, *Global Warming in an Unequal World: A Case of Environmental Colonialism*, New Delhi: Center for Science and Environment, 1991, p. 13.
⑤ Dale Jamieson, "Adaption, Mitigation and Justice", in Walter Walter Sinnott-Armstrong & Richard B. Howarth eds., *Perspectives on Climate Change: Science, Economics, Politics, Ethics*, Elsevier, 2005, p. 231.
⑥ [美] 彼得·辛格:《一个世界:全球化伦理》,应奇、杨立峰译,东方出版社 2005 年版,第 34、40 页。

气中二氧化碳浓度是不超过 450ppm。要确保这一目标，就应当使 2050 年时的全球排放总量限制在 200 亿吨以内。联合国预计全球人口到 2050 年时将达到 90 亿，因此，据平等对待原则，人均分配到的二氧化碳排放量为 2 吨左右。如果人均应得的排放量为 2 吨，那么，早在 2006 年时，大多数发达国家公民的排放量就已经远远超过了其应得份额，而发展中国家公民却远未实现其应得份额。例如，美国、加拿大和澳大利亚的人均排放量接近 5 吨，德国、英国和日本的人均排放量也接近 3 吨，而中国、巴西和印度的人均排放量都远低于 2 吨。[①]一些学者主张以 2 吨为标准作为分配全球温室气体排放份额和减排责任的重要依据。[②]

但是由于气候变化对富国/富人的影响与对穷国/穷人的影响是不对称的，同时，对气候变化最负有责任的国家/人群与受气候变化影响最大的国家/人群之间也是不对称的，因此，必须在应对气候变化政策中体现平等对待的原则，以改变这种不平等的状况。

有四种方式理解排放不平等与气候变化义务，每一种方式都反映了一种对公平的不同社会理解。这四种方式是：①依据权利原则的排放基数（grandfathering）（即各国应以一个基准年——如 1990 年——为标准进行减排，这也是《京都议定书》的基础），据此原则，每个人对他们所拥有或创造的东西有权利；②碳强度路径，常与单位 GDP 的二氧化碳排放相联系，体现了功利主义原则：无效的解决方案也是不正义的，因为没有共同收益（joint gains），每个人都会变得更糟糕；③历史责任路径，关注各国在大气中制造了多少温室气体，这是"污染者付费"（polluter pays）原则的基础；④平等人均排放权路径，与平等主义原则一致：每个人对全球公共物品（例如大气稳定性）都应

[①] 我国的人均排放量于 2006 年首次超过了全球的人均排放量，相关材料参见"二氧化碳信息分析中心"（Carbon Dioxide Information Analysis Center）的网页：http://cdiac.ornl.gov/，2017 年 9 月 25 日。

[②] 胡鞍钢：《通向哥本哈根之路的全球减排路线图》，http://www.chinadialogue.net/article/show，2017 年 9 月 25 日；诸大建：《哥本哈根会议与低碳经济革命》，《文汇报》2009 年 10 月 31 日第 3 版。

有平等的权利。罗伯特与帕克斯（J. Timmons Roberts & Bradley C. Parks）指出：这些不同的平等观在很大程度上是由各国在全球经济与政治权力等级中所处的迥异地位所造成的。[1]

《京都议定书》的减排方案所体现的是一种排放基数原则（grandfathering principle）。该原则以排放限制开始实施前的一个基准年为标准分配排放份额。该原则要求考虑各国历史上某个排放高峰时期的排放规模，并在此基础上进行一定比例的减排。如，到2010年，欧盟要在1990年的排放水平上减排8%，美国在1990年的排放水平上减排7%，日本在1990年的排放水平上减排6%，而俄罗斯则无须减排。

虽然该方案的出台便于量化减排指标，有利于促进发达国家的配合，[2] 但是，该方案在谈判初期就被发展中国家所拒斥，因为它难以获得伦理上的辩护。虽然排放基数原则在政治操作层面可行，但对排放大国做出的这种妥协和让步却是不公正的。根据排放基数原则，历史上的排放大国可以获得较大的人均排放份额，而欠发达国家和发展中国家只能获得较小的人均排放份额。这种做法将严重危害欠发达国家和发展中国家的发展，使它们的人民难以摆脱贫困和欠发达的状态。同时，排放基数原则不仅没有对排放大国的历史排放行为进行惩罚，反而通过给予它们较多的排放份额而对它们的历史排放行为加以奖励。这是对平等对待原则的公然违背。可以通过平等对待原则对排放基数原则进行修正和补充。排放基数原则设定了一个减排的基准年，但我们还应当设定一个目标年。这一目标年所重点考虑的不是《京都议定书》中的具体的减排率，而是人均排放权的实现程度。[3]

---

[1] J. Timmons Roberts & Bradley C. Parks, "A 'Shared Vision'? Why Inequality Should Worry Us", in Karen O'Brien et al. eds., *Climate Change, Ethics and Human Security*, Cambridge University Press, 2010, p. 68.

[2] Simon Caney, "Justice and the Distribution of Greenhouse Gas Emissions", *Journal of Global Ethics*, 2009, Vol. 5, No. 2, 2009, p. 1.

[3] 这一目标年可能很遥远，例如2060年或2080年。

平等对待原则在气候变化问题上的应用存在分歧：是给予每个国家以平等的排放权（外部平等），还是给予全球每个人以平等的人均排放权（内部平等）？是平等分配当前和未来的年度排放量，还是平等分配过去和现在的累积排放量？

发展中国家认为，必须充分地考虑发达国家的历史排放，以各国在一定历史时期内的累积温室气体排放量作为责任分配的计算基础。如果仅考虑各国当前的排放水平，要求各国都以当前的排放水平为基础进行减排，那么发展中国家就无法继续发展，更不可能达到发达国家的发展水平，并且还要承受发达国家在历史上未曾承受的生态成本。这意味着要让发展中国家来偿还发达国家在工业化进程中所积累的生态债。因此，需要公平分配的应当是发达国家从温室气体排放所获得的累积利益。

用"人均一份"的平等主义分配应对气候变化的责任既不道德，也不正义。首先，按人口数量分配温室气体排放份额会引发各国的人口生育竞赛，这是反人性的。并且各国的人口年龄结构不同，人口高峰期差异很大，以哪年的人口数量为分配依据都会对一些国家有利而对另一些国家不利。其次，由于人们生活的自然环境和资源禀赋不同，各国人民生活所需的能源与排放量差异巨大，因此，平等主义分配对一些国家和地区来说也不公平。实际上，"需要"也是分配正义的判断标准。① 一个德国人的生态足迹要 10 倍于一个莫桑比克人的生态足迹，而一个俄罗斯人从地球上获得了和一个德国人同样多的资源，却不能从这些资源中获得哪怕是一种体面的生活水平。② 最后，平等主义分配不考虑发达国家的历史排放责任。历史上，发达国家的二氧化碳排放峰值都远远高于人均 2 吨，③ 如果要求发展中国家的排

---

① ［加拿大］凯·尼尔森：《平等与自由：捍卫激进平等主义》，傅强译，中国人民大学出版社 2015 年版，第 4 页。
② ［美］德内拉·梅多斯、乔根·兰德斯、丹尼斯·梅多斯：《增长的极限》，李涛、王智勇译，机械工业出版社 2013 年版，第 118 页。
③ 丁仲礼等：《2050 年大气 CO_2 浓度控制：各国排放权计算》，《中国科学》（D 辑：地球科学）2009 年第 8 期。

放峰值限制在 2 吨以内，就是变相将减排的压力转嫁给发展中国家，这也是不正义的。要在排放配额分配中体现实质的平等，就需要在人均排放量的基础上给予发展中国家以"合理的配额补偿"①。

二 共同但有区别的责任原则与代内正义

国际社会之所以能就气候变化问题进行持久的合作与谈判，除了人类的共同使命感，也与共同但有区别的责任（common but differentiated responsibility）原则的提出及其所获得的认同有关。共同但有区别的责任原则最早出现于 20 世纪 70 年代初的斯德哥尔摩人类环境会议。从 20 世纪 80 年代末起，该原则日益成为国际谈判中的一项规范用语。1992 年，《联合国气候变化框架公约》开放签字，第四条正式明确了"共同但有区别的责任"②。1997 年，《京都议定书》第十条确认了该原则，它规定了发达国家的量化减排义务，却没有对发展中国家的减排义务做出明确规定。

共同但有区别的责任原则区分了两种责任："共同责任"与"区别责任"。"共同责任"是前提和价值基础，正是因为各国都认同应对气候变化是一种不可推卸的共同使命，国际社会才会坐下来进行气候谈判。地球生态系统的整体性决定了仅凭少数国家的努力无法扭转气候危机。但如果只有"共同责任"，就不需要谈判了，谈判的关键就是如何界定公平的"区别责任"。如果没有公平的"区别责任"，让历史排放量大且拥有资金和技术实力的发达国家与尚在努力消除社会贫困的发展中国家承担"共同责任"，国际气候谈判必定永远无果而终。

从 1750 年到 1950 年的 150 年间，发达国家因工业革命而排放了

---

① 张坤民：《低碳经济：可持续发展的挑战与机遇》，中国环境科学出版社 2010 年版，第 242 页。

② 共同但有区别的责任原则在《联合国气候变化框架公约》中的体现与贯彻，离不开包括中国在内的广大发展中国家的共同努力。1991 年 6 月，中国邀请了 41 个发展中国家在北京召开"发展中国家环境与发展部长级会议"。召开此次会议的主要原因是发达国家企图逃避在气候变化问题上的历史责任。会议所通过的《北京宣言》较为集中地体现了发展中国家的利益诉求，强调发达国家必须立即采取行动，减少温室气体排放，并且近期内不能要求发展中国家承担义务。

全球95%的二氧化碳；从1950年到2000年的50年间，发达国家排放了全球77%的二氧化碳。美国人口仅为全球人口总数的4%，但其排放量却占全球总量的20%。发达国家20%的人口要为60%以上的温室气体排放负责。如果算上历史排放，则超过80%。[1] 由于二氧化碳在大气中的寿命长达50—200年，因此，发达国家近200年排放的二氧化碳仍然在制造着当前的气候变化。可见，发达国家的累积排放是全球变暖的主要肇因，它们有义务对气候变化应对付出更多的努力。然而，遗憾的是，发达国家并不愿意承担"更大的责任"，也不愿意减少发展中国家的责任。[2]

在国际气候合作中，发达国家更愿意讨论"共同责任"的另一个伦理原因是，认为气候变化首先是一个代际气候正义问题，因为气候变化的伤害对象主要是未来世代。因此，当代人，无论穷富都应当为了子孙后代不受气候变化的伤害而共同承担责任，如果当代人用各种理由拖延应对气候变化行动，就是对未来世代的不正义。一些发达国家以"共同责任"为名，要求发展中国家承担与发达国家同样多的减排责任，从而将"共同责任"变成了发达国家逃避"区别责任"的挡箭牌。

但发展中国家却更愿意讨论"区别责任"，认为气候变化首先是一个代内气候正义问题，许多当代人已经成为气候变化的受害者，而且发达国家工业化时期的超额温室气体排放是气候变化的主要肇因。如果发展中国家为了所谓的未来世代的利益而放弃排放和发展，那么最终保护的可能只是发达国家的后代，而发展中国家的后代仍将继续生活在贫困之中。对于许多发展中国家来说，当前最重要的问题是"今天的晚餐"如何解决，而不是去想"明天的世界"如何。[3] 如果

---

[1] J. Timmons Roberts & Bradley C. Parks, "A 'Shared Vision'? Why Inequality Should Worry Us", in Karen O'Brien et al. eds., *Climate Change, Ethics and Human Security*, Cambridge University Press, 2010, p. 68.

[2] 谷德近：《巴厘岛路线图：共同但有区别责任的演进》，《法学》2008年第2期。

[3] 华启和：《气候博弈的伦理共识与中国选择》，社会科学文献出版社2014年版，第195页。

发达国家不关心当前活着的全球穷人，不愿意解决现实存在的全球不正义问题，我们怎能相信它们是真的关心未来世代和代际气候正义问题呢？共同但有区别的责任原则既体现了发达国家对全球气候治理应负担的历史责任，又兼顾了发展中国家的发展诉求，对平衡不同国家的利益与责任发挥了重要作用。学者几乎一致认为，发达国家应当在承担气候变化的责任上起主要作用，而欠发达国家应该被允许在可预知的将来增加排放；[1]并且发达国家承担更多的"区别责任"不是对发展中国家的仁慈，而只是对其自身过错的矫正。[2]可见，共同但有区别的责任原则可以促进代内气候正义，使当代各国拥有生存与发展的公平机会。共同但有区别的责任原则也体现了由简单追求形式公平向兼顾形式公平与实质公平的变化，避免了掩盖于形式公平外衣下实质上的不平等，有利于实现更高层次的公平。

第三节　高线伦理原则：风险预防原则

我们生活在一个充满不确定性的时代，各种变化以前所未有的频率不断出现——环境与气候变化就是其中最为显著、影响最广、最不确定、风险最大的变化。由于气候变化的最严重风险将在未来出现，未来世代可能成为气候变化的最大受害者，因此，气候变化还是一个代际正义问题。虽然代内气候正义是代际气候正义的前提，但未来世代的权利也是全球气候治理中必须考虑的正义问题。由于气候变化及其风险都存在一定的不确定性，因此，是否应当为了不确定的未来收益而放弃当前较为确定的利益就成为全球气候治理中的一种代际伦理博弈。"预测和处理过去所认为的极小概率事件，显然已经成为全世

---

[1] Stephen M. Gardiner, "Ethics and Global Climate Change", *Ethics*, Vol. 114, April 2004, p. 579.

[2] 朱晓勤、温浩鹏：《气候变化领域共同但有区别的责任原则——困境、挑战与发展》，《山东科技大学学报》（社会科学版）2010年第4期。

界公共和私人领域的决策者们均需面对的核心挑战。"①

　　风险预防原则要求当代人预防可能在未来出现的严重气候风险，这是为了尚未出生的未来世代的利益而应对气候变化。这一原则对当代人提出了比底线伦理和中线伦理更高的伦理要求。

一　气候变化的不确定性与风险预防原则

　　全球变暖在一定程度上已成为气候变化的代名词，但近年来质疑全球变暖的声音也在增强。在科学界内部，有关全球气候变暖的问题吵得天翻地覆。对气候变化不确定性的争论主题也在发生变化。一开始，"地球正在变暖"的论断因提供支持的数据不充分和不准确受到挑战。后来人们已经承认地球变暖的事实，这一辩论变为，是否就像历史、考古和地质记录所解释的，气候变化"显著超出了自然气候上下浮动的范围"。当另外的研究显示20世纪温度的上升的确是异常巨大和迅速时，这一争论又转到变暖的原因上。IPCC（政府间气候变化专门委员会）是支持全球气候变暖的权威机构，而质疑气候变暖的民间组织则成立了NIPCC（非政府间气候变化专门委员会）来反对气候变暖说。还有一些气候学家甚至认为，当前的暖期即将结束，地球正在进入一个新的冰期。② 对气候变化的科学争议反映的是科学的不确定性问题。发生在英国东英吉利亚大学气候研究中心的"气候门事件"，也使人们不得不重新思考气候变化科学问题的不确定性。

　　由于自然世界的复杂性以及人类知识的有限性，目前的所有科学都存在不确定性问题，气候科学也不例外。气候变化无论是自然因素还是人为因素，变化的过程都飘忽不定，难以预料，它与股市变化没有什么两样。③ "普通民众确信，科学家一定知道是什么使群体在运转，然而科学家却说，他们什么也不知道。他们深信，生物运行机制

---

　　① ［美］弗朗西斯·福山：《意外：如何预测全球政治中的突发事件与未知因素》，辛平译，中国社会科学出版社2014年版，第1页。
　　② ［美］弗雷德·辛格、丹尼斯·艾活利：《全球变暖——毫无由来的恐慌》，林文鹏译，上海科学技术出版社2008年版，第16页。
　　③ ［美］劳伦斯·史密斯：《2050人类大迁徙》，廖月娟译，浙江人民出版社2016年版，第138页。

是如此复杂，以至于他们对其活动方式永远也不可能完全理解。"① 气候变化的不确定性体现在气候怀疑论者的以下三个方面的质疑：①气候是否在变暖？一些科学家认为，温室效应与全球变暖理论是可疑的（或被夸大了），地球暖期即将结束转而进入一个新的冰期。②气候变暖是否是人类活动引发的？或许太阳黑子暴发、地球偏心轴变化等自然因素才是气候变暖的主要原因，就连联合国的气候变化评估报告也承认了人类引发的气候变暖存在科学上的不确定性，认为只有90%的概率能证明气候变暖是由人类活动引起的。③人类活动引发的气候变暖是否一定是坏事？由于地球上的大部分陆地处于相对寒冷的地区，因此，气候变暖会使西伯利亚、格陵兰岛、加拿大北部、青藏高原等大面积的寒冷地区变成良田沃土。当然，这些质疑大多不为主流气候科学家所接受。气候变化的不确定性一方面源于气候科学问题的复杂性，另一方面还源于针对气候变化的各种政策。②

每一种外界的影响都会引起自然界的变化，这其中也包括人类对自然的侵犯。如果强加于自然界的变化超过一定程度，就会对其造成巨大的破坏，物种将会灭绝，生态系统将会崩溃。全球气候变化、臭氧层空洞等都是这种剧烈变化所产生的后果。自然界对外界影响的反应灵敏，通常只有几分之一秒，而人类通常是在多年以后才会发觉这样的变化。"我们现在所关心的不是巨大的冲击，而是环境缓慢地和悄无声息地衰败。"③

虽然气候变化属于自然科学的研究对象，但在面对气候变化所引发的问题以及气候变化的科学不确定性时我们应当做什么，在本质上是一个伦理问题，而非科学问题。④ 应对气候变化的决策是一个不确

---

① [美]奥尔多·利奥波德：《沙乡年鉴》，舒新译，北京理工大学出版社2015年版，第211页。
② [澳]郡若素：《郡若素气候变化报告》，张征译，社会科学文献出版社2009年版，第23页。
③ [德]亨特布尔格等：《生态经济政策：在生态专制和环境灾难之间》，葛竞天等译，东北财经大学出版社2005年版，第28页。
④ 史军：《气候变化科学不确定性的伦理解析》，《科学对社会的影响》2010年第4期。

定条件下的渐进过程。① 如果能够找到应对气候变化的伦理原则，我们在应对气候变化的科学不确定性时就会显得游刃有余。

气候科学家普遍认为，气候变化不确定性产生的原因主要是科学方法和技术手段上的问题，认为只要继续完善模型，使观测资料更充足，计算更精确等就可以消除不确定性。实际上，科学研究只能相对地减少气候科学的不确定性，但却无法彻底消除气候科学的不确定性。当然，不确定性问题并不会阻碍科学的继续进步，反而会推动科学的进一步繁荣。② 不确定性是一种挑战，是科学进步的催化剂。当医生告诉病人存活的概率是50%时，他很可能是根据以前做这项手术的其他病人的历史记录总结出来的。如果一项手术在几十年里做了数千次，开始时死亡率很高，但是随着时间的推移，死亡率急剧下降，那么综合死亡率并不能说明下一位病人将要面对的是什么。随着时间的推移，成功的概率大大提高了。科学的不确定性并不能证明科学的不可靠性。"人类正处在一个转折点上，正处于一种新理性的开端。在这种新理性中，科学不再等同于确定性，概率不再等同于无知。"③

况且，气候变化的不确定性不仅是科学层面的不确定性，还是社会层面的不确定性。气候变化与广泛的政治、经济、技术、人文因素紧密联系，国际社会的政治稳定情况、经济发展状况、技术革命的发生频率、人口增长趋势、人口生活与消费习惯的变迁等因素都会直接影响未来社会的温室气体排放量以及气候变化趋势。人类在地球变暖方面的烙印已非常明显。但是不确定性的阴云，一些真正的科学和一些由工业利益所散播的所谓科学，已经迷惑了公众，这使得人们无论是在理解过去还是预测未来时，对全球气候变化科学基础的接受都会非常谨慎。预测下一世纪的气候不是一项容易的任务。这一研究涉及广泛的自然科学与社会科学问题，因此气候变化的不确定性也包含人

---

① 薛澜等：《应对气候变化的风险治理》，科学出版社2014年版，第9页。
② [美]亨利·波拉克：《不确定的科学与不确定的世界》，李萍萍译，上海科技教育出版社2005年版，第6页。
③ [比]伊利亚·普利高津：《确定性的终结：时间、混沌与新自然法则》，湛敏译，上海科技教育出版社2009年版，第5页。

的不确定性。例如,地球的人口会增加多少,人们会居住在哪里?人们的生活标准是什么?什么新能源会为全球经济提供动力?与理解地球气候系统的运行方式相比,这些问题有着更多的不确定性。预测的不确定性有时是因为不能完全理解系统是如何工作的,有时是因为即使系统模型恰当,却不能预测对系统而言非常重要的因素是如何随着时间而发展的。

我们在与极大的不确定性做斗争。大众对于全球生态系统(或者自然)的知识是非常匮乏的,即使是气候问题专家的评估(如在温室气体排放的后果上)也在很多方面存在不确定性。气候专家的计算往往低估了问题的严重性。潜在的灾难性结果和高风险概率事件都无疑说明了气候变化将会是人类所面临的最严峻的挑战,且这些风险也并不像大多数人想象的离我们那样遥远。[①]《斯特恩报告》就是在严正指责,人类社会错误低估了气候影响的严重性以及这种影响的显现速度。2008年4月,斯特恩承认:"我们低估了风险……我们低估了温度上升造成的损害……我们低估了温度上升的可能性。"[②] 至于《斯特恩报告》遭到的批判,不仅在于它对气候影响的低估,还在于它高估了以其他能源性资源替代化石燃料的能力。

在这种情况下,真正的问题并非我们无法消除的不确定性问题本身,而是我们在这种情况下如何选择与行动:我们是否应当为了减少未来世代所面临的气候风险,而在不确定的情况下牺牲一些当代人的利益?"不愿意受不确定性的激励,才是前进的障碍。"[③] 如果我们不及时应对气候变化,就是给未来世代埋下了一颗定时炸弹,这是极不正义的。我们每个人都有责任确保我们自己的孩子和未来世代从我们这里所继承的环境,不比我们从我们的前辈那里继承到的环境差——

[①] [瑞典]格斯洛·松鲍法维:《人类风险与全球治理:我们时代面临的最大挑战可能的解决方案》,周亚敏译,中央编译出版社2012年版,第53页。

[②] [美]理查德·海因伯格:《当增长停止:直面新的经济现实》,刘寅龙译,机械工业出版社2013年版,第126页。

[③] [美]亨利·波拉克:《不确定的科学与不确定的世界》,李萍萍译,上海科技教育出版社2005年版,第6页。

在预防气候变化问题上也是如此。①

虽然科学不可能产生完全的确定性，但气候变化的不确定性却会引发巨大的风险，我们不能让不确定性和不完全的知识阻止风险预防措施的实施。虽然气候变化存在不确定性，但我们宁愿相信气候危机可能发生，并积极做出预防。这正如帕斯卡对是否要相信上帝存在的选择：你若不相信上帝，而事实又证明上帝确实存在，你就不但失去了去天堂享福的机会，而且还会下地狱，永远在地狱里遭受折磨。"你赢了，便赢得了一切；你输了，便输掉了一切。"

然而，消除或降低风险的预防措施几乎很少是免费的。一般的规律是，我们需要付出一些代价才能预防风险。这些代价指舍弃一些我们目前拥有的（比如我们花钱购买火灾保险），或者是克制一些我们的欲望（如一个烟瘾很大的人为了降低肺癌的风险决定戒烟）。在决定是否值得付出一些代价来预防某些风险时，经济学的成本收益分析是最常用的决策工具。在进行成本收益分析时，需要权衡每一项方案的利弊，以及不行动或不投资的影响。在许多情况下，虽然新投资可以获得巨大的收益，但是不投资的成本可能相对更小。例如，在本章曾提到的大学生毕业选择的例子中，虽然出国留学和在国内读研都能够在长远的未来获得更大的收益，但从短期来看，3年内既不选择出国留学也不选择在国内读研的成本最小、收益最大。如果出国留学或在国内读研的效益要在30年后才会显现，根据成本效益分析做出决策的人，还会选择继续深造吗？很多事情都会面临短期效益与长期效益之间的抉择，而且由于短期效益更可能实现、离得更近，因此受到人们的青睐。例如，一个女孩在选择嫁给一个败家子式的"富二代"还是嫁给一个品德优秀的贫困青年时，就会遇到这种选择。假设贫困青年通过奋斗会在20年后功成名就，而"富二代"会在20年后流浪街头，该如何选择？或许从短期看，嫁给"富二代"才更符合成本效益分析。

---

① Benjamin K. Sovacool, *Energy & Ethics: Justice and the Global Energy Challenge*, London: Palgrave Macmillan, 2013, p. 222.

同样，通过气候经济学的成本效益计算，可能最好的结果反而是不应对或拖延应对气候变化。例如，如果通过计算发现，由于积极应对气候变化可能会导致就业机会减少、经济发展速度减缓、生产与生活成本增加、产品竞争力下降等不利的经济代价，因此，在30年内应对气候变化的成本远远大于其产生的收益，那么经济学家可能就会建议不采取行动应对气候变化。换言之，如果嫁给"富二代"可以在20年内获得更大的收益，那位女孩就不会嫁给20年后才产生效益的贫困青年。

由于不确定性是气候变化作为一个政策问题的最重要的属性，我们无法确信气候变化的所有负面影响一定会在20年后出现，就像那位"富二代"不必然会在20年后流浪街头一样。即使20年后出现了负面影响，再采取行动也为时不晚。许多经济学家正是基于气候变化及其影响的不确定性，以及减排成本的高昂，而建议暂时"搁置"减排问题，等气候变化发生时再开始限制人类行为。这样做比当前规范经济活动以减少目前的二氧化碳排放量，从而减少这些潜在的未来成本更具经济效益。

丹麦经济学家比约恩·隆伯格（Bjorn Lomborg）就认为人们不应投入过多资金应对气候变化，执行《京都议定书》是不明智的，成本太大而收益太小。他在《多疑的环保主义者》（*The Skeptical Environmentalist*）一书中指出，如果全世界执行《京都议定书》的要求，在2100年时的气温状况可能只是在不执行《京都议定书》情况下2094年的气温状况，用如此大的成本换6年的时间究竟值不值得？隆伯格认为，这笔成本也许应当用在别的地方，如果利用这些成本解决其他一些严重的社会问题，如贫困与饥荒、艾滋病、非洲的饮用水供应等问题，人们将获得更大的收益。执行《京都议定书》的成本高达1800亿欧元，而这些资金可以用来解决世界贫困导致的一些更严重的问题，由此产生的效益要远远高于应对气候变化产生的效益。可见，隆伯格使用的是典型的成本效益方法，他对各种成本进行分析，将成本效益最佳的选项作为优先选项，从而得到资源的最"合理"利用。

实际上，这种成本收益计算不仅低估了气候变化给子孙后代带来的成本,而且它们用的成本收益衡量标准也是纯理论性的,它们简化、歪曲了这个真实的世界。

英国政府首席经济学家尼古拉斯·斯特恩(Nicholas Stern)却使用相同的成本效益分析计算出了截然相反的经济结果:不应对气候变化会使全球每年损失超过5%的GDP;如果气候发生突变,则损失会达到20%的GDP;而如果当前立即应对气候变化,成本仅占1%的GDP。[1] 按照斯特恩的计算结果,现在就采取行动应对气候变化,才能实现全球总体成本的最小化和收益的最大化。然而,斯特恩却没有指出成本与收益分别由谁承受和享有,成本与收益是否在不同国家之间实现了公平分配。从这个角度看,经济学家是只管结果最大化而不论分配是否公平的功利主义者。经济学家可能会同意仅使一些国家遭受温室气体排放的危害而使全球利益最大化的做法,但这种做法却是对伦理的严重违背,因此,在全球应对气候变化时,应当抵制使"人类总福利最大化"这一违背正义原则的经济学逻辑。

经济学家也反对试图按照自然科学来限制温室气体的排放,因为在减少温室气体排放与其对气候产生影响之间存在时间差。即使是《京都议定书》的最小减排目标,即工业化国家从2005年到2012年减排2%—6%都遭到主流经济学家的批评:当气候变化发生时再去适应它是我们要采取的更"理性"的做法,因为这花费的可衡量的成本比通过努力减少能源消耗以减排所花的要少。经济研究的一般结论是,通过积极的减排政策,立即采取行动以避免气候变化可能会为时过早,而且最为经济的模式表现出来的是支持适应而非减排。

即使经济学家站在有利于减排的立场,大部分人都倾向于认为,明智的做法是尽可能推迟减排,直到更多地了解气候变化所造成的可能的危害。换言之,直到它们实际发生在更多的人身上为止。这就意味着,他们赞成减排的唯一理由是以所谓"无遗憾"策略为基础的,

---

[1] Stern, N., *Stern Review on the Economics of Climate Change*, http://www.webarchive.nationalarchives.gov.uk/+/http:www.hm-treasury.gov.uk/independent_reviews_/stern_review_economics_climate_change/stern_review_report.cfm, 2017-09-25.

即根据收益或节约成本,而不是根据来自能源效率和减少对矿物燃料的依赖这些不可预测的气候变化的费用。

这种对缓解目前的气候变化的需要不做经济上的考虑所存在的问题,不仅仅是它们低估了气候变化给子孙后代带来的成本,而且它们用的成本收益衡量标准也是纯理论性的,它们歪曲了这个真实的生物地球化学的世界。其实,原因很简单。成本收益计算是根据供给和需求的理论经济规则以及赢利和亏损的货币账户来进行的。但是,这些规则和账户没有把许多环境和社会成本计入成本之内,即经济学家所谓的"外部性",经济活动将其强加于现实世界中的个人和集体机构中。在所有这些"外部性"之中,气候变化是最引人注目的和长期的因素,但至今没有企业或国家会计制度把气候变化的影响计入经济活动的货币衡量标准。

经济学家关于贴现率和货币价值的决定,不能简单地归结为数学公式和统计学,它还取代了反映特定社会价值范围的道德决策。气候变化的经济补偿办法指出,一种特别不得人心的道德决策在某种程度上影响了有关气候变化的成本计算。传统的看法是:如果 B 组的经济活动会使 A 组受损,同时使 C 组受益,若是 B 组或 B 组和 C 组找到补偿 A 组损失的方法,那么所有人的利益将最大化,并与经济发展同时进行,促进经济(帕累托)效率。但是,这种计算方法是有问题的,虽然它是所有现代经济学的基础,因为它假定所有损失都是可以通过货币价值来补偿的。但是,货币不是万能的,它无法补偿自然资源与生态多样性的损失,也无法实现人们对"和平与宁静、美丽"等的精神偏好。[①] 因为经济学和市场机制在气候变化问题上存在局限性,无法兼顾生态价值问题。随着气候变化,这种情形将更是如此,如果当代人不采取积极的行动减少矿物燃料的使用,未来世代将存在失去生命本身的可能性。这种类型的经济学原理的更深层次的问题是,这种计算假设这三组都能平等地行使社会权利,然而在大多数的社交场

---

① [英]迈克尔·诺斯科特:《气候伦理》,左高山等译,社会科学文献出版社 2010 年版,第 202 页。

合下不同群体间的权利是不平衡的。这种权利的不平衡显然也存在于全球变暖的特定情况中,因为严重的碳污染者是有钱人,而那些因全球变暖蒙受损失甚至面临死亡威胁的人,往往是贫穷的农民和城市贫民。

政府应在控制温室气体排放上花费多少钱?我们是否应当冒着让人们患上癌症的风险把这笔钱花在其他可以创造更多的财富的地方?

假设我们可以给所有工厂的烟囱加装昂贵的空气转化器以降低温室气体排放,但会使我们购买的每件商品的成本平均增加1元。如果工厂没有安装转化器,人们就能够将这些钱花费在其他商品的消费上。它真的值得安装吗?是否一些更低廉的,但效率较低的空气转化装置就足够了呢?也可能我们并没有在减少温室气体上花费足够的钱,还可以使用一些更昂贵、效率更高的装置。或许我们的目标是"最恰当的排放",但何种排放才是最恰当的呢?

加装这些空气转化器的成本是 n 元(售出的所有商品数量 n×1元),收益则是气候的稳定。由于气候变得更加稳定,人类的健康水平大幅提高,更为长寿,人们更少请假,工作效率更高,健康保险费用支出更少。气候稳定也使极端气候灾害减少,农作物生产率提高,从而创造了更多的 GDP。另外,还有生物多样性的增加、人们心情更为愉悦等其他收益。可问题在于,我们能够计算出安装空气转化器的成本,但却无法准确地计算出有多少疾病的减少能归功于这些空气转化器。或许有人会提议,可以用人们更长寿后增加的额外收入计算其货币收益,但大多数人想活得更长久、更健康并非为获得更多的金钱,而只是想享受健康快乐的生活。我们不能直接购买更健康快乐的生活,因此无法从经济价值的角度计算出减少温室气体的这种收益。

在这样的情形中,成本效益分析就有赖于经济学家所说的"影子定价",即一项可以用货币进行买卖的收益,被用作某些不能被加以买卖的收益的恰当的金钱等价物。例如,人们对清洁空气的需求的价值可以从空气相对纯净的地方的房地产价格中估价出来。另外,经济学家可以通过问卷询问人们,在多大价格上他们愿意购买更清洁的空气。问卷还可以询问人们愿意为延长的寿命支付什么,从而以货币表示延长寿命的价值，也可以通过观察人们愿意为那些他们认为可能会延长寿命的服务，如定期的体检、有机蔬菜以及作为健康俱乐部的成员等支付的费用而被估价出来。但是，影子价格的准确性是存在很大问题的。

即使可以用"影子价格"计算出给工厂烟囱安装空气转化器的收益，例如，假定每年的收益是6万亿元，而每年的成本只有3万亿元，也无法告诉我们现存的转化器是不是最好的。更为彻底的温室气体转化器又如何呢？假设现在的每个成本为30万元的转化器可以减少90%的排放，而成本为50万元的更好的转化器可以将温室气体排放降低96%。如果采用更强有力的转化器，每年的成本将上升到5万亿元，但是当气候更为稳定时，稳定气候所带来的利益通常也会增加，从更为清洁的空气中获得的总体收益可能会上升1.5万亿元，达到7.5万亿元，因为更稳定气候的成本是5万亿元而收益是7.5万亿元，因此，更新的、更强有力的但更昂贵的转化器的成本可能看上去是合理的。

然而，新的转化器所带来的额外收益只有1.5万亿元，但额外成本却是2万亿元，因此更强有力的转化器未能得到成本效益分析的支持。作为一个社会群体，我们继续使用现在的转化器就有3万亿元的额外收益。可能一个更为廉价的转化器，如果清除掉80%而不是90%的温室气体排放，那么可能还会更好。如果我们在转化器上能够节约大概2万亿元，而只是丧失现在的转化器带来的6万亿元收益中的1.5万亿元，那么成本效益分析就会推荐更廉价但效率更低，只要花费1万亿元的转化器。当我们要求工厂安装这种空气转化器时，收益却还有4.5万亿元，我们的社会每年就会净增3.5万亿元，而这就是令人满意的。

总之，利用成本效益分析的经济学家只希望在恰当的限度内保护公共利益，只要产生的财富大于对公共物品的破坏，就是许可的。这就是经济学家在决定是否采用空气转化器，或者说，在特定区域应该准许多少工厂排放时所使用的推理。但是我们需要减少多少排放呢？从一个社会的观点看，根据成本效益分析，排放许可证应当用来使社会财富最大化。但当污染已经是一个问题时，政府应该禁止，而不是许可。①

无论我们如何看待目前关于气候问题不确定性的各种观点，未来发生大的不可逆的气候事件的概率显然是不可忽略的，甚至连气候变暖超过可控范围这个"噩梦"本身都是不能忽视的。多年来，烟草行业一直否认存在任何吸烟有害健康的科学证据。实际上，吸烟与健康之间存在一种从量变到质变的关系，长期吸烟最终会使某一支烟成为"压垮骆驼的最后一根稻草"。即使最后添加在骆驼身上的负担是很小的，但这累积的后果是灾难性的。总有个临界点，也就是承受的限度，一旦超过了这个限度，不管达到这一限度的速度是如何慢或如何递增，最终都将导致一个系统的崩溃。一个小的改变对于全球气候系统不是一件小事情。全球气候系统是一个相互联系、相互交织的复杂体系，它吸收或反射太阳光，通过大气和海洋系统循环输热，在系统内部进行化学物质的交换。系统的一个部分遭到破坏后，其余部分也会受到影响。

有些人支持目前全球变暖只是全球自然变化的一部分，而与人类温室气体排放无关的观点。以上的分析应该使这些人反思。这些反对就气候变化采取应对措施的人希望首先获得证据，说明那些有代价的措施一定能够减缓气候变化。这当然不能百分之百地得到证明，但是大多数的气候学者都认为变暖是极有可能的。因为这些怀疑论者也很难坚持说，超过99%的学者的观点都是错误的，他们就应该承认气候灾难的风险是不可忽略的，并因此承认完全有理由采取措施去降低这些威胁。

专门为应对环境风险而产生的风险预防原则（risk precautionary principle）可以很好地适应气候变化的不确定性问题。风险预防原则是环境政策制定的基本原则，它要求在环境危害尚未出现时就进行预

---

① [美] 彼得·温茨：《现代环境伦理》，宋玉波、朱丹琼译，上海人民出版社2007年版，第39页。

测，以"防止或者防范环境风险"。①风险预防原则是在科学不确定情况下的环境行动指南，它要求在科学知识有限的情况下，也要采取行动防止人类活动造成环境危害。②《联合国气候变化框架公约》第3条第3款规定："各缔约方应当采取预防措施，预测、防止或尽量减少引起气候变化的原因，并缓解其不利影响。当存在造成严重或不可逆转的损害的威胁时，不应当以科学上没有完全的确定性为理由推迟采取这类措施。"这一原则继承了《关于消耗臭氧层物质的蒙特利尔议定书》的相关原则性规定。

要对"国家应付多少保险费来避免或准备全球气候的突变"这一问题进行理性评估也是不可能的。国民一旦理解气候确实在变化而且会构成威胁，就会愿意花费一些国家财富制定补救和适应措施来减轻不确定性未来的威胁。在1240年，英国著名大法官布雷克顿（Henry de Bracton）建议我们"一盎司的预防比得上一磅的治疗"。这一简单的陈述里所包含的久经考验的智慧是足够清楚的：预防一个问题比事后处理它的后果要便宜得多。用在开发疫苗上的花费与治疗脊髓灰质炎、天花、黄热病、流行性腮腺炎、伤寒症、白喉的医疗和社会费用相比，要少很多。建设大楼时增高地震设施的花费比处理大地震引起的灾难的花费要便宜得多。风险预防原则的理念是：宁要安全而不要遗憾。

二　风险预防原则与代际气候正义

气候风险不是道德中立的，它取决于我们如何看待权利和义务，尤其是尚未出生的未来世代的权利以及当代人对未来人的义务。在某种意义上讲，气候风险也是建构出来的，只有当我们在价值上关注或重视未来世代的利益时，这种利益的损失才构成风险。只有通过在当前世代中普及并使他们认同公平与正义这类伦理价值理念，才可能使那些尚未出生的未来世代的利益得到保护。

为预防风险而应对气候变化，类似于大学生为应对毕业后失业的

---

① 吕忠梅：《环境法原理》，复旦大学出版社2007年版，第11页。
② ［美］曼森：《环境伦理中的预防原则》，《国外社会科学》2003年第2期。

风险而在大学期间做出的策略选择。大学生毕业后都可能存在毕业即失业的风险。无论这个风险是否存在，或风险有多大，但把这个风险估计得足够大总不是坏事。这会促使大学生在校期间更用功地学习，以对抗这种无法接受的风险。对于大学生在校期间的学习而言，所付出的成本无非是把原来打算用来玩游戏、谈恋爱、睡懒觉等的时间用在刻苦学习上，因刻苦学习而损失的快乐成本是可以承受的。况且，即使毕业后失业的风险非常低，但在校期间多学些知识总不是什么坏事，可以为今后的长远发展打下更为坚实的基础。如果未雨绸缪，即使毕业时就遇到严重的经济危机，有准备的人也比其他人更具竞争力，因为他们已经提前做好了充分的应对准备。

　　风险预防原则与作为底线伦理原则的非伤害原则有相似之处——都是防止风险或伤害，但这两条原则所面对的却是不同背景下的不同问题。非伤害原则保护的主要是当代人，而风险预防原则保护的主要是尚未出生的未来世代，是为了促进代际气候正义。风险预防原则的未来指向对当代人提出了更高的伦理要求——要求当代人为了未来世代而牺牲一部分自身利益，因此，它是一种比旨在维护代内气候正义的共同但有区别的责任原则更高的高线伦理原则。

　　可见，风险预防原则不仅代表了一种全新的思维方式和价值理念，还为伦理与政策的结合提供了一个重要的平台。它还反映了一种时代性的价值观念的进步：不再一味以当代人的经济利益作为公共政策制定的唯一标准。风险预防原则实际上要求当代人放弃一些既得利益，以使未来世代免于遭受一些危害。

　　我们如果知道能将会损失一些无可替代的东西，一定会竭尽全力去避免这些损失。可以用一个例子说明这个逻辑：一个比较贫困国家的一对父母发现他们至爱的女儿得了一种非常罕见的疾病，孩子死亡的可能性高达30%，除非进行一个非常昂贵的治疗（获得这类治疗的小孩将获得痊愈）。但是这种治理只能在国外的富裕国家才能实现。这对父母在当地有较为体面的工作和生活，但却没有积蓄。如果有任何方法，他们都不会让自己的小孩去经历死亡威胁。因此，他们为了支付在国外的治疗费用和旅行而贷款，尽管他们的家庭今后五年的生活水平都将低于他们已经习惯的标准（直到他们还清贷款），他们也会如此选择。

最有意思的原则性问题是：如果该病的死亡率不是30%，而是5%或者只有1%，那么这对父母还会送孩子去接受治疗吗？即当风险概率是原有假设的六分之一或者是三十分之一，这对父母依然会希望消除风险吗？他们会不会只愿意承担与风险相对应的那部分牺牲？不，他们不会。父母都明白会有这样一个风险，而且运气不好的话，会碰到这个小概率事件。但是他们同样知道，如果不幸真的发生了，他们会一辈子受折磨，他们所缺乏的牺牲意愿——他们对物质生活的优先考虑——导致了孩子的死亡。①

我们不应该得出如下结论：风险概率是2.5%还是25%对我们并不重要，或者我们不需要做出更大的牺牲去降低风险，或者将风险最小化，例如，不需要将20%的风险降低为5%。这些想法都是完全错误的！如果昂贵的治疗费只是降低了孩子的死亡率，从30%到10%，而不同于之前的情况，即从30%到完全无风险（即完全康复），那对父母是否还会做出同样的选择？我相信其答案应该仍然是肯定的——这对父母还会做出同样的选择，会不惜一切代价去降低他们孩子的死亡率。为了使我们的后代能够避免气候变化的伤害，我们当代人愿意付出多大的预防成本呢？风险预防原则要求我们为了未来世代而尽其所能地应对气候变化。

第四节　上线伦理原则：能力原则

正义是人类社会的永恒追求，正义作为普遍价值从来都不存在争议，这一追求必然体现在人类应对气候变化的活动中。在应对气候变化上实现气候正义不仅对发展中国家有利，从长远看也有利于发达国

---

① ［瑞典］拉斯洛·松鲍法维：《人类风险与全球治理：我们时代面临的最大挑战可能的解决方案》，周亚敏译，中央编译出版社2012年版，第38—39页。

家。正义一定是互利的，它强调的是规则和机会的公平，要求平等地对待每一个人，而不仅仅是分配结果的公平。正义是社会和谐与稳定的纽带，也是个体获得发展机会和享受发展成果的保障，因此，它对社会和个体都是一种必要的善。[①]

全球正义也是世界之善和各国人民之善，是建构新的全球秩序的伦理基础。"对于一种更好的全球秩序，我们都负有某种责任"[②]，建立在全球正义基础上的气候和谐或气候平衡正是这样一种更好的全球秩序。在应对气候变化问题上，世界各国都应放弃自身过于狭隘的利益，为促成"全球气候正义"这一大善的实现而"竭尽所能"。"竭尽所能"体现的是"能力原则"，它对人类提出了最高的道德要求，因为它对国家和个人的贡献"上不封顶"。对于气候变化这样一种全球性危机，如果所有国家和个人都根据自身的能力付出最大努力，力图达到"能力原则"这一上线伦理要求，那么，不仅气候危机将迎刃而解，而且人类社会也将得到最大限度的完善。

一 能力原则的伦理意蕴

如果你的温室气体排放量很低，或者你的温室气体排放没有超过自己的应得份额，换言之，气候变化不是你造成的，但是你"偶然"拥有了某种应对气候变化的超能力——如掌握了某种新能源技术或拥有了巨额的财富，那么你是否有义务贡献出你的能力，为人类应对气候变化出一份力？

与之相似的问题是：假如发明大王爱迪生将他所有的发明都束之高阁，并在临死前将它们付之一炬，再假如一个人发明了能够拯救无数人的药物——如抗 HIV 药物或抗癌药物，却不愿向人类贡献他们的发明，他们对人类并没有造成任何伤害，没有违反非伤害原则，那么他们这样做是否道德？

"假如一个陌生人对我处于即将被淹死的危险境地熟视无睹，他

---

① [美]乔治·萨拜因、托马斯·索尔森：《政治学说史》（上卷），邓正来译，上海人民出版社2008年版，第88页。

② [德]孔汉思、库舍尔编：《全球伦理——世界宗教议会宣言》，何光沪译，四川人民出版社1997年版，第9页。

本可以拉下操作杆启动急救措施从而很容易地救我一命，但他却转过身去继续沿着海边漫步……他可能错误地对待了我，但他并没有在任何一种通常的义务上利用我。"① 在康德的意义上，他没有把我当成手段，但是，他的这样一种"事不关己，高高挂起"的态度是否就当受到谴责？如果世上充斥着这样的人，谁还会去扶跌倒的老人，"为长者折枝"②？

辛格举了一个类似的例子：你在一个花园里，你知道其中有个水塘。你听见了溅水声和某个人的喊声。你知道一个幼童掉进了水塘，可能溺毙。你会怎么做？你会袖手旁观吗？哪怕你已答应去见一位朋友，留在水塘旁边会使你迟到，你也一定会把那个幼童的生命看得比准时赴约更重要。池塘虽浅，但很泥泞。若去救那个幼童，你便会弄坏你最好的鞋子。可是，如果你不去救那个幼童，一定会让人无法理解。无论如何，人的生命都比鞋子重要得多，哪怕是非常昂贵的鞋子。任何不这么想的人都近似恶魔。你应当跳进水里，难道不是吗？你当然应该这么做。如果阻止一件不好的事情的发生是在我们力所能及的范围内，并且不会因此而牺牲其他具有类似道德价值的东西，那么，我们在道德上就应当阻止该事情的发生。

同样，你的财富或许也能够轻易地使一个非洲儿童不至于饿死或病死，或者你用买那双皮鞋的钱就足以拯救一个非洲儿童。那么，你是否应当捐出一些钱来帮助那些孩子呢？拿出一点点钱，捐给相应的慈善机构，这至少能救活一条命。只需用很少的钱去购买疫苗和其他药品，便可预防很多小儿疾病。但是，你对非洲某个濒死者的感情，为什么不同于你目睹那个即将溺毙的孩子时的感情？你的这些感情若是相同，你便一定不同于常人。我们大多数人都不是如此，即使我们对这个事实感到几分难堪。

挨饿的非洲儿童，与你目睹的溺水儿童并无多少不同。我们应当

---

① ［美］托马斯·斯坎伦：《道德之维：可允许性、意义与谴责》，朱慧玲译，中国人民大学出版社2014年版，第69页。

② 参见《孟子·梁惠王上》："为长者折枝，语人曰：'我不能。'是不为也，非不能也。"

比现在更关心全世界能被拯救的儿童。我们若无所作为，那些本来可以活命的孩子便一定都会夭折。每年都有数千儿童死于和贫穷有关的原因。一些儿童死于饥饿，一些儿童甚至得不到清洁的饮用水。而发达国家的人却在扔掉冰箱里变质的食物，因为没工夫去吃。因此，我们应当放弃一两种并不真正需要的奢侈品，去帮助那些因其出生地而不幸的人。

你也许会说，即使你没有用于做慈善的钱，别的人也许会有。但问题在于：我们都会像旁观者，人人都假定别人会去做该做的事情。世界上有那么多的人生活在极度贫困中，每天上床睡觉时都饿着肚子，而少数人的慈善之举完全不能满足他们的需求。在目睹溺水儿童的案例中，搭救儿童的做法很容易理解。但对于在那些遥远的国家里吃苦的儿童，我们便难以知道自己善举的效果，也难以知道其他人的善举的效果。但这并不意味着袖手旁观是最佳的选择。①

如果我们所拥有的某些帮助他人的能力是自己"应得"的，那么，我们或许有理由对他人的痛苦袖手旁观，然而，罗尔斯指出，自然天赋所分配给一个人的优势并不是他应得的。② 因为罗尔斯希望，人们在社会竞争的出发点上是完全公平的。我们可以通过劳动应得某些东西，但从某种程度上说，我们不能仅仅凭借自然天赋、天生聪慧或幸运而应得这些东西。一个人的性格无论是怎样的，都不是此人最初能够决定或已然能够决定的东西。因为成长环境是其无法控制的，所以他可能是一个被赋予了某种性格的人，正是凭借这种性格，他会勤奋努力，但是，因为无法控制成长环境，他也可能成为那种不去努力的人。③ 即使是后天努力获得的能力，也存在运气的因素。如马云的成功，其他人或许比他更努力却失败了。马云成功后不奉献正义

———————
① [英]奈杰尔·沃伯顿：《40堂哲学公开课》，肖聿译，新华出版社2012年版，第242—243页。
② [美]约翰·罗尔斯：《正义论》，何怀宏等译，中国社会科学出版社1988年版，第99页。
③ [加]凯·尼尔森：《平等与自由：捍卫激进平等主义》，傅强译，中国人民大学出版社2015年版，第11页。

吗？当一个人认为自身的所有优势都是不劳而获和不应得的时候，罗尔斯式的平等原则就成为一种公平原则，成为正义的基本原则。就整个人生前途看，医生的孩子和洗碗工人的孩子，即使他们一样聪明、勤奋等，他们的前途也是有明显差别的。他们的前途如此的不同是不正确、不公平的。我们一般会觉得其他条件均等的话，如果可以做什么，我们应该试着使他们的人生机会平等或至少接近平等。不这么做就是不公平的，或至少我们的反应会是这样。

可见，根据罗尔斯的公平原则，无论是先天的自然天赋还是后天获取的能力，都不过是个人由于"运气"或"偶然"因素所随机获得的，并不是个人所"应得"的。甚至连一个人的国籍与公民身份这类东西，从道德的角度看也是任意的，①而不是个人所"应得"的。同理，个人所拥有的能力在道德上也具有公共属性，属于人类的共同财富，因此，不应被个人所"独占"，而应为人类所"共享"。因此，科学家不能"私藏"他们的研究成果，尤其是那些会对人类福利产生重大贡献的成果。假设某个科学家研制出了治疗癌症的特效药物，但却终生不愿意共享其研究成果，并在逝世前销毁其研究成果，那么，这样的科学家是否是一个"好人"？他虽然没有伤害任何人，但却"滥用"或浪费了并非他个人应得的一种能力。假设你就是好莱坞大片中的超人，先天或后天获得了某种拯救地球的能力，但对于地球上正在发生的灾难却熟视无睹。虽然地球上的灾难是其他人的错误行为造成的，与你无关，但你却是唯一有能力使人类免于毁灭的人。如果地球最终被毁灭，那么你是否负有责任？由于你偶然获得了拯救地球的能力，而这种能力不是你所"应得"的，应当为人类所共享，因此，你有道德责任使用这种能力——就像人们有道德义务对身边不慎跌入浅池塘的幼童伸出援手一样。"如果你是一个最有能力阻止坏事发生的人，而且，这样做不会让你付出很多，那就去做吧。"②

---

① [美] 科克-肖·谭：《没有国界的正义：世界主义、民族正义与爱国主义》，杨通进译，重庆出版社2014年版，第72页。
② [美] 安东尼·阿皮亚：《世界主义：陌生人世界里的道德规范》，苗华建译，中央编译出版社2012年版，第242页。

"天生我材必有用",每一个人都拥有一些能力,都可以为世界的完善而出一份力——哪怕是微薄之力。能力原则要求能力大的人承担更大的责任,能力小的人也要尽其所能地出一份力。在应对气候变化这一问题上,每个国家和每一个人都拥有一些不同的能力,都拥有通过节俭、绿色、低碳生活与生产方式拯救地球的能力。这些能力也是人类"共享"的,因此,每个国家和每个人都应当为应对气候变化各尽所能。

二 能力原则与全球正义

由于气候变化及其影响是全球性的,会伤害不同的国家、民族和世代,是一种全球"公共恶",因此应对气候变化不再是某个国家和某一代人的事情,而是一种需要全球所有国家与公民共同努力解决的问题。在气候变化问题上,"国际秩序和全球正义理应从属于人类安全这一初始目标"[1]。如果仅仅把气候变化看成"别人"的事情或各个国家内部的事情,任由狭隘的利己主义主宰各国的气候价值立场,国际气候合作将永远无法取得成效。全球正义要求保护每个人的根本利益,而"不管他们身在何方,也不管他们的民族归属或者公民身份如何"[2]。

这个世界之所以危机和苦难不断,与人类的道德危机不无关系。如果各国仍坚守狭隘的自身利益,不顾气候变化而继续超额排放温室气体,地球之舟必将随时沉没。"人类像是登上了这样一艘船,船上最富有的乘客,即上层甲板的乘客,他们分为了两派,一派在左舷,另一派在右舷;每一派的人都担心对方一派的人来攻击自己,于是,为了镇住对方,他们在船上堆起一桶桶的炸药;堆积起来的炸药已够炸毁十次这艘船,然后每一派的人手里都擎着已经点着的引信,只要对方一有令人担心的举动他们就会抛出引信引爆炸药。与此同时,在船的底舱里,那些贫困的乘客正在饿死、病死。有谁敢打赌说这艘船

---

[1] 左高山:《政治暴力批判》,中国人民大学出版社2010年版,第300页。
[2] [加拿大]查尔斯·琼斯:《全球正义:捍卫世界主义》,李丽丽译,重庆出版社2014年版,第2页。

能够平安抵达目的港?"① 可见,只有全球各个国家与民族之间公平合作,才有可能使地球之舟安全航行。当然,发达国家或许认为他们与发展中国家并不在同一条船上,他们更像是海岸上的看客,旁观着发展中国家乘坐着一艘漏水而拥挤的即将沉没的破船。船上的乘客身受饥饿与疾病的折磨,但当他们试图游向河岸,却被坚决地送回船上。在气候变化问题上,发达国家是否也不想让发展中国家上岸?

包括气候变化在内的许多全球性问题都只有通过各国追求全球正义和践行能力原则才能解决。"正义的范围应当是整个世界而不仅是特定的社会。"② 根据能力原则,全球共同体也应为世界各国(尤其是贫困的非洲国家)的动物保护共同出资出力,因为无论动物在哪个国家,都属于人类的共同财富。气候变化不是一个国家的事情,也不是一个国家可以独自解决的,只有各国共同努力,才有可能解决气候危机。如果仅仅让单个国家应对气候变化,或者将应对气候变化当作某些当前排放大国的责任,那么气候变化将无法解决。虽然中国等发展中国家的温室气体排放量日益增加,但却不能将全球变暖的责任和应对气候变化的责任全部推卸给发展中国家。在全球化时代,所有国家的生产与消费都紧密联系,因此,各国都应为全球排放埋单。否则,排放温室气体的"污染工厂"仅仅会在富国与穷国之间进行不正义的转移,而全球排放总量并不会下降。只要全球富人的消费总量不下降,全球温室气体排放总量就不会下降。全球正义是一种没有国界的正义,它要求"正义原则应当超越民族身份和公民身份,应当平等地应用于世界(作为一个整体)上的所有人"。③

国际社会所面对的已经不是是否应当减排的"事实"问题,而是应当如何做和尽多大力量去做的"价值"问题。在一个建立在全球正

---

① [法] 阿尔贝·雅卡尔:《自由的遗产》,龚慧敏译,广西师范大学出版社 2005 年版,第 269 页。
② [加拿大] 凯·尼尔森:《平等与自由:捍卫激进平等主义》,傅强译,中国人民大学出版社 2015 年版,第 7 页。
③ [美] 科克-肖·谭:《没有国界的正义:世界主义、民族正义与爱国主义》,杨通进译,重庆出版社 2014 年版,第 1 页。

义基础上的世界主义世界里,"所有人都享有同等的道德价值,无论他们碰巧生活在地球上的哪个角落,无论把他们彼此分开的是什么样的边界"①。气候变化引发了全球价值观的范式转换,要求各国摒弃狭隘的国家政治与经济利益视野,以"世界主义"视角与其他国家通力合作,建构一种最具包容性的全球气候正义共同体,按能力原则的要求尽其所能地应对气候变化。

2015 年联合国气候变化大会之所以能够达成国际气候合作史上最富有成效的成果——《巴黎协定》,就是因为该协议所采用的合作路径——"国家自主贡献"——对世界各国给予了充分的信任,相信各国会在全球气候正义的基础上,作为全球共同体成员,积极主动地承担应对气候变化的责任。《巴黎协定》中的自主减排承诺就是一种基于能力原则的全球气候合作。《巴黎协定》标志着国际气候合作的主题从对权利(各国的排放权)和消极义务(各国的历史与现实排放责任)转向积极义务(主动减排),其指导原则也从正义原则转向能力原则。共同但有区别的责任原则是消极的责任分配原则,力图实现国家之间的气候正义,而能力原则是积极的主动贡献原则,可能使人类跳出囚徒困境并消除公地悲剧。能力原则使得人们有可能通过应对气候变化"创造一个更合作的世界",② 最终使人类自身的道德水平也能得到进化。

本章小结

另外,还有其他应对气候变化的伦理原则,如"需要原则"(强调需要与欲望的区分,重视基本生活排放和排放的必要性)和"应得原则"(强调排放权利)。然而,无论以何种视角提出伦理原则,只

---

① [新西兰]吉莉安·布洛克:《全球正义:世界主义的视角》,王珀、丁祎译,重庆出版社 2014 年版,第 15 页。
② [英]安东尼·吉登斯:《气候变化的政治》,曹荣湘译,社会科学文献出版社 2009 年版,第 255 页。

要伦理原则大于两条就可能会产生冲突。例如，医学伦理学的仁慈原则与非伤害原则就常常发生冲突：医生对病人实施手术是一种伤害，但却是对病人的仁慈。其实，不同原则之间是相互补充的，是建立在共同价值立场之上的重叠共识，并对应问题的多元特征。原则之间的冲突构成一种张力，协调着不同层面的利益。

本章所提出的这四条国际气候合作的伦理原则之间即是这样一种互相补充的关系：用非伤害原则应对当前的实质性伤害，用风险预防原则应对未来的潜在伤害风险；平等对待原则关注的重心在权利，而共同但有区别的责任原则关注的重心在责任。在国际气候合作中，作为底线伦理原则的非伤害原则具有最广泛的普遍性，旨在保障人类（尤其是发展中国家）的基本生存与发展排放权；作为中线伦理原则的"共同但有区别的责任"的对象是当代人，其目的是维护发达国家与发展中国家之间的代内气候正义；作为高线伦理原则的风险预防原则面向的是未来世代，其目的是促进当代人与未来世代之间的代际气候正义；作为上线伦理原则的"能力原则"面向的是所有人和国家，其目的是实现全球气候正义。

这四条国际气候合作的伦理原则与中国对气候问题的价值判断之间也存在一定的对应关系：非伤害原则对应的价值判断是"气候变化是发展问题"，因为通过发展才能提升发展中国家适应气候变化的能力，减少气候变化的伤害；公平责任原则对应的价值判断是"气候变化是环境问题"，因为环境保护需要责任的公平分担；风险预防原则对应的价值判断是"气候变化是安全问题"，因为风险预防原则要求为了人类共同体的安全而放弃一些眼前利益；能力原则对应的价值判断是"气候变化是全球治理问题"，因为能力原则要求在全球气候治理中"有钱出钱，有力出力"。

第六章　中国气候责任报告及其回应

第一节　中国气候政策制定中的伦理与正义考量

2014年12月6—12日，笔者经美国环境非政府组织"宾夕法尼亚环境资源协会"（Pennsylvania Environment Sources Consortium）提名，受《联合国气候变化框架公约》（UNFCCC）秘书处邀请，作为中国气候伦理专家代表赴秘鲁首都利马参加联合国气候变化大会["《联合国气候变化框架公约》第二十次缔约方大会（COP20）"暨"《京都议定书》第十次缔约方大会（CMP10）"]。

笔者此次受邀参会的核心任务之一是，在由西方学者组织的"国家气候正义"边会上针对一篇有关中国应对气候变化责任的报告做出40分钟的评论，提出异议与修改建议，并对各国学者提出的问题进行一一回应。该边会有30余名来自美国、英国、德国、加拿大、澳大利亚、新西兰等西方发达国家的学者参与，发展中国家仅笔者一人受邀参加。此次会议公开讨论了三篇分别针对美国、澳大利亚和中国应对气候变化责任的报告，提出了各国应对气候变化的举措、经验与不足。笔者对该报告中与中国国情和发展阶段不符的指责，以及一些偏见性观点提出了针锋相对的反驳，并与西方学者进行了激烈的讨论。会后，笔者受邀参与该报告的后续修改工作。

报告全文如下。

中国气候政策制定中的伦理与正义考量

桑娜·科普拉（Sanna Kopra）

本报告是对"加强国家以伦理和正义为基础应对气候变化研究项目"中所提出问题的中国版回答。

"加强国家以伦理和正义为基础应对气候变化研究项目"是新西兰奥克兰大学建筑与规划学院、美国韦德纳大学法学院环境法中心的联合研究项目。

所提出的研究问题及其中国版回答如下：

问题1：

中国在何种程度上应当通过设定温室气体减排目标应对气候变化，明确地考虑中国在设定目标时不仅有经济利益，而且对那些对气候变化最脆弱者负有伦理义务，并且任何国家温室气体减排目标都必须体现全球安全排放的国家公平份额？要回答这一问题，就要确定中国在《联合国气候变化框架公约》（UNFCCC）中所承诺的温室气体减排目标——如果有的话。

回答1：

自2006年起，中国已经成为全球最大的二氧化碳排放国，中国在2012年的排放量占到全球二氧化碳排放总量的29%。虽然中国的经济财富——以及温室气体排放量——自《联合国气候变化框架公约》签订以来增长巨大，但中国仍然属于非附件一国家。因此，它在《联合国气候变化框架公约》下无国家温室气体减排目标，但它已经制定了一个恰当的国家减排行动承诺，如下：

"中国力争到2020年将单位GDP二氧化碳排放量在2005年的基础上降低40%—50%，增加非化石燃料在一次性能源消耗中的份额——到2020年达到约15%，并增加森林覆盖面积4000万亩，森林蓄积量到 2020 年在 2005 年的水平上增加 13 亿立方米。"①

在国际气候变化谈判中，中国政府坚称它是一个"负责任的发展中国家"，会认真应对全球气候问题，但是它却坚称既不承担历史责任，也没有减缓气候变化的经济资源，并且需要经济与技术援助。中国政府在国际气候政治中希望避免任何的制约性要求，它基于自己的利益与其他发展中国家结盟。中国强调《联合国气候变化框架公约》中的"共同但有区别的责任"原则，并反对给发展中国家施加任何的约束性减排压力。多年来，中国拒绝承诺任何形式的减排，并要求发达国家因历史原因承担所有的气候变化减缓责任。中国在 2007 年的联合国巴厘气候变化大会上对其立场做出了妥协，中国和其他发展中国家承诺在可持续发展的背景下实施恰当的国家减缓行动——在可测量、可报告和可验证技术，以及经济与能力建设的支撑下成为可能。由于适应是"应对气候变化的可持续发展框架中的一个必要要素"，因此中国要求发达国家为发展中国家提供技术与经济援助，以提升它们的适应能力。②

自 21 世纪初以来，中国政府采取了一些重大举措以减缓未来温室气体排放量的增长。在 2007 年 6 月，中国政府发布了第一部综合性气候政策文件——《中国应对气候变化国家方案》。2009 年 8 月，全国人大常委会通过了一项积极应对气候变化的决议，这是第一部被中国最高立法机构采纳的气候变化决议。该决议声明：

"应对气候变化是对中国经济与社会发展的一项巨大挑战。

---

① Su Wei, "Untitled Letter from Su Wei, Director-General of Department of Climate Change, National Development and Reform Commission of China to Yvo de Boer, Executive Secretary of the UNFCCC Secretariat", https://unfccc.int/files/meetings/cop_15/copenhagen_accord/application/pdf/chinacphaccord_app2.pdf.

② National Development and Reform Commission, "Mr. Xie Zhenhua Unveiled Initiative By China on Enhancement of Developing Countries' Adaptation Capacity", http://en.ccchina.gov.cn/Detail.aspx?newsId=38737&TId=107.

积极应对气候变化对中国的整体经济与社会发展以及人民的核心利益至关重要，对人类生存与所有国家的发展也十分重要。"[1]

该决议强调了科学发展原则，并许诺加强中国的应对气候变化法律框架。中国在 2009 年 11 月宣布了一个"自愿"但"不具有国家约束力"的单位 GDP 碳强度减排目标——到 2020 年，在 2005 年的基础上减少 40%—50%。据估计，这不会使中国的总排放量下降，因为中国在 2020 年的 GDP（和排放量）预期会翻倍，但是该目标将防止温室气体排放量在那时翻倍。[2] 在 2011 年 3 月，该目标被写入"十二五"规划（2011—2015），确定将单位 GDP 的能源消耗量到 2015 年减少 16%，二氧化碳排放量减少 17%。另外，一次性能源消耗中非化石能源所占比例提高到 11.4%（相比 2010 年的 8.3%）。中国在 2013 年宣布将在随后几年颁布一部气候变化立法。[3] 另外，中国计划引入碳税。[4]

中国是世界上最大的煤炭消费国，而煤炭又是化石能源中主要的二氧化碳源。由于煤炭也是中国严重空气污染的最重要来源之一，因此，国内也有减少煤炭使用的强烈动力——如北京市甚至在讨论禁止使用煤炭。[5] 有迹象表明，中国将设定一个 2016 年开始的国家煤炭限额。[6] 另外，中国国家总理李克强在 2014 年对

---

[1] "Resolution of the Standing Committee of the National People's Congress on Making Active Responses to Climate Change", http://www.npc.gov.cn/npc/xinwen/rdyw/wj/2009-08/27/content_1516165.htm。

[2] Xinhua, "China Announces Targets on Carbon Emission Cuts", http://news.xinhuanet.com/english/2009-11/26/content_12544181.htm.

[3] Globe International, "Minister Xie Zhenhua Announces Chinese Climate Law within 1 to 2 years at GLOBE Event in Beijing", http://www.globeinternational.info/news/item/xie-zhenhua-launches-legislation-study-in-beijing.

[4] Xinhua, "China to Introduce Carbon Tax", http://news.xinhuanet.com/english/china/2013-02/19/c_132178898.htm.

[5] Xinhua, "Smoggy Beijing to Ban Coal Use", http://news.xinhuanet.com/english/china/2014-08/04/c_133531366.htm.

[6] Chris Buckley, "China's Plan to Limit Coal Use Could Spur Consumption for Years", The New York Times, http://www.nytimes.com/2014/07/25/world/asia/chinese-plan-to-reduce-coal-use-could-allow-increases-for-years.html.

污染"宣战"。政府着力通过提高能源效率降低 PM2.5 和 PM10 水平，例如，提高可再生能源和核能的比例，发展低碳技术、减少机动车尾气排放、关闭过时的工厂和能源生产企业。① 所有这些举措无疑也会对气候变化减排造成积极的影响。

由于这些举措，中国联合国气候变化首席谈判代表估计："中国有可能在人均 GDP 为发达国家的一半时达到排放峰值——而当时是发达国家的排放峰值"。② 然而，中国政府却未宣布哪一年会达到排放峰值。中国科技部部长非正式地预计排放峰值"会在 2030 至 2040 年之间到来"。③

问题 2：

在《联合国气候变化框架公约》下做出国家温室气体减排承诺时，中国在何种程度上解释了它在设定温室气体减排目标时如何考虑平等与正义？——如果有的话。

回答 2：

中国政府强烈否认对造成气候变化负责，并要求发达国家承担它们的历史责任。如中国联合国气候变化首席谈判代表谢振华所指出的，"让中国在当前人均 GDP 只有 5000 美元的阶段实行严格减排是不公平的和不合理的"④。由于仍有 1.28 亿中国人生活在政府的官方贫困线每年 2300 元（362 美元）以下，因此，中国政府强调中国有道德责任使经济总量最大化。因此，中国拒绝承诺任何约束性的减排目标。

中国还提醒世界注意其人均排放量比发达国家低很多。例

---

① Li Keqiang, "Report on the Work of the Government", Delivered at the Second Session of the Twelfth National People's Congress on March 5, 2014, http://news.xinhuanet.com/english/special/2014-03/14/c_133187027.htm.

② Xinhua, "China Vows Emissions Cutting Efforts ahead of Doha Conference", http://news.xinhuanet.com/english/china/2012-11/22/c_123983609.htm.

③ Jonathan Watts, "China's Carbon Emissions Will Peak between 2030 and 2040, Says Minister", The Guardian, 6 December, http://www.theguardian.com/environment/2009/dec/06/china-carbon-emissions-copenhagen-climate.

④ Xinhua, "China Vows Emissions Cutting Efforts ahead of Doha Conference", http://news.xinhuanet.com/english/china/2012-11/22/c_123983609.htm.

如，中国在 2012 年的人均排放量为 7.1 吨，而美国为 16.4 吨。但中国没有提及的是最富裕的 10% 的中国人的人均排放量远远超过了最贫困的 10% 的美国人。[①] 中国的富人数量增长速度很快：根据家庭财富计算，中国在 2013 年是世界上第三富裕的国家，有 112.3 万百万富翁，并且比美国之外的其他国家有更多的人财富在 5 千万美元以上。据估计，中国的百万富翁人数会在 2018 年翻倍，达到 210 万人。[②]

问题3：

假定所有国家的温室气体排放目标都隐含着实现避免危险气候变化的大气温室气体浓度的立场，那么，中国在何种程度上确定温室气体大气浓度稳定水平——中国与其他国家合作所试图达到的减排目标？

回答3：

由于中国还没有承诺绝对减排，它还没有确定其政策所试图实现的温室气体大气浓度稳定水平。相反，中国已经宣布相对减排并要求发达国家因其历史原因减排。

问题4：

假定国家的温室气体排放目标都隐含着该国对公平安全全球排放份额的立场，那么在分配全球温室气体排放比例时，中国在何种程度上通过确定一个温室气体减排承诺来考虑伦理与正义因素？

回答4：

中国强调，作为一个发展中国家，它没有义务减少二氧化碳排放。中国承认其温室气体排放将因其能源消耗的增长而增长。然而，中国要让世界相信其排放的增长是正义的，因为这是由减

[①] Harris, Paul G., "Chinese Responsibility for Climate Change", in Paul G. Harris ed., China's Responsibility for Climate Change: Ethics, Fairness and Environmental Policy, Bristol: Policy Press, 2011, p.231.

[②] Credit Suisse Research Institute, "Global Wealth Report 2013", https://publications.credit-suisse.com/tasks/render/file/? fileID = BCDB1364 - A105 - 0560 - 1332EC9100FF5C83.

贫造成的,并且是提高中国穷人的生活水平所必需的。中国没有明确指出在做出减排承诺之前,应当实现何种发展水平,或何时会达到这一水平。

问题 5:

如果存在的话,中国会在何种程度上承诺超过其安全公平份额之上的温室气体排放,使其有责任因贫困国家的不可避免的损失而提供合理的适应措施资助?

回答 5:

多年来,中国一直批评国际气候谈判过多关注气候变化减缓而过少关注适应,因此未能"满足发展中国家的实际需要,尤其是最不发达国家和小岛国"的需要。[①] 中国要求发达国家向发展中国家提供有效的具体援助以形成适应策略和提升它们的适应能力。中国在 2008 年提议在 UNFCCC 下建立一个"气候变化适应国际制度"和一个"适应基金"。中国要求气候变化减缓和适应应当注重消除贫困,而且所有的气候行动应当有助于实现"联合国千年发展目标"。

尽管中国的经济财富迅速增长,但中国仍视自己为国际气候谈判中发展中国家的领袖。中国将自己的气候政治与其他发展中国家(G77)结盟,并用花言巧语使它们的利益纠缠在一起。中国认为在发达国家与发展中国家之间没有其他类别,因为中国政府不希望有约束性的减排,也不希望放弃其经济与技术利益。中国政府用友谊向发展中国家施压,指出"中国永不脱离发展中国家"。[②] 然而,中国已不再是一个"非常贫困"的国家,并且中国的温室气体排放也对其他发展中国家产生了诸多不利影响。发展中国家,尤其是最不发达国家和小岛国开始要求中国减排只是时间问题。自然,中国

[①] National Development and Reform Commission, "Mr. Xie Zhenhua Unveiled Initiative by China on Enhancement of Developing Countries' Adaptation Capacity", http://en.ccchina.gov.cn/Detail.aspx?newsId=38737&TId=107.

[②] Wang Yi, "Exploring the Path of Major - Country Diplomacy with Chinese Characteristics", http://www.fmprc.gov.cn/eng/zxxx/t1053908.shtml.

政府不希望在国际谈判中被孤立,因此开始鼓励所谓基础四国(中国、巴西、南非和印度)之间的合作。尽管该集团存在巨大的内部差异,例如人均二氧化碳排放量的差异,但基础四国集团形成了一个十分团结但非正式的联盟,它们强调发达国家的历史气候责任并反对发展中国家承担具有法律效应的减排。

问题6:

中国有何种正式的机制可供公民、非政府组织和其他利益组织质疑国家的气候变化伦理立场?

回答6:

虽然中国目前对环境非政府组织已十分宽容,但在(对外)政策制定上的公民参与、非政府组织和其他利益组织仍是受限的。没有正式的机制可供公民参与质疑中国的气候变化伦理立场。

在1994年地球之友成立之前,中国没有环境非政府组织。如今,中国已经有超过3500个环境非政府组织,[1]"中国公民气候行动网络"(China Civil Climate Action Network,CCAN)是气候变化集团中活跃的非政府组织联盟。环境非政府组织在提升中国公众气候变化与环境问题意识方面起着重要作用。

之前,只有政府智库和一些研究机构受邀参与(环境)政策的制定过程,但政府似乎也在将一些政策过程向非政府组织开放。例如,中国公民气候行动网络通过组织研讨会、与政府官员座谈、向国家发改委提交建议报告等方式积极参与《中国国家气候法》的制定工作。[2]

问题7:

当前中国政府如何理解气候正义概念?他们在制定温室气体排放政策中是否明确表达了对气候正义问题的任何立场,或考虑

---

[1] Liu Sha, "Environmental NGOs Grow across China but still Struggle for Support", *Global Times*, http://www.globaltimes.cn/content/714330.shtml.

[2] CCAN, "CCAN NGOs Provide Recommendations for China's New Climate Change Legislation", http://www.c-can.cn/en/node/679.

到了脆弱国家或脆弱人群的适应需求？

回答7：

如对之前问题的回答中所解释的那样，中国政府根据历史责任来理解气候正义。根据中国的"发展优先"原则，发展中国家没有义务控制排放，直到它们达到某种发展水平时为止。从最不发达国家的立场来看，该观点是正确的，但人们会质疑中国是否是发展中国家的典型代表。

从中国的立场来看，发达国家的排放与发展中国家的排放存在着本质的差别。中国区分了两种类型的排放：（1）发达国家超额与不正义的"奢侈排放"；（2）发展中国家的"生存排放"。用中国时任主席胡锦涛的话说，"中国总排放中有一大部分属于用于满足人民基本需要的生存排放范畴"①。通过强调发展的价值，中国政府认为，设定约束性排放要求不利于经济发展。另外，中国政府越来越多地提及"转移排放"或"离岸排放"——在中国生产，但却用于发达国家消费需求的排放。在胡锦涛的讲话中提道："由于国际劳动分工与制造业的重新布局，中国面临着巨大的国际转移排放的压力。"②

许多研究确实表明，由于中国的出口驱动型发展策略，其排放中最大的一部分是"离岸排放"。例如，Wang和Watson计算，中国23%的二氧化碳排放是由出口到西方消费者的商品制造所产生的。③ 另外，Guan等指出，中国一半的排放增长来自出口产品，例如电子、金属、化学物品和纺织品。④ 同时，一些发达国家似乎已经实现了温室气体排放的减速或减少——但明显仅仅因

---

① Hu Jintao, "Remarks at the Major Economies Meeting on Energy Security and Climate Change", http：//www.fmprc.gov.cn/mfa_eng/wjdt_665385/zyjh_665391/t473739.shtml.

② Ibid..

③ Wang Tao and Watson Jim, "Who Owns China's Carbon Emissions?", Tyndall Briefing Note, No. 23, http：//www.tyndall.ac.uk/publications/briefing_notes/bn23.pdf.

④ Guan Dabo, Peters Glen P., Weber Christopher L. and Klaus Hubacek, "Journey to World Top Emitter – An Analysis of the Driving Forces of China's Recent CO_2 Emissions Surge", Geophysical Research Letters, Vol. 36, No. 4, 2009.

为他们将工厂与排放外包到了"污染天堂",例如中国。例如,计算以进口消费为基础的排放,英国的总排放量自 1993 年以来要增加 10%,而境内排放在过去 20 年下降了。约 30% 的英国进口排放来自亚洲的发展中经济体的进口商品,其中有一半来自中国。① 这使英国成为最大的排放净进口国,而中国成为最大的排放净出口国。

问题 8:

你们是否关注到中国的任何地区、民族或地方政府承认了一些应对气候变化的伦理责任?如果有,他们说了什么?

回答 8:

中国政府认识到不能走发达国家的工业化道路。中国声明将"永远不会重蹈覆辙",但"会采取综合性政策减缓温室气体增长的速度,争取尽早达到排放峰值"。② 这是一项困难的任务,如中国时任总理温家宝所说:

"综观世界发展史,发达国家 200 多年工业化过程中分阶段出现的资源环境问题,在我国现阶段集中显现出来;发达国家在经济高度发展后花几十年解决的节能减排问题,我们要在短得多的时间内得以解决,难度之大前所未有。"③

在中国看来,国外对其总体温室气体排放量的批评是不公正的,因为中国的很大比例排放是出口商品的"离岸排放"。如时任中国外交部发言人秦刚在 2007 年所说:

"发达国家将大量的制造业工厂转移到中国。你们所穿、所用、所吃的许多东西都是在中国生产的。一方面,你们要增加在

---

① Committee on Climate Change, "Reducing the UK's Carbon Footprint", http://www.theccc.org.uk/wp-content/uploads/2013/04/Reducing-carbon-footprint-report.pdf.
② Xie Zhenhua, "Speech at the High Level Segment of COP16 & CMP6", http://unfccc.int/files/meetings/cop_16/statements/application/pdf/101208_cop16_hls_china.pdf.
③ Wen Jiabao, "Strengthen International Technology Cooperation and Address Climate Change Actively", Speech at the Beijing High-level Conference on Climate Change: Technology Development and Technology Transfer, http://jm.chineseembassy.org/eng/xw/P020081113418748745558.pdf.

中国的生产，另一方面，你们却批评中国的减排问题。"①

问题9：

中国政府是否采取了某些措施鼓励个人、企业、组织、地方政府或其他实体承担减少温室气体排放的伦理责任？

回答9：

中国政府鼓励中央和地方政府、企业和个人实施"低碳生活模式"，发起了广泛的政治与行动计划。这些政策没有考虑伦理问题，因为中国认为，国际社会对其期望应与其发展阶段相一致。

中国有30多个省份和城市已经开始了低碳试点工作，以开创社会与工业的能源与资源的高效发展模式。② 中国在2012年发布了初步的碳排放交易体系（ETS）规则，并在5个主要城市（北京、天津、上海、重庆和深圳）和两个省份（广东与湖北）开启了碳排放交易试点。③ 中国政府计划在2016年将碳排放贸易

---

① "China Rejects Criticism of Its Carbon Emissions", *The New York Times*, http://www.nytimes.com/2007/06/21/business/worldbusiness/21iht-emit.4.6262722.html.

② 国家发改委于2010年7月19日发布的一则名为《关于开展低碳省区和低碳城市试点工作的通知》表示，根据地方申报情况，统筹考虑各地方的工作基础和试点布局的代表性，经沟通和研究，确定首先在广东、辽宁、湖北、陕西、云南五省和天津、重庆、深圳、厦门、杭州、南昌、贵阳、保定八市开展试点工作。2012年4月，发改委气候司为了贯彻落实《国务院关于印发"十二五"控制温室气体排放工作方案的通知》的精神，决定在第一批试点的基础上，进一步稳步推进低碳试点示范，并于4月27日下发了《关于组织推荐申报第二批低碳试点省区和城市的通知》。根据通知，第二批国家低碳省区和低碳城市试点范围为：北京市、上海市、海南省和石家庄市、秦皇岛市、晋城市、呼伦贝尔市、吉林市、大兴安岭地区、苏州市、淮安市、镇江市、宁波市、温州市、池州市、南平市、景德镇市、赣州市、青岛市、济源市、武汉市、广州市、桂林市、广元市、遵义市、昆明市、延安市、金昌市、乌鲁木齐市。至此，我国已确定了6个省区低碳试点，36个低碳试点城市，至今大陆31个省市自治区当中除湖南、宁夏、西藏和青海以外，每个地区至少有一个低碳试点城市。低碳试点已经基本在全国全面铺开。——译者注

③ 目前，中国已有4家主要的碳排放交易所：深圳排放权交易所、北京环境交易所、上海环境能源交易所和天津排放权交易所。在中国等发展中国家尚不承担有法律约束力的温室气体限控义务的情况下，这些碳排放交易所希望推动自愿减排。其中深圳排放权交易在2013年6月18日率先启动了交易，并产生了1300多万元的交易量，同时设立了个人会员和公益会员。为方便全国各地关注碳排放交易的机构和个人，开设了"足不出户，异地开户"的服务。上海环境能源交易所更是借助世博会召开之机，推出"世博自愿减排"活动。——译者注

体系扩展到全国——也是第十三个五年计划实施的头一年。①

中国的公民教育运动也在全国开展，目的是增加公众对环境问题、气候变化、能源储存和低碳生活方式的关注。媒体对气候变化的报道增长也很大，例如，有关气候变化的许多公益广告、论文和纪录片在电视、广播和报纸上出现。自2013年以来，开展全国低碳日。② 在2013年，选出了一千名环境大使来推动青年人的环境意识。

为鼓励企业提高能效和绿色增长，中国政府积极出台了诸多政策与行动方案，例如《工业领域应对气候变化行动方案（2012—2020年）》。

问题10：

你有何建议，使中国政府或其公民社会在气候变化政策制定时认真考虑伦理与正义问题？

回答10：

在批评中国的总体温室气体排放时，需要考虑两个重要的方面。首先应当注意的是，中国的人均温室气体排放量比发达国家要低不少。同时，中国温室气体排放中所增加最大的份额来自西方消费者的需求。然而，当前的国际气候政治却倾向于关注总体排放，并惩罚生产商品的国家而不是消费商品的国家。如果这些"离岸排放"得到官方认可，就会使国际谈判更公平，产生更多信任，并增进中国在全球减缓气候变化努力中扮演更积极角色的意愿。这就是为什么我建议，后京都谈判应当更多地关注国家与

---

① "China Eyes Nationwide Emission Trading Programs in 2016 – 2020", http://news.xinhuanet.com/english/china/2012 – 12/06/c_ 132024197. htm.

② 为普及气候变化知识，宣传低碳发展理念和政策，鼓励公众参与，推动落实控制温室气体排放任务，2012年9月19日，时任国务院总理温家宝主持召开国务院常务会议，听取退耕还林工作汇报，讨论通过《京津风沙源治理二期工程规划（2013—2022年）》。会议决定自2013年起，将全国节能宣传周的第三天设立为"全国低碳日"。2013年6月6日，国家应对气候变化战略研究和国际合作中心召开媒体通气会，确定2013年6月17日为首个"全国低碳日"，届时将启动"低碳中国行"活动。2013年全国节能宣传周和全国低碳日活动的主题是"践行节能低碳，建设美丽家园"。2014年第二个全国低碳日为6月10日，主题是"携手节能低碳，共建碧水蓝天"。——译者注

个人的消费，而不是国家境内的生产排放的原因。

我再次重申，需要注意到数百万中国富人的温室气体排放与典型的西方消费者并无差异。从世界主义的视角看，所有的富人，包括富裕的中国人，都有能力和义务减少温室气体排放。如哈里斯（Harris）所指出的，"共同但有区别的责任"原则应适用于人与人之间而非国与国之间，这样才能更好地理解全球富人（包括中国人）在气候变化中所起到的作用，并更多地关注全球性的伦理与正义问题。

如果没有发达国家，尤其是美国的严肃承诺和有雄心的气候减缓策略，中国将继续强调其发展中国家的立场，并仍不愿意承担更多的国际责任。发达国家也应当增进对中国式思维方式与行为方式的真正理解；它们不应当继续谴责中国的不负责任，而是尊重中国政府所做出的努力，因为谴责并不会增进国际合作所需的相互信任。中国人似乎感到十分受挫，因为发达国家并不认可他们在气候变化减缓上所做出的努力与取得的成就。通过给中国人"面子"和认可中国在包括环境问题在内的许多政策领域所取得的成就，以及通过允许中国在国际政治上扮演更重要的角色，发达国家可以激励中国政府在当代的全球问题上承担更多的责任。

最后，中国在联合国安理会的常任理事国席位为中国政府带来了特殊义务。从这一有利地位来说，中国比较小的国家更有道德义务承担更多的责任，而不能逃避采取严肃的气候变化减缓政策。最后，除了美国，中国是唯一能使国家政策产生全球性影响的国家。

第二节　对报告的回应

笔者对该报告的回应整理如下：

回应 1：

回答 1 指出："在国际气候变化谈判中，中国政府坚称它是一个'负责任的发展中国家'，会认真应对全球气候问题，但是它却坚称既不承担历史责任，也没有减缓气候变化的经济资源，并且需要经济与技术援助。""多年来，中国拒绝承诺任何形式的减排，并要求发达国家因历史原因承担所有的气候变化减缓责任。"

对此做出如下回应：

中国作为世界第二大经济体，确实已成为全球第一大碳排放国，每年的增长量已经超过了北美和欧洲的总和。① 中国应对气候变化的态度自然为各方所关注，但西方国家对中国应对气候变化的政策明显存在偏见，对中国的国情和发展阶段存在误读和误解。尽管中国已经成为全球最大的二氧化碳排放国，但这并不意味着，这个快速发展的国家就是全球温室气体排放和全球变暖的罪魁祸首，也不意味着中国必须承担与附件一国家相同的减排责任。原因在于：

（1）全球气候变化主要不是中国近几十年的发展造成的，而主要是由发达国家 100 余年的发展所造成的。由于二氧化碳在大气中可以存在 150 年之久，发达国家的历史排放占当前全球温室气体的 90% 以上。指责中国的当前排放是转移视线，忽视发达国家的历史责任。即使不考虑历史责任，发达国家当前的温室气体排放量仍远远超过发展中国家，它们只拥有世界 22% 的人口，却消耗了超过 70% 的能源，排放量占当前全球温室气体排放总量的一半以上。可见，发达国家是气候变化的主要责任者，应当承担更大的应对气候变化的义务，不仅要带头大幅减少温室气体排放，还要向世界上的其他国家提供气候变化的应对资金与技术。

（2）中国的社会经济仍在综合发展阶段，刚刚跨越生存型发展阶段，在基础教育、全民医疗保障、公共基础设施建设等领域仍然需要

---

① 2011 年十大碳排放国家：a. 中国 100 亿吨，增 10%；b. 美国 59 亿吨，降 2%；c. 印度 25 亿吨，增 7%；d. 俄罗斯 18 亿吨，增 3%；e. 日本 13 亿吨，增 0.4%；f. 德国 8 亿吨，降 4%；g. 伊朗 7 亿吨，增 2%；h. 韩国 6 亿吨，增 4%；i. 加拿大 6 亿吨，增 2%；j. 南非 6 亿吨，增 2%。

庞大的公共投入，而目前发达国家由于早已在工业化阶段完成了这些建设，在这些领域的排放需求较少。在这一阶段对中国提出过高的减排要求是不公平的，是剥夺了中国的发展权。同时，中国经济已经经历了超过30年的调整发展，将进入中速发展与经济结构调整阶段。投资、出口和消费是长期以来拉动中国经济增长的"三驾马车"。当前，中国十分注重可持续发展与生态文明建设，开始向绿色发展转型，中国未来的发展必定会是低碳型的。因此，不能以中国在过去高碳阶段的排放量来测算中国的未来排放量，也不能以这种计算结果为据限制中国的经济社会发展。

（3）应当看到中国的计划生育政策已经在很大程度上减少了全球碳排放量。自20世纪70年代以来，中国一直将计划生育作为基本国策。有效控制了人口的过快增长。中国的生育率不仅明显低于其他发展中国家，也低于世界平均水平。中国在经济尚未进入发达水平的情况下，在短时间内实现了人口再生产类型从高出生、低死亡、高增长到低出生、低死亡、低增长的转变。通过计划生育，到2005年，中国累计少出生人口3亿多，按照国际能源机构统计的全球人均排放水平估算，仅2005年一年就减少二氧化碳排放约13亿吨。① 时任中国国家人口和计划生育委员会副主任赵白鸽，在出席哥本哈根联合国气候变化大会期间接受新华社记者采访时曾指出，人口增长与气候变化直接相关，因此，中国多年的计划生育政策使人口生育率大幅下降，近30年来少出生人口4亿，每年为全球减少二氧化碳排放量18.3亿吨（据当前人均4.57吨计算）。② 这是中国对减缓世界人口增长和减少温室气体排放所做出的巨大贡献。西方国家不能仅仅谴责中国的计划生育政策，而看不到其对全球减排产生的巨大贡献。按照西方的权利逻辑，每个胎儿都有出生的权利，那么他们也就至少拥有生存的排放权，甚至还要拥有发展的排放权，因此，发达国家也应当尊重和保

---

① 中国国家发展和改革委员会：《中国应对气候变化国家方案》，http://www.ccchina.gov.cn/WebSite/CCChina/UpFile/File189.pdf，2017年9月18日。
② 《中国官员建议将人口问题写进哥本哈根成果文件》，http://www.china.com.cn/news/txt/2009-12/11/content_19045877.htm，2017年9月18日。

护众多中国人当前的生存与发展排放权。

那么，中国因实行计划生育政策而少出生的人口所减少的温室气体排放是否应算作中国对减缓全球气候变化的贡献？我们认为，如果中国未实行计划生育政策，全球人口将比现在多出数亿人，从而增加大量的温室气体排放。因此，中国的这一人口控制政策对应对全球气候变化做出了巨大的贡献，在计算中国的应对气候变化责任时，应当将这一贡献计算在内。但西方国家会反驳说，中国实行计划生育政策的初衷并非应对气候变化，中国计划生育政策造成的人口减少以及减排贡献完全是一种"无意识的后果"。因此，计划生育政策造成的排放减少不能算作中国的减排贡献，不能因此减少中国应对气候变化的责任。

如果中国的计划生育政策造成的人口减少不能算作中国的减排贡献，其理由是该政策的设计动机不是为了应对气候变化。这一理由背后的逻辑是：动机与责任相关。那么，行为和政策的动机是否是判定责任的标准？如果一项政策的动机是减少温室气体排放，但结果却是造成了更大的温室气体排放，那么，这种"好心办坏事"是否需要承担责任？例如，为了增加地表反射率而砍伐森林，从而加剧全球变暖。明显，政策制定主体是需要对这类动机良善但结果负面的政策负责的。无论动机再好，只要对他人造成了伤害性后果，就应受到惩罚。因此，"好心办坏事"是要承担责任的。

那么，评判的标准是否就是后果，而无关动机？是否无论有无做坏事的动机，只要结果是好的，就可免除责任？"坏心办好事"是否是可嘉奖的或可原谅的？如果一个极权政府制定了一项动机邪恶的政策，但却造成了好的结果，是否应对其嘉奖？如法西斯政权发动战争，消灭了大量人口，从而减少了这些人口的资源消耗与温室气体排放，那么，这类反人类政策所造成的减缓全球变暖贡献是否值得肯定？明显，这类政策即使有好的气候效果，却违背基本人类价值观，无论其结果如何，政策主体都应承担责任。再如，A想杀死B，在B的水杯里投入一种毒药，但B恰好患有一种严重的疾病，而A放的这种毒药恰好是他的良药，帮他治了疾病。可见，动机也同样重要。

在伦理学上，根据以动机还是结果作为评判标准的不同，出现了道义论和功利主义两种路径。道义论认为，结果的好坏取决于动机的良善，只有良善的动机才是评价行为的标准。而功利主义则注重结果的功利最大化。不过，传统上，道义论和功利主义所针对的对象都是个体行为，而不是国家政策与行动。能否将它们扩展到国家政策与行动上？在理论上是可以的，国家可以选择手段良善，也可以选择功利最大化的政策。

如果选择道义论，则认为政策动机是判断应对气候变化责任的基础。也就是说，道义论可能会选择用道德判断作为分配应对气候变化责任的基础。但在应对气候变化中，所分配的是与道德判断无关的经济利益，它只与各国的排放和减排贡献数量这些事实有关。与其说是责任的分配，不如说是经济利益的分配。在现实利益分配上，更有效的是法律规则，而不是道德准则。

中国的计划生育政策对气候变化以及全球环境来说，至少是"无心办好事"，甚至是"好心办好事"，而非无意识后果。中国实行计划生育政策的初衷也是缓解人口对环境和资源的压力，使自然、经济与社会更可持续。而气候也是一种需要保护的自然资源，只不过以一种新的形式表现出来——大气吸收温室气体的能力是一种宝贵的自然资源。

另外，对俄罗斯和西欧等因人口自然生育率下降而人口自然减少的国家所造成的无意识减排后果，是否应算作这些国家的减排贡献？如果中国人因计划生育政策造成的无意识减排后果可以算作中国的减排贡献，那么这些国家因人口自然减少而造成的减排也应算在其减排贡献之中，并相应地减少其应对气候变化的责任。

首先，这些国家的人口下降是一种自然过程，在动机上也是无意识的，而中国的人口增速下降是人为政策使然。对于自然而然的事情，没有人有功劳和责任，没有人要为此负责，也没有人为此获得奖励。就像太阳黑子爆发等自然因素引起的全球变暖，或地球小冰期造成的全球变冷一样，无人需为此负责和获得奖励。例如，假设因地理变迁（如喜马拉雅山升高）使中国的冰川面积自然增加，从而使全球变暖放缓，那么这是否能算中国对全球气候变化的贡献？明显不能。责任和利益都必须要有承担的主体，且主体确实对结果起到一定的作用。而这些自然进程缺乏主体的参与。

其次，这些国家的人口减少是自愿选择的结果，没有人因此受到伤害（即使有伤害——如社会老龄化，也是自愿的结果，需自己承担后果），但中国的计划生育政策对个人生育权是一种限制，许多人和家庭受到了影响——失独家庭、养老问题、家族传承等。权利受到伤害理应得到补偿，而承认中国计划生育政策对减缓全球变暖的贡献，减少中国的发展压力，让广大受到计划生育政策影响或伤害的人获得更多的发展机会，也是一种对为公共利益而权利受到限制或伤害的人的补偿。

那么，对于印度、印度尼西亚这类缺乏人口控制政策，而人口大幅增长的国家，是否应当加大对它们的惩罚，增加它们的责任呢？

人口自然的增加与减少一样都是自然行为，本不应受到惩罚。但在气候变化与环境危机背景下，人口的无限制增长已经产生了严重的影响。在这种背景下，通过适当控制人口规模以应对气候变化，就变成了政府的责任。对于不履行这种责任的政府，应当给予一定的惩罚。但是，由于人口政策涉及宗教、传统、教育、观念、经济等多种因素，这类国家政府可能无法强制实行计划生育政策，在这种情况下，它们缺乏人口控制政策也是可以得到谅解的。虽然可以不惩罚不实行人口控制政策的国家，却不妨碍奖励实行了人口控制的国家。

人口不仅有数量问题，还有质量问题。人口结构、教育程度、收入水平等都与气候变化息息相关。对于中国和印度这样的国家，虽然人口众多，但人均消费和排放量低。在炎热的印度，人们使用空调的比例非常低（比同样纬度的新加坡的人均空调使用率低得多）。中国人也有许多低碳生活方式，如大部分自然晾晒衣服而不是像美国人那样使用烘干机烘干衣服。负出生率将影响几乎每一个工业化国家，那些在"二战"后人口激增（在美国是"婴儿潮"）时期出生的人将会大规模地退休，劳动力将萎缩，同时社会将有一部分人过得非常悠闲。这些在高消费和遍地汽车的时代成长起来的人，一旦不再工作了会干些什么？他们会继续每天开车，直到老得开不了车吗？还是会尽早地改变，简化他们的生活？考虑到"独生子女"政策导致的人口趋势，到21世纪30年代，中国很可能也会发生同样的情况。①

回应2：

回答1指出，"中国是世界上最大的煤炭消费国，而煤炭又是化石能源中主要的二氧化碳源。由于煤炭也是中国严重空气污染的最重要来源之一，因此，国内也有减少煤炭使用的强烈动力"。"政府着力通过提高能源效率降低PM2.5和PM10水平，例如，提高可再生能源和核能的比例，发展低碳技术、减少机动车尾气排放、关闭过时的工厂和能源生产企业。所有这些举措无疑也会对气候变化减排造成积极的影响。"

对此回应如下：

应对气候变化也是中国的内在需求，只是对中国政府和中国人民而言，更加迫切的不是气候变化问题，而是严重的空气污染问题。人们总是对迫近的威胁有更直接的应对动力，相比于气候变化，排放所造成的空气污染更紧迫、更现实、更直接，刺激着包括政府官员在内的每一个中国人的神经。中国政府当前的首要环境治理任务就是向空气污染宣战，保持"APEC蓝"。的确，"所有这些举措无疑也会对气候变化减排造成积极的影响"，因此，在中国，治理雾霾与应对气候变化是一致的。

回应3：

回答1指出，"中国政府却未宣布哪一年会达到排放峰值"。

对此回应如下：

2014年11月12日《中美气候变化联合声明》宣布中国计划在2030年左右达到排放峰值，并努力提前达到峰值，同时，计划大幅降低非化石能源在一次能源消费中所占比重。通过分析发达国家的历史经验，我们发现，要达到碳排放峰值，需要满足两个条件：①单位

---

① [美]斯科特·蒙哥马利：《全球能源大趋势》，宋阳、姜文波译，机械工业出版社2012年版，第80—81页。

GDP 碳强度下降率高于 GDP 年增长率；②单位能耗碳强度下降率大于能源消费年增长率。①

回应 4：

回答 2 指出："中国政府强烈否认对造成气候变化负责，并要求发达国家承担它们的历史责任。"对此回应如下：

历史责任所关注的是各国的历史排放量。由于二氧化碳在大气中有 50—200 年的寿命，因此，历史上排放的二氧化碳对当前的气候变暖有着十分重要的影响。

回应 5：

回答 2 指出："中国没有提及的是最富裕的 10% 的中国人的人均排放量远远超过了最贫困的 10% 的美国人"；"中国的富人数量增长速度很快：根据家庭财富计算，中国在 2013 年是世界上第三富裕的国家，有 112.3 万百万富翁，并且比美国之外的其他国家有更多的人财富在 5 千万美元以上"；"据估计，中国的百万富翁人数会在 2018 年翻倍，达到 210 万人"。

对此做出如下回应：

（1）中国有 10% 的富裕人口，可又有多大比例的贫困人口呢？为何不拿另外 90% 的中国较贫困人群和另外 90% 的美国较富裕人群进行对比？中国 10% 的富人更多的是对中国另外 90% 人的责任，这说明中国应更多关注社会公平问题，并不表明中国已经脱离发展中国家的行列。秘鲁的中产阶级也在迅速崛起，我们能因这少部分先富裕起来的人而将秘鲁也归入发达国家的行列吗？

（2）中国的富人对中国的穷人而不是西方国家的穷人具有更多的义务，因为他们在财富获取过程中所产生的环境危害更直接地会伤害本国而非外国的穷人。这一数据或许更说明中国在当前阶段也应注重分配和机会的公平性，以及环境保护和公民健康，加强社会建设，而不是经济增长的最大化。许多地方政府已经取消了对官员的 GDP 政

---

① 徐燕燕、薛丹丹：《各国为何紧盯中国碳排放峰值？》，《第一财经日报》2014 年 9 月 24 日第 3 版。

绩考核，说明政府已经开始从发展的数量向发展的质量转变。江苏、山西、宁夏、河北、浙江、陕西等多个省区对市、县（区）都降低或取消了 GDP 考核。

（3）财富泡沫问题。中国近几年房地产价格激增使许多仅仅拥有一套住房的平民百姓都步入了百万富翁的行列，但是他们的财富只是积压在房地产中的泡沫性财富，并非真实资产。如果有大量的人卖掉房产，势必造成泡沫破灭。许多中国的"百万富翁"或许只是大城市里拥有唯一住房却过着穷人生活的普通人，他们的所有财富都在唯一房产中，但即使是美国的"穷人"也过着"高碳"的生活，因此，不应忽视许多过着低碳生活的"富人"们。

（4）消费方式问题。对注重房产和储蓄的中国人来说，他们会通过几十年的简朴生活积累财富以购买一套房产，而许多西方人则更注重即时消费。或许一位拥有一套价值 100 万美元房产的中国百万富翁终身所挣得的收入不过就是 150 万美元，而一位美国"穷人"终生消费掉的财富远远超过 200 万美元，只不过是暂时身无分文罢了。这就像一个因挥霍掉父母财富而流落街头的"败家子"指责一位白手起家、靠省吃俭用买了一套小房子的人所拥有的财富不道德一样。

回应 6：

回答 4 指出，"中国要让世界相信其排放的增长是正义的，因为这是由减贫造成的，并且是提高中国穷人的生活水平所必需的"。

对此做出如下回应：

中国温室气体排放量的增长确实是正义的，我们没有理由让人民生活在贫困之中。在减少当前的贫困与未来的气候风险之间确实存在着伦理冲突。西方发达国家指责中国不关心未来世代，这是一种道德陷阱。关心后代需要的是能力，只有富国和富人才有更多的精力和能力关心后代，而穷人和穷国更关注当前的迫切问题。后代的福利需要当前经济发展所提供的基础设施、医疗和教育等，如果以后代利益为由遏制发展中国家的发展，无疑是在牺牲发展中国家后代的利益来满足发达国家后代的利益。可见，西方发达国家所关心的未来世代是你们自己的后代，而不包括发展中国家的后代。其实，中国人比西方人更关心自己的后代，会更多地为后代储蓄，会为后代留下一个"青山常在、绿水长流"的美丽中国。

回应7：

回答4指出："中国没有明确指出在做出减排承诺之前，应当实现何种发展水平，或何时会达到这一水平。"

对此回应如下：

由于自然资源是有限的，以资源消耗为基础的发展模式终将达到极限，因此，中国的传统经济发展确实应当设定一个限度。但这个限度不等于发展到某个水平就不发展了，而是从不可持续发展转向可持续发展，从专注于经济发展转向经济社会与人的全面发展。不能给发展设定一个固定的、僵化的极限，限定达到这个水平就停止发展。发展确实应当设定一个限度，但这个限度绝非固定的，而是变动的。例如，在20年前，让所有人都用上手机是一个奢侈的发展目标，但在当前时代，手机已经成为所有人都应当拥有的基本通信工具。发展目标是动态的，可以从某些方面转向另一些方面，例如，之前人们更关注经济发展，说明社会还处于较为贫困的时期，但当经济发展后，人们便更注重环境与健康的发展目标，这时就可以使经济发展放缓一些。

因此，中国发展到何种水平可以做出减排承诺其实是一个伪命题，因为我们无法预料未来社会的发展状态与发展模式。如果中国未来实现了低碳甚或零碳发展，那么中国是否也应当给自己的发展设置一个限度？同样，可以反问，发达国家是否给自己的发展设定一个限度？哪个国家可以承诺发展到某个水平后就停止发展？

回应8：

回答5指出："尽管中国的经济财富迅速增长，但中国仍视自己为国际气候谈判中发展中国家的领袖"；"中国将自己的气候政治与其他发展中国家（G77）结盟，并用花言巧语使它们的利益纠缠在一起。中国认为在发达国家与发展中国家之间没有其他类别，因为中国政府不希望有约束性的减排，也不希望放弃其经济与技术利益。中国政府用友谊向发展中国家施压，指出'中国永不脱离发展中国家'"。

对此回应如下：

这明显是在离间中国与发展中国家的联盟，希望其他发展中国家将矛头指向中国。一些发达国家提出，中国已经是与韩国等相对更发达的国家相似的"新兴工业化国家"，中国已经足够强大而且发展迅速，可以在未来10—20年的时间内吞掉所有西方国家。[①] 这是一种典型的"中国威胁论"立场，其目的是对发展中国家进行分化和瓦解，迫使中国承担更大的减排责任。

中国在国际气候合作中一直以"77国集团＋中国"[②]模式作为在应对气候变化领域与广大发展中国家团结合作的主要机制，反对发达国家在国际气候合作中转嫁责任，以维护发展中国家的根本利益。发达国家试图在国际气候合作中强调中国和印度等发展中大国的减排责任，企图把中印等国家从发展中国家阵营中分解出来，最终瓦解发展中国家的团结合作。如果其他国家开始质疑中国的发展中国家地位，中国与77国集团合作的共同利益基础会逐步弱化进而导致合作走向解体。这种做法注定是失败的和徒劳的。中国与77国集团中的小国、穷国、小岛国之间确实存在经济发展上的一些差异，但是中国和其他发展中国家有着同样的被压迫、被剥削的历史，当前又面临发展的诸多限制，对发展阶段所遇到的包括气候变化在内的挑战相互理解，同样遇到国内的生态环境压力、社会经济压力以及来自西方国家的减排压力。为了打破发展中国家形成的联盟，发达国家开始仅仅与一部分发展中国家进行对话，而无视"77国集团＋中国"。

的确，国际气候合作的复杂性使传统的南北界限变得模糊，也对

[①] 李宗泽：《马媒称中国仍是发展中国家不应承担发达国家责任》，http：//world.huanqiu.com/roll/2011-11/2191410.html，2017年9月28日。

[②] 20世纪90年代初，中国与77国集团成员国等131个发展中国家在国际气候变化谈判中团结起来，建立了"77国集团＋中国"的合作机制。尽管各成员国在经济发展水平、获得能源资源的能力，以及面对气候变化的脆弱性等方面存在很大差异，但中国与77国集团合作机制实现了"多样性中谋求统一"的创新。在此后十余年的气候变化谈判进程中，这一合作机制始终保持了较强的凝聚力，推动国际气候变化谈判达成了诸多有利于发展中国家的协议，其中1997年有关《京都议定书》的谈判就是中国与77国集团合作机制紧密团结的高峰。

中国的国际气候合作思路提出了挑战。① 世界最大外汇储备国、世界最大温室气体排放国、世界第三大经济体等诸多头衔使中国在国际气候谈判中承受的压力不断加大。中国与77国集团的合作也步履维艰，但压力的加大与客观存在的分歧并不意味着双方合作基础的彻底消失。因为：①中国与G77仍存在建立气候统一阵线的经济基础；②中国仍有与G77建立气候统一阵线的政治需求；③中国与G77合作领域的广泛性客观上有利于维持双方在气候问题上的合作。② 中国在外国人眼中由一个不发达国家逐渐演变为有资格进入发达国家行列的国家，同时，中国已经成为最大能源消耗国的事实在很大程度上改变了人们关于中国是发展中国家的印象。这确实阻碍了中国在国际气候合作中从发达国家和广大发展中国家那里争取支持。③ 不过，多年来的事实表明，中国仍然能够聚集一些发展中国家协调行动，这是由于中国坚持维护发展中国家的利益这一基本立场并未发生改变。中国一方面要继续加强与南非、印度、巴西等排放增长迅速的发展中国家的密切合作，共同反对发达国家对发展中国家生存与发展排放权的限制，另一方面也要通过资金、技术与能力建设方面对广大较为落后的发展中国家提供援助，实现发展中国家在国际气候合作中的"守望相助"。④

回应9：

回答5指出，"中国政府不希望在国际谈判中被孤立，因此开始鼓励所谓基础四国（中国、巴西、南非和印度）之间的合作"。

对此回应如下：

---

① 张海滨：《应对气候变化：中国外交面临重大挑战》，《绿叶》2007年第8期。
② 严双伍、肖兰兰：《中国与G77在国际气候谈判中的分歧》，《现代国际关系》2010年第4期。
③ [美] 理查德·埃德蒙：《环境问题对中国政治与社会的塑造作用》，宋林译，载 [德] 海贝斯、格鲁诺、李惠斌主编《中国与德国的环境治理：比较的视角》，杨惠颖等译，中央编译出版社2012年版，第11—12页。
④ 傅聪：《欧盟气候变化治理模式研究：实践、转型与影响》，中国人民大学出版社2013年版，第258页。

"基础四国"① 在地理上相隔遥远，文化上存在巨大差异，为何能在气候变化问题上建立合作机制呢？根本原因在于四国国情与发展诉求相似，正处于实现快速工业化的过程中，在气候变化问题上具有共同的利益关切。基础四国对《京都议定书》第二承诺期发达国家义务的明确要求及其历史责任的认定是基础四国立场一致的基础。基础四国的共同利益诉求有：①应对日益增加的国际压力，维护包括基础四国在内的发展中国家的发展权和发展利益；②最大限度地降低气候变化给发展中国家带来的负面影响；③敦促发达国家率先减排和向发展中国家提供资金和技术支持。②

回应 10：

回答 5 指出，"中国已不再是一个'非常贫困'的国家，并且中国的温室气体排放也对其他发展中国家产生了诸多不利影响。发展中国家，尤其是最不发达国家和小岛国开始要求中国减排只是时间问题"。

对此回应如下：

由于温室效应的滞后性，中国当前的排放可能会在未来对最不发达国家造成伤害，但他们现在所受伤害却是由发达国家过去的历史排放造成的。将来这些国家向中国追诉的仍然是历史责任，可发达国家当前却拒不承认其历史责任。如果发达国家没有能力和愿望解决当前的历史责任问题，又有什么资格谴责中国的历史责任？发展中国家当前需要的是跨越高排放、高消耗、高污染式发展的路径，这需要发达国家提供资金与技术援助。这是一个全球正义问题。

---

① "基础四国"（The BASIC Countries）是由巴西（Brazil）、南非（South Africa）、印度（India）和中国（China）四个主要发展中国家组成的《联合国气候变化框架公约》下的谈判集团，取四国英文名首字母拼成的单词"BASIC"为名。"基础四国"机制于 2009 年 11 月 28 日联合国气候变化谈判哥本哈根会议召开前夕，在中国的倡议和推动下形成。此后，四国每季度轮流在本国主持召开气候变化部长级会议，就气候变化相关重点议题、发展中国家的关切进行讨论和立场协调。笔者曾于 2012 年 11 月在北京参与了第 13 次基础四国部长级会议的专家会议。

② 高小升：《试论基础四国在后哥本哈根气候谈判中的立场和作用》，《当代亚太》2011 年第 2 期。

回应 11：

回答 7 提及："中国政府越来越多地提及'转移排放'或'离岸排放'——在中国生产，但却用于发达国家消费需求的排放"；"中国 23% 的二氧化碳排放是由出口到西方消费者的商品制造所产生的"；"计算以进口消费为基础的排放，英国的总排放量自 1993 年以来要增加 10%，而境内排放在过去 20 年下降了。约 30% 的英国进口排放来自亚洲的发展中经济体的进口商品，其中有一半来自中国"。

回答 8 提及，"发达国家将大量的制造业工厂转移到中国。你们所穿、所用、所吃的许多东西都是在中国生产的。一方面，你们要增加在中国的生产，另一方面，你们却批评中国的减排问题"。

回答 10 指出，"后京都谈判应当更多地关注国家与个人的消费，而不是国家境内的生产排放"。

对此回应如下：

确实如此，只要全球消费量不断增长，全球生产就会不断增长。如果只是计算生产国的排放，那么生产企业可能会因生产国的严格环境管制政策而转移到环境管制较松的国家，但全球生产总量并不会下降，温室气体排放总量也不会因此而下降。

当我们在谴责某些国家大量排放二氧化碳时却忘记了这些国家本身也是受害国，并且是因为另一些国家的大量消费而成为受害国的。不能仅仅谴责生产国，更应谴责消费国。举一个 2014 年发生在中国的污染企业的例子：在内蒙古的沙漠里有一家大型化工企业因向沙漠排放污水被媒体大肆曝光和炒作，最后这家企业被迫关闭。但当人们谴责这家企业时是否想过，自己所消费的很多生活"必需品"都与这家企业的产品有关。或许对这家企业而言，所面临的选择是在沙漠里排污还是在长江里排污，或许在荒无人烟的沙漠里排污已经是对人类和环境危害最小的生产方式。

如果全球气候协议转而从消费的角度计算各国的排放量，那么中国反而是受害国。中国人民牺牲自己的环境和健康为西方消费者生产商品，为什么还要求中国承担最大的减排责任？地方政府难以关闭从西方转移来的外资企业，就只能用行政手段强制关闭本土企业，或减少对居民生活的能源供应，以应对来自西方消费国的减排压力，这是不正义的。生产国减排的成本应由全球消费者共同承担。正如我们不能让非洲土著居民独自承担保护非洲野生动物的责任，全球所有人都有义务保护非洲动物这一人类共同的财富。

回应12：

回答10指出，"'共同但有区别的责任'原则应适用于人与人之间而非国与国之间"。

对此回应如下：

将"共同但有区别的责任"原则扩展到人与人之间是存在问题的。让处于不同发展阶段的国家的公民根据其个人财富情况承担减排责任，这看似公平，却同样忽视了国家之间发展阶段的差异，试图抹杀发达国家的历史责任。虽然一个发展中国家的富人（或穷人）与一个发达国家的富人（或穷人）拥有相同的货币数量，但是，他们所享有的基础设施、社会保障、教育与医疗水平、环境质量、预期寿命等却相差巨大。另外，让他们承担相同的应对全球气候变化的"外部"责任，而不是承担帮助国内贫困人口的"内部"责任，也是发达国家推卸责任的一种表现——发达国家希望将更多的应对气候变化责任推卸给发展中国家新兴的富裕群体，从而减轻自身的减排压力。

回应13：

回答10指出："发达国家也应当增进对中国式思维与行为方式的真正理解；它们不应当继续谴责中国的不负责任，而是尊重中国政府所做出的努力，因为谴责并不会增进国际合作所需的相互信任。"

对此回应如下：

发达国家确实应当更多地理解中国的思维与行为方式。现代西方的工业化进程是西方近代科学分析理性精神的产物，这种思维把人与自然环境分离和对立起来，存在着很大的局限性。机械论自然观是西方传统思维方式的另一大问题。如果自然的气候系统只是一台机器，那么人类就有可能通过科学掌握这台机器的操作奥秘，最终通过工程技术对其随意摆布和使用。这是一种机械论的自然观。在机械论自然观的支配下，现代人孤立地操纵着自然界，自然的价值被还原于自然的工具价值,遮蔽了自然的内在价值。在这种机械论自然观的指引下,没有什么能够阻挡我们征服自然的欲望,也没有什么能够超越人类利益。这种机械论自然观必然注定了"自然之死"。

这使得许多西方学者纷纷把目光转向中国生态伦理传统。在中国漫长的传统文化中,"天人合一""道法自然"的生态智慧已经渗入中国人的思维与行为方式。如老子说:"天之道,损有余而补不足;人之道,则不然,损不足以奉有余。"① 庄子说:"天地与我共生,而万物与我为一。"② 荀子说:"天行有常,应之以治则吉,应之以乱则凶。"③ 张载说:"天地之塞吾其体,天地之帅吾其性,民吾同胞,物吾与也。"④

第三节 应对气候变化的挑战与机遇

21世纪,人类所面临的挑战是,如何在这个拥挤的地球上同呼吸、共命运。保护环境、稳定世界人口、缩小贫富差距和消除赤贫,这些可持续发展所面临的挑战将会成为全球可持续发展工作的重心。一体化的全球经济和高度分化的国际社会之间的矛盾,给这个世界造成了极大的威胁,因为这使我们很难在迎接依然存在的挑战方面进行必要的合作。

世界可以拯救自己,但前提是人们能够准确地认识到共同面临的挑战。共同的命运需要新形式的全球合作,需要停止残酷的竞争。如果人类能够有效地合作,或许就可以避免遭受可怕的威胁。国际社会在21世纪是走向繁荣还是覆灭,取决于全世界人民是否有能力从一

---

① 译文:自然的运行规律,在于调节万物的平衡与和谐,而人类的文明活动,则在某种意义上来说违背了自然的调节作用。
② 译文:自然与人类一样拥有生命,世界万物和人都是一个整体。
③ 译文:自然有自己的运行法则,人类顺应自然法则的治理这个世界才会长远发展,否则会带来灾难。
④ (《西铭》)意思是说,充塞于天地之间的气构成人与万物的形体,统帅气的变化的本性也就是人与万物的本性;人民是我的同胞兄弟,万物是我的伙伴朋友。

系列共同目标和实现这些目标的可行方法中找到共同语言。全球性挑战将世界前所未有地团结在了一起。不同社会阶层背负着相同的责任，面临着同样的命运，这一共识必须扩展到国际层面，以便确保世界各地的可持续发展。为应对共同挑战，世界各国必须采取新型的全球合作态度，而这恰恰是世界未来的机遇所在。气候变化已经成为当今世界的关注热点，国际社会将减少温室气体排放作为共同的努力方向，发展低碳经济已成为国际共识。

应对气候变化对当前的中国来说，既是挑战更是机遇。气候变化的挑战也恰恰是我国传统经济社会发展所面临的挑战。虽然当前中国经济增长速度放缓，应对气候变化的压力空前之大，但这两者之间并非相互排斥的。中国经济增长速度放缓并非应对气候变化造成的，即使没有应对气候变化的压力，中国经济发展到中等收入阶段也会自然放缓。放缓的原因来自制度、经济结构和社会公平等层面的矛盾和问题，而应对气候变化恰恰要求解决这些矛盾和问题。应对气候变化对我国传统的粗放型发展模式提出了挑战，要求我们更有效地调整产业结构，进行结构性改革。传统的发展是建立在浪费资源和破坏环境基础上的不可持续性发展，这种模式也是导致气候变化的原因之一。积极应对气候变化的挑战就是主动解决我国经济社会发展所面临的重大问题，在应对气候变化问题的同时，我国的经济社会问题也会得到同步解决。例如，产能过剩是我国当前所面临的严峻经济挑战之一，而应对气候变化就要求淘汰落后、过剩的产能，优化配置资源，这也能为更长期的经济增长创造条件。

党的十八大以来，习近平多次强调各级领导干部要努力学习掌握科学的思维方法，防止出现"新办法不会用，老办法不管用，硬办法不敢用，软办法不顶用"的情况，以科学的思维方法保证各项改革顺利推进。2012年12月，习近平在广东考察时说："改革也要辨证施治。"[①] 2013年11月，习近平在中共十八届三中全会第二次全体会议

[①] 新华网：《习近平在广东考察时强调：做到改革不停顿不止步》，http://www.xinhuanet.com/politics/2012-12/11/c_113991112.htm。

上说:"在推进改革中,要坚持正确的思想方法,坚持辩证法。"①2014年9月1日《学习时报》发表的《习近平强调的思维方法》一文,将"辩证思维"放在习近平六大思维方法的首位来论述。2015年6月,习近平在贵州调研期间强调,要善于运用"辩证思维"谋划经济社会发展。②"辩证思维"是一种什么样的思维方法?总书记为何一再强调"辩证思维"?"辩证思维"对我们应对气候变化有何作用和启示?

所谓辩证思维,就是从两个看似无法调和的对立事物之间,寻找解决问题的有效途径。辩证思维是指以变化发展视角认识事物的思维方式,通常被认为是与逻辑思维相对立的一种思维方式。在逻辑思维中,事物一般是"非此即彼""非真即假",而在辩证思维中,事物可以在同一时间里"亦此亦彼""亦真亦假"而无碍思维活动的正常进行。辩证思维模式要求观察问题和分析问题时,以动态发展的眼光来看问题。辩证思维是唯物辩证法在思维中的运用,唯物辩证法的范畴、观点、规律完全适用于辩证思维。辩证思维是客观辩证法在思维中的反映,联系、发展的观点也是辩证思维的基本观点。对立统一规律、质量互变规律和否定之否定规律是唯物辩证法的基本规律,也是辩证思维的基本规律,即对立统一思维法、质量互变思维法和否定之否定思维法。

人类对辩证思维的认识有一个从自发到自觉的发展过程。人们远在知道什么是辩证法之前,就早已在辩证地思考问题了,然而这不过是自发的辩证思维。人们只有懂得和运用辩证法理论时,才能真正认识思维的辩证本性,达到自觉的辩证思维。对辩证思维的研究早在古代就有了萌芽。古希腊哲学家赫拉克利特认为,火是世界的本原,世界过去、现在和将来是一团永恒的活火,按一定尺度燃烧,一定尺度熄灭,火与万物可以相互转化。这是一种相互的辩证思维。古希腊哲

---

① 人民网:《习近平关于协调推进"四个全面"战略布局论述摘编》,http://theory.people.com.cn/n/2015/1111/c40531-27804605.html。
② 中国新闻网:《习近平:善于运用辩证思维谋划经济社会发展》,http://www.chinanews.com/gn/2015/06-18/7353949.shtml。

学家埃利亚的芝诺关于运动的诘难，就已经涉及如何在概念中表达运动的辩证法问题。亚里士多德已经研究了辩证思维的最主要的形式。但是，他们对于辩证思维的观点是直观的、朴素的，只是到了近代才对辩证思维有充分的研究。

18世纪末19世纪初，随着自然科学的进一步发展，不断涌现出大量的新现象和新问题，这就需要人们自觉地进行辩证思考。德国古典哲学家康德提出的"二律背反"问题（指双方各自依据普遍承认的原则建立起来的、公认的两个命题之间的矛盾冲突）及其认识上的困惑突出地表明，人们只有辩证思维才能正确地解决科学发展中提出的理论问题。康德将"二律背反"看作源于人类理性追求无条件的东西的自然倾向，因而是不可避免的，他的解决办法是把无条件者不看作认识的对象而视之为道德信仰的目标。虽然他对"二律背反"的理解主要是消极的，但亦揭示了理性的内在矛盾的必然性，从而对黑格尔的辩证法产生了深刻影响。黑格尔从理性思维本身的辩证本性出发，探讨思维的辩证方法和思维形式的相互隶属关系，建立了他的理性逻辑体系。但他认为，自然界和思维中的一切都是"纯思"的结果，因而不可能揭示辩证思维的真实性质并赋予其理论以科学的形态。

辩证法有三种基本的历史形式：古代朴素的辩证法，以黑格尔为代表的唯心辩证法和马克思主义的唯物辩证法。唯物辩证法是马克思主义哲学的核心方法。马克思主义批判地继承了黑格尔的思想，认为辩证法是客观世界本身固有的规律，思维中的辩证法是客观规律在人的头脑中的反映，辩证法是关于普遍联系和发展的学说。马克思主义辩证法理论的建立及其在思维领域中的运用表明了人类的辩证思维不仅已进到自觉阶段，而且具有完整的、科学的形态，即科学的辩证逻辑。唯物辩证法认为，世界是普遍联系、永恒发展的，内在的矛盾运动是事物发展的根本动力，必须坚持用全面、联系和发展的眼光看问题。在信息化、全球化的今天，世界已经成为地球村，国内外各种矛盾相互交织，新问题层出不穷，如果孤立、静止、片面地看问题，一定会寸步难行。辩证思维要求我们一分为二地看问题。既要看到有利的一面，也要看到不利的一面；既要看到自身的优势，也要看到面临的困难和问题；既要看到发展的机遇，也要看到存在的风险与挑战。在"一分为二"的基础上扬长避短、化危为机，发掘本国、本地区、本单位的比较优势。

辩证思维不是西方人的专利，中国早在先秦时期就出现了万物相生相克、相互转化的辩证思想，其中以老子的道家辩证思想最具代表性。老子认为，那个说不清、道不明的"通天地"的"道"是这个世界的本源，正是这个"道"自身的否定之否定的辩证演化才衍生出了世界万物。正所谓"道生一，一生二，二生三，三生万物"（《道德经》第四十二章）。"一、二、三"这几个数字不是具体的事物和具体数量，而是表明万物从少到多、从简单到复杂的演变过程。道的这种演变反映了事物的对立与统一，事物相反相成，双方并非不变，而是可以相互转化的。如果用黑格尔的辩证法理论来解释，老子"一、二、三"的道之变化就是"正、反、合"的辩证法。按照老子的朴素辩证法，如果消耗自然资源排放温室气体可以产生经济增长这是"一"（第一层境界、对发展方式的初级认知），那么排放温室气体会造成全球变暖和生态危机（以及经济发展的同时造成了社会不平等）这是"二"（对"一"的否定、第二层境界、对发展方式的中级认知），那么积极应对气候变化（转变经济发展方式、建构社会正义等）就是通过对"二"的校正而实现"三"（可持续发展方式、第三层境界、对发展方式的高级认知）。在第三层境界上，世界就可实现可持续发展。

老子看待事物都从两面出发，认为事物之间是相互联系，相互转化的。事物的发展和变化，都是在矛盾对立的状态中产生的。对立着的双方相互依存，相互联结，并能向相反的方向转化，而这种变化，他认为是自然的根本性质，"反者，道之动也"（《道德经》第四十章）。也就是说，向相反方向的转化是万物之必然趋势，是不可逆转的规律。福与祸可以相互转化（"塞翁失马，焉知非福""祸兮，福之所倚；福兮，祸之所伏"）、弱者与强者可以相互转化（"上善若水""柔弱胜刚强""以柔克刚"）、成功与失败可以相互转化、难和易会相互转化（"难易之相成也"）、落后者与领先者可以相互转化（"先后之相随""大器晚成"）。人类的文明史也是一部真理与谬误、美丽与丑陋、善良与邪恶、进步与落后等矛盾相互斗争的历史。辩证法的丰富内涵就包含在包括气候文明史在内的全部人类文明史中。在气候变化问题上，老子的辩证思想也给了我们丰富的启示：气候变化虽然是"祸"，但一定会演化为"福"（如充分利用气候变化提供的转型发展机遇）；虽然中国当前在应对气候变化上困难重重，但可能很快找到比发达国家更容易的减排方式，从而获得后发优势（如中国因起步晚，反而有可能跳过高碳技术和高污染、高排放的发展方式，直接进入低碳发展阶段，成为世界发展的领头羊）。也存在这样一种可能性：部分发达国家一开始希望通过气候变化问题来限制发展中国家的经济发展，但结果却事与愿违，发展中国家通过积极应对气候变化获得了经济转型升级的后发优势。另外，"大器晚成"这一思想也提醒我们，在应对气候变化问题上，不要"急于求成"，而是要"功到自然成"。如果不顾事物发展规律而急切地推行一些措施，反而是拔苗助长，最终功败垂成。同时，在应对气候变化过程中，需要用更多"水"的"柔德"去攻坚克难。

世界上许多发展中经济体之所以会没有跨过中等收入陷阱，一个重要的原因就是，没有解决好经济发展到中等收入阶段之后的技术创新与社会公平问题。技术创新和社会公平可以为经济发展提供源源不断的动力，而应对气候变化既要求技术的持续创新，也要求社会分配的公平公正。没有技术创新，高污染、高排放的高碳技术就不会被淘汰，低端制造业就不会转向高端制造业；没有社会公平，高污染和高排放企业就会从发达国家和地区转向发展中国家和地区变本加厉地生产，社会的健康持续发展就会缺乏基本的动力。

我们必须把经济发展问题和气候变化问题看作同一个整体的不可分割的不同部分。中国在经济发展和应对气候变化上都面临着独特而又迫切的挑战。在第十三个"五年计划"中，中国主动下调了经济增长预期,将经济增长速度从原先的10%放缓到6.5%。① 但我们已经能够坦然接受这种经济增长放缓的"新常态",认识到这是经济结构不断优化升级的必然结果,而这也是应对气候变化所需要的"新常态"。

用辩证思维来思考气候变化问题,我们就会将气候变化问题既看成挑战,也看成机遇。气候变化包含着风险和机遇,气候变化的缓解和补救必定涉及技术创新和社会创新。机遇与挑战是相互依存,相互统一,不断演化的。任何挑战都蕴藏着机遇,挑战越大,潜在的机遇也就越大。挑战是对不符合发展趋势的旧事务的破除,机遇是对未来发展方向的提前预知。挑战中萌生机遇,机遇中暗藏新的挑战。机遇与挑战无处不在,但机遇总是等待有准备的头脑。有挑战就有机遇,机遇来自挑战,因此,面对挑战,不要畏惧,而要迎难而上。要抓住机遇,就必须勇于接受挑战,敢于挑战都会有机遇,要把每一次挑战都当成机遇。

一些人忙于维持现状,而看不到在生活环境中进行的巨大的不经意的变化所带来的机会。他们对保持现状的需求和对未来不确定性的恐惧使他们抱有偏见,使他们看不见不确定性带给他们的机遇。对于像不愿积极应对气候变化的国家来说,可能会错过重大的机遇。"全球变暖的现实会无情地向前发展,最终将迫使一些决策者放弃他们的意识形态和政治惯例。"②

虽然优势与劣势、机遇与挑战总是并存的,但对同一件事情,不同的人往往做出不同甚至相反的判断,其原因就在于人们会持有不同的认识论,从而得出乐观主义或悲观主义的结论。

我们先来看两个案例。

案例一:

某企业家只有一个儿子,随着自己年事渐高,寻找接班人的问题

---

① 新华网:《习近平:"十三五"GDP底线6.5%》,http://www.xinhuanet.com/fortune/2015-11/04/c_128391226.htm。
② [美]波拉克:《不确定的科学与不确定的世界》,李萍萍译,上海科技教育出版社2005年版,第226页。

提上日程。该企业家对自己这个儿子是否能够成为合格的接班人、带领企业继续发展感到犹豫不决。于是他让每位员工都列出几条自己儿子做接班人的缺点和企业将面临的挑战。员工们列出了诸如他缺乏管理经验和吃苦精神等缺点。这使企业家愁眉不展，感觉企业将陷入危机。有人建议，让员工们再列出企业家儿子做接班人的优点。员工们列出了诸如他有创新精神和国际化视野等优势。企业家又看到了希望和机遇。

案例二：

两位大学生A和B同时考进一所大学，但二人对该大学的评价却截然相反。A因为平时成绩好，给自己设定的目标很高，对考入这所大学认为是发挥失常，从而感到十分挫败。而B平时成绩一般，给自己设定的目标也较低，对考入这所大学认为是超常发挥，从而感到十分满足。进校后，A认为这所大学什么都不如自己预想的好：老师不是最优秀的、同学不够上进、图书馆的书不够多、教室设施不够先进、毕业后找不到好工作等。于是A上课不认真听讲、很少去图书馆和教室上自习，最终A成为这所大学所有负面因素的受害者，真的没有找到工作。B则认为，这所大学的什么都比自己预想的要好，要把握机会利用好各种学习资源，最终B成为这所大学所有积极因素的受益者，获得了良好的发展。

人们之所以会对同一件事情产生悲观和乐观两种不同的判断，是由于人们常持有两种不同的认识路径。在哲学认识论上，有两种认识事物的路径。一种是理念论的认识路径，它类似于数学的演绎方法：先假设一个完美的理想前提，再由这个前提推导出一个完美无瑕的理想世界，就像柏拉图那个没有逻辑矛盾的理想世界。当人们以这种思维方式思考社会，确信存在一个理想的完美世界时，就会将充满矛盾的现实世界与那个理想世界进行对比。其结果是发现现实世界的各种缺陷，从而对现实世界悲观失望，由理想主义堕入悲观主义。一些人甚至放弃在现实社会中追求完美的努力，转而寄希望于彼岸的宗教王国。可问题在于，如果那个假设的前提本身就是错的或根本不存在的，那么，所有推导出的理想世界就是一种幻觉，这种对比也就是荒谬的。

经验主义给出了另一种相反的经验主义认识路径，它类似于培根所提出的归纳方法。根据这种认识路径，我们不应将当前社会与那个假想的完美世界进行对比，而是与曾经经历与存在过的真实社会进行对比，通过经验的归纳得出对当前社会的正确看法。用这种经验归纳法看待社会，我们就会发现：尽管当前的中国社会存在着各种各样的问题，但与三年前、五年前、十年前、百年前……相比，我们就会发现当前社会取得了几千年未有的飞速发展与巨大进步。即使它仍然存在许多问题，但仍然是中国历史上最为繁荣、最为民主、最为和谐的社会，生活在这样一个中国历史上最好的社会，我们还有什么好抱怨的呢？这种认识路径使我们相信社会不断趋于完善，并且最终可以在现世建设一个完美的良善社会，从而不需要上帝便可对现世充满希望，并保持乐观主义的积极心态。

另外，信息社会的飞速发展使人们常常将中国的社会问题与那个他们并未真正接触和生活过的、比我国发达的西方社会进行对比。这种对比同样是不恰当的。由于每个社会的发展有其自身的宗教、历史、经济与文化背景，并自然而然地产生不同的社会与问题，而人们往往只看到其他社会的进步之处，却很少真正认识到其他社会所存在的特有问题。其实，西方社会所存在的许多严重社会问题正是我们解决得很好的。

历史观是人们对于社会历史的根本见解。在历史唯物主义诞生以前，人们总是从神的意志、卓越人物的思想或某种隐秘的理性，即从某种精神因素出发去解释历史事件，说明历史的发展。其结果不是曲解人类史，就是完全撇开人类史。历史唯物主义（亦称唯物史观）是哲学中关于人类社会发展一般规律的理论，是马克思主义哲学的重要组成部分。历史唯物主义用以观察社会历史的方法与以前一切历史理论不同。它承认历史的主体是人，历史不过是追求着自己目的的人的活动而已。历史唯物主义认为，人类文明的演进总是符合"正、反、合"的辩证螺旋上升规律的：每一次"反"都既是"挑战"也是"机遇"，应对挑战，把握机遇之后的每一次"合"也是对前一阶段的

"正"的飞跃和提升。历史的车轮总是不断向前，它不会因为任何困难和挑战而止步。

首先，来自技术的挑战在不断被突破。从石器时代、青铜时代到铁器时代，从工业革命、电力革命到信息革命，人类历史的每一次飞跃，都是在旧技术不能满足生产力发展需要的情况下出现技术创新、技术进步的结果。每一次能源危机的挑战也总会带来新能源的机遇：煤炭拯救了森林，石油拯救了煤炭，核能、风能、太阳能、地热能等新能源技术又会拯救石油。医药科学和技术也是在一次次的严重公共健康挑战下而不断进步的。对于后发国家来说，工业化的赶超主要是技术的赶超。这种赶超分为三个阶段：第一阶段，以自由贸易和技术引进为主，主要通过引进技术，加速自己的技术进步，促进产业结构升级；第二阶段，技术引进与技术开发并重，实施适度的贸易保护，国家对资源进行重新配置，通过有选择的产业政策，打破发达国家的技术垄断，进一步提升产业结构；第三阶段，必须以技术的自主开发为主，面对的是新兴的高技术产业，国家主要通过产业政策，加强与发达国家跨国公司的合作与交流，占领产业制高点，获得先发优势和规模经济，将动态的比较优势与静态的比较优势结合起来。兼顾长期利益与短期利益，宏观平衡与微观效率，有效地配置资源，实现跨越式赶超。

其次，来自环境的挑战也在不断被化解。人类文明的历史也是人类与自然环境之间不断冲突、失衡和重构平衡关系的历史。尽管所有社会都产生了环境挑战，但是大多数社会都有一些成员认识到了这些挑战的潜在严重性，并积极寻找解决环境问题的路径。环境危机迫使人类更新生态理念，改变生产、生活方式，保护生态环境，从而实现人与环境的和谐。在生态理念上，中国先秦时期儒家的"天人合一"理论和道家的"道法自然"理念，都是适应农业社会的发展和环境挑战而出现的朴素生态观。美国的自然浪漫主义（如梭罗的《瓦尔登湖》）、资源保护主义（如利奥波德的《大地伦理学》）、现代环保主义（如卡逊的《寂静的春天》），都是适应工业社会的环境挑战而出现的环保思潮。在生产、生活方式上，人们为应对环境的挑战开始休养生息、退耕还林、建立国家自然保护区等，使生态环境得到了更全面的保护与发展。虽然人类是破坏环境的力量，但也是保护和发展环境的力量，正如美国有句格言所说："世界也许是由上帝创造的，但只有国会才能创造荒野。"① 例如，1960年，美国通过立法，确定森林具有多种用途，其中包括承认森林在野生条件下具有休闲功能。在两次世界大战之间，美国林业局在亚利桑那州的希拉国家森林中划出五十万英亩作为荒野保护区。现在美国的森林覆盖率是三分之一，远远超过二十世纪初的数字。实际上，自然界本身也会破坏自然，但只有人类会保护自然。例如，地质灾害、闪电和动物种类都能从根本上导致植被变化：闪电会造成山火，摧毁森林；大象会把树木连根拔起并剥去树皮；野牛会踩坏苗木而阻止大草原上树木的生长。如果森林因为经济原因而被毁坏，它也会因为经济原因而受到保护——旅游业就是设立公园或保护区的理由之一。

最后，来自人类自身的挑战也在不断被消解。当每一代"新人"出现的时候，上一代人常会忧心忡忡地说他们是"垮掉的一代"，但是这"垮掉的一代"终将成为历史的接班人，终将成为人类文明的新的创造者，并且新的一代也总是在诸多方面超越前一代，体现出文明进步的力量。当"80后""90后""00后"出现的时候，人们开始担忧他们这些"娇生惯养"长大的独生子女无法承担起民族与历史的使命。但我们日益发现，这些在没有战争、饥饿、动乱等环境中成长起来的新一代人恰恰是民族的希望与未来，他们身上少了虚伪，多了真实；少了随波逐流，多了独立创新；他们中插队的少了、随地吐痰的少了、横穿马路的少了，讲文明、守规则的多了。人类历史上出现过多次"精神危机"，而且每次危机来临，人们都会说"我们正在面临一场全面、深刻和持久的精神危机"，但人类文明每一次都在对这些危机的反思之后取得了新的超越。例如，古希腊的"理性之光"在亚里士多德和亚历山大时期达到顶峰，之后随着罗马帝国的衰落而陷

---

① ［英］贝纳特·科茨：《环境与历史：美国和南非驯化自然的比较》，包茂红译，译林出版社2011年版，第91页。

入危机；之后，延续千年的中世纪将"信仰之光"发展到极致；随后，近代的文艺复兴和启蒙运动又重新让人类的理性焕发光彩；但人类理性发展到狂妄自大（以黑格尔的绝对精神为代表）之后，又再度陷入困境（以尼采的悲剧哲学为代表）；马克思对近代哲学的扬弃和对资本主义的批判，使世界在经历两次世界大战之后，开始重构人类自身的文明。

从近代中国进入西方国际体系以来，西方人一直是游戏规则的制定者，而中国只有选择进入或不进入的权利，甚至只有被迫进入的权利，而很少获得游戏规则的制定权。为此，不少有识之士不断提出，中国作为大国参与到国际事务中应当制定游戏规则，参与国际气候规则的制定需要强大的国家气候软实力作为支撑。

国际气候合作不仅是技术、资本等国家气候硬实力的较量，更是气候价值观、气候话语体系等国家气候软实力的较量。"软实力"不仅可以使"硬实力"更加有效地运作，而且可以弥补"硬实力"的不足。在如今的全球气候治理体系中，中国需要以大国领袖的姿态出现，要担当批判者和建设者，努力建设一个更为公平合理的、有助于解决人类共同问题的国际气候治理体系。在这个过程中，中国的国家利益和国家发展战略必须能够被涵盖在普适话语之下，并对这些普适话语形成重构。

参考文献

［奥］奥弗·维塞尔:《自然价值》,陈国庆译,商务印书馆1982年版。

［澳］布林布尔科姆:《大雾霾:中世纪以来的伦敦空气污染史》,启蒙编译所译,上海社会科学院出版社2015年版。

［澳］大卫·希尔曼、约瑟夫·史密斯:《气候变化的挑战与民主的失灵》,武锡申、李楠译,社会科学文献出版社2009年版。

［澳］郜若素:《郜若素气候变化报告》,张征译,社会科学文献出版社2009年版。

［澳］史密斯:《道德问题》,林航译,浙江大学出版社2011年版。

［比］普里戈金、斯唐热:《确定性的终结:时间、混沌与新自然法则》,湛敏译,上海科技教育出版社2009年版。

［澳］辛格、［美］雷根主编:《动物权利与人类义务》,曾建平、代峰译,北京大学出版社2010年版。

［波兰］维克多·奥辛廷斯:《未来启示录——黄美思想家谈未来》,徐元译,上海译文出版社1988年版。

［德］本沃德·吉桑:《功利主义与气候变化》,任付新译,《国外理论动态》2014年第2期。

［德］艾里希·弗洛姆:《在幻想锁链的彼岸》,张燕译,湖南人民出版社1986年版。

［德］尤尔根·哈贝马斯:《合法化危机》,刘北成、曹卫东译,上海人民出版社2009年版。

［德］赫尔曼·希尔:《能源变革:最终的挑战》,王乾坤译,人

民邮电出版社 2013 年版。

［德］黑格尔：《法哲学原理》，范扬、张企泰译，商务印书馆 1979 年版。

［德］亨里希：《思想与自身存在》，郑辟瑞译，浙江大学出版社 2013 年版。

［德］亨特布尔格等：《生态经济政策：在生态专制和环境灾难之间》，葛竞天等译，东北财经大学出版社 2005 年版。

［德］诺博托·霍尔斯特：《何为道德：一本哲学导论》，董璐译，北京大学出版社 2014 年版。

［德］恩斯特·卡西尔：《国家的神话》，范进、杨君游、柯锦华译，华夏出版社 2015 年版。

［德］海贝斯、格鲁诺、李惠斌主编：《中国与德国的环境治理：比较的视角》，杨惠颖等译，中央编译出版社 2012 年版。

［德］孔汉思、库舍尔编：《全球伦理——世界宗教议会宣言》，何光沪译，四川人民出版社 1997 年版。

《马克思恩格斯全集》（第 30 卷），人民出版社 1976 年版。

［德］叔本华：《叔本华静心课》，刘大悲、陈晓南、张尚德译，重庆出版社 2015 年版。

［德］奥斯瓦尔德·斯宾格勒：《西方的没落：斯宾格勒精粹》，洪天富译，译林出版社 2015 年版。

［德］沃尔夫刚·贝林格：《气候的文明史：从冰川时代到全球变暖》，史军译，社会科学文献出版社 2012 年版。

［德］韦尔策尔、泽弗纳、吉泽克主编：《气候风暴：气候变化的社会现实与终极关怀》，金海民等译，中央编译出版社 2013 年版。

［法］克洛德·阿莱格尔：《气候骗局》，中国经济出版社 2011 年版。

［法］古斯塔夫·勒庞：《乌合之众：大众心理研究》，陈剑译，译林出版社 2016 年版。

［法］让·雅克·卢梭：《社会契约论》，李平沤译，商务印书馆 2011 年版。

［法］雅克利娜·罗米伊：《探求自由的古希腊》，张竝译，华东师范大学出版社 2015 年版。

［法］马斯夏：《和谐经济论》，王家宝等译，中国社会科学出版社 2013 年版。

［法］让·鲍德里亚：《消费社会》，刘成富、全志钢译，南京大学出版社 2008 年版。

［法］雷米·热内维、［印度］拉金德拉·帕乔里、［法］苏伦斯·图比娅娜：《减少不平等：可持续发展的挑战》，潘革平译，社会科学文献出版社 2014 年版。

［法］阿尔贝·雅卡尔：《自由的遗产》，龚慧敏译，广西师范大学出版社 2005 年版。

［古罗马］塞涅卡：《论幸福生活》，覃学岚译，译林出版社 2015 年版。

［荷］托恩·勒迈尔：《以敞开的感官享受世界：大自然、景观、地球》，施辉业译，广西师范大学出版社 2009 年版。

［荷］塞维斯·斯托姆：《资本主义与气候变化》，侯小菲、谢良峰译，《国外理论动态》2013 年第 2 期。

［加拿大］贝淡宁：《贤能政治》，吴万伟、宋冰译，中信出版社 2016 年版。

［加拿大］威尔·金里卡：《当代政治哲学》，刘莘译，上海三联书店 2004 年版。

［加拿大］凯·尼尔森：《平等与自由：捍卫激进平等主义》，傅强译，中国人民大学出版社 2015 年版。

［加拿大］查尔斯·琼斯：《全球正义：捍卫世界主义》，李丽丽译，重庆出版社 2014 年版。

［美］曼森：《环境伦理中的预防原则》，《国外社会科学》2003 年第 2 期。

［美］汉娜·阿伦特：《反抗"平庸之恶"》，陈联营译，上海人民出版社 2014 年版。

［美］汉娜·阿伦特：《康德政治哲学讲稿》，曹明、苏婉儿译，

上海人民出版社 2013 年版。

［美］安东尼·阿皮亚：《荣誉法则：道德革命是如何发生的》，苗华建译，中央编译出版社 2011 年版。

［美］安东尼·阿皮亚：《世界主义：陌生人世界里的道德规范》，苗华建译，中央编译出版社 2012 年版。

［美］丹尼尔·埃斯蒂、安德鲁·温斯顿：《从绿到金：聪明企业如何利用环保战略构建竞争优势》，张天鸽、梁雪梅译，中信出版社 2009 年版。

［美］阿图罗·埃斯科瓦尔：《遭遇发展：第三世界的形成与瓦解》，汪淳玉、吴惠芳、潘璐译，社会科学文献出版社 2011 年版。

［美］埃莉诺·奥斯特罗姆：《公共事物的治理之道：集体行动制度的演进》，余逊达、陈旭东译，上海译文出版社 2012 年版。

［美］鲍莫尔：《福利经济及国家理论》，郭家麟、郑孝齐译，商务印书馆 2013 年版。

［美］比尔·麦克基本：《自然的终结》，孙晓春、马树林译，吉林人民出版社 2000 年版。

［美］彼得·辛格：《一个世界：全球化伦理》，应奇、杨立峰译，东方出版社 2005 年版。

［美］德怀特·波金斯、斯蒂芬·拉德勒、戴维·林道尔：《发展经济学》（第 6 版），彭刚等译，中国人民大学出版社 2012 年版。

［美］亨利·波拉克：《不确定的科学与不确定的世界》，李萍萍译，上海科技教育出版社 2005 年版。

［美］彼德·伯克、格洛丽亚·赫尔方：《环境经济学》，吴江、贾蕾译，中国人民大学出版社 2013 年版。

［美］布鲁斯·麦克卡尔、马里奥·费尔南德斯、詹森·琼斯等：《气候变化与粮食安全》，郑颖、刘仁译，《国外理论动态》2015 年第 9 期。

［美］大卫·哈维：《新自由主义简史》，王钦译，上海译文出版社 2016 年版。

［美］格蕾琴·戴利、凯瑟琳·埃利森：《新生态经济：使环境保

护有利可图的探索》，郑晓光、刘晓生译，上海科技教育出版社 2005 年版。

［美］德尼·古莱：《残酷的选择——发展理念与伦理价值》，高铦、高戈译，社会科学文献出版社 2008 年版。

［美］德尼·古莱：《发展伦理学》，高铦、温平、李继红译，社会科学文献出版社 2003 年版。

［美］安德鲁·德斯勒、爱德华·帕尔森：《气候变化：科学还是政治?》，李淑琴等译，中国环境科学出版社 2012 年版。

［美］罗纳德·德沃金：《至上的美德：平等的理论与实践》，冯克利译，江苏人民出版社 2012 年版。

［美］杜威：《经验与自然》，傅统先译，商务印书馆 2014 年版。

［美］杜维明：《儒家传统与文明对话》，彭国翔编译，人民出版社 2010 年版。

［美］恩格尔哈特：《生命伦理学基础》，范瑞平译，湖南科学技术出版社 1996 年版。

［美］哈里·法兰克福：《爱之理由》，应奇、贺敏年译，浙江大学出版社 2015 年版。

［美］弗朗西斯·福山：《大断裂：人类本性与社会秩序的重建》，广西师范大学出版社 2015 年版。

［美］弗朗西斯·福山：《历史的终结与最后的人》，陈高华译，广西师范大学出版社 2014 年版。

［美］亨廷顿、哈里森主编：《文化的重要作用：价值观如何影响人类进步》（第 2 版），程克雄译，新华出版社 2010 年版。

［美］弗朗西斯·福山：《信任：社会美德与创造经济繁荣》，广西师范大学出版社 2016 年版。

［美］弗朗西斯·福山：《意外：如何预测全球政治中的突发事件与未知因素》，辛平译，中国社会科学出版社 2014 年版。

［美］弗朗西斯·福山：《政治秩序的起源：从前人类时代到法国大革命》，毛俊杰译，广西师范大学出版社 2014 年版。

［美］弗雷德·辛格、丹尼斯·T. 艾活利：《全球变暖——毫无

由来的恐慌》，林文鹏译，上海科学技术出版社2008年版。

［美］艾里希·弗洛姆：《健全的社会》，孙恺祥译，上海译文出版社2011年版。

［美］爱德华·格莱泽：《城市的胜利》，刘润泉译，上海社会科学院出版社2012年版。

［美］罗纳德·格罗斯：《苏格拉底之道：向史上最伟大的导师学习》，徐弢、李思凡译，北京大学出版社2015年版。

［美］理查德·海因伯格：《当增长停止：直面新的经济现实》，刘寅龙译，机械工业出版社2013年版。

［美］蕾切尔·卡逊：《寂静的春天》，许亮译，北京理工大学出版社2015年版。

［美］马克·兰克：《国富民穷：美国贫穷何以影响我们每个人》，屈腾龙、朱丹译，重庆大学出版社2014年版。

［美］斯图亚特·雷切尔斯：《道德的理由》（第7版），杨宗元译，中国人民大学出版社2013年版。

［美］理查德·波斯纳：《资本主义民主的危机》，李晟译，北京大学出版社2014年版。

［美］利昂·希夫曼等：《消费者行为学》（第10版），江林等译，中国人民大学出版社2011年版。

［美］利奥波德：《沙乡年鉴》，舒新译，北京理工大学出版社2015年版。

［美］利昂·巴拉达特：《意识形态：起源和影响》，张慧芝、张露璐译，世界图书出版公司北京公司2009年版。

［美］卢安武：《重塑能源：新能源世纪的商业解决方案》，秦海岩译，湖南科学技术出版社2014年版。

［美］罗伯特·基欧汉：《气候变化的全球政治学：对政治科学的挑战》，谈尧、谢来辉译，《国外理论动态》2016年第3期。

［美］约翰·罗尔斯：《正义论》，何怀宏等译，中国社会科学出版社1988年版。

［美］赫伯特·罗尔斯：《作为公平的正义》，姚大志译，中国社

会科学出版社 2011 年版。

［美］赫伯特·马尔库塞：《爱欲与文明》，黄勇、薛民译，上海译文出版社 2012 年版。

［美］马克·普莱特纳：《反思"治理"》，宋阳旨译，《国外理论动态》2014 年第 5 期。

［美］马克·马陶谢克：《底线：道德智慧的觉醒》，高园园译，重庆出版社 2012 年版。

［美］阿拉斯代尔·麦金太尔：《德性之后》，龚群、戴扬毅等译，中国社会科学出版社 1995 年版。

［美］托马斯·麦卡锡：《哈贝马斯的批判理论》，王江涛译，华东师范大学出版社 2009 年版。

［美］乔尔·麦科沃：《绿色经济策略：新世纪企业的机遇和挑战》，姜冬梅、王彬译，东北财经大学出版社 2012 年版。

［美］尹晓煌、何成洲主编：《全球化与跨国民族主义经典文论》，南京大学出版社 2014 年版。

［美］约翰·麦克尼尔：《阳光下的新事物：20 世纪世界环境史》，韩莉、韩晓雯译，商务印书馆 2012 年版。

［美］德内拉·梅多斯、乔根·兰德斯、丹尼斯·梅多斯：《增长的极限》，李涛、王智勇译，机械工业出版社 2013 年版。

［美］斯科特·蒙哥马利：《全球能源大趋势》，宋阳、姜文波译，机械工业出版社 2012 年版。

［美］米尔恩：《人权哲学》，王先恒、施青林等译，东方出版社 1991 年版。

［美］克利奥·帕斯卡：《新一轮全球博弈：环境、经济及政治危机将如何改变世界格局》，钱峰译，中信出版社 2011 年版。

［美］托马斯·潘恩：《常识》，赵田园译，北京大学出版社 2015 年版。

［美］安德鲁·佩辛：《非常识：最聪明哲学家们的最奇怪思想》，张志佑、王锡娟、陶梦然译，新华出版社 2015 年版。

［美］希拉里·普特南：《理性、真理与历史》，童世骏、李光程

译,上海译文出版社 2016 年版。

郇庆治主编:《重建现代文明的根基——生态社会主义研究》,北京大学出版社 2010 年版。

[美]乔治·克洛斯科:《公平原则与政治义务》,毛兴贵译,江苏人民出版社 2009 年版。

[美]乔治·萨拜因、托马斯·索尔森:《政治学说史》(上卷),邓正来译,上海人民出版社 2008 年版。

[美]杰弗里·萨克斯:《共同财富:可持续发展将如何改变人类命运》,石晓燕译,中信出版社 2010 年版。

[美]杰弗里·萨克斯:《贫穷的终结:我们时代的经济可能》,邹光译,上海人民出版社 2010 年版。

[美]杰弗里·萨克斯:《文明的代价:回归繁荣之路》,钟振明译,浙江大学出版社 2013 年版。

[美]迈克尔·桑德尔:《公共哲学:政治中的道德问题》,朱东华、陈文娟、朱慧玲译,中国人民大学出版社 2013 年版。

[美]迈克尔·桑德尔:《公正:该如何做是好?》,朱慧玲译,中信出版社 2012 年版。

[美]理查德·桑内特:《公共人的衰落》,李继宏译,上海译文出版社 2014 年版。

[美]彼得·圣吉等:《必要的革命:可持续发展型社会的创建与实践》,李晨晔、张成林译,中信出版社 2010 年版。

[美]列奥·施特劳斯:《自然权利与历史》(第 3 版),彭刚译,生活·读书·新知三联书店 2016 年版。

[美]劳伦斯·史密斯:《2050 人类大迁徙》,廖月娟译,浙江人民出版社 2016 年版。

[美]约瑟夫·斯蒂格利茨:《不平等的代价》,张子源译,机械工业出版社 2013 年版。

[美]托马斯·斯坎伦:《道德之维:可允许性、意义与谴责》,朱慧玲译,中国人民大学出版社 2014 年版。

[美]亨利·梭罗:《瓦尔登湖》,王燕珍译,北京理工大学出版

社 2015 年版。

[美]保罗·泰勒:《尊重自然:一种环境伦理学理论》,雷毅等译,首都师范大学出版社 2010 年版。

[美]科克-肖·谭:《没有国界的正义:世界主义、民族正义与爱国主义》,杨通进译,重庆出版社 2014 年版。

[美]格伦·廷德:《政治思考:一些永久性的问题》,王宁坤译,北京联合出版公司 2016 年版。

[美]彼德·温茨:《现代环境伦理》,宋玉波、朱丹琼译,上海人民出版社 2007 年版。

[美]布雷特·沃克:《毒岛:日本工业病史》,徐军译,中国环境科学出版社 2012 年版。

[美]菲尔·沃什博恩:《没有标准答案的哲学问题》,林克、黄绪国译,新华出版社 2014 年版。

[美]唐纳德·沃斯特:《在西部的天空下:美国西部的自然与历史》,青山译,商务印书馆 2014 年版。

[美]塞缪尔·亨廷顿:《文明的冲突与世界秩序的重建》,周琪等译,新华出版社 2009 年版。

[美]唐纳德·休斯:《世界环境史:人类在地球生命中的角色转变》(第 2 版),赵长凤、王宁、张爱萍译,电子工业出版社 2014 年版。

[美]约翰·福斯特:《生态危机与资本主义》,耿建新等译,上海译文出版社 2006 年版。

[美]詹姆斯·布坎南:《制度契约与自由:政治经济学家的视角》,王金良译,中国社会科学出版社 2013 年版。

[美]托尼·朱特:《重估价值:反思被遗忘的 20 世纪》,林骧华译,商务印书馆 2013 年版。

[南非]德斯蒙德·图图:《没有宽恕就没有未来》,江红译,广西师范大学出版社 2014 年版。

[日]速水佑次郎、神门善久:《发展经济学:从贫困到富裕》(第 3 版),李周译,社会科学文献出版社 2009 年版。

［日］佐佐木毅、［韩］金泰昌主编：《地球环境与公共性》，韩立新、李欣荣译，人民出版社2009年版。

［瑞典］拉斯洛·松鲍法维：《人类风险与全球治理：我们时代面临的最大挑战可能的解决方案》，周亚敏译，中央编译出版社2012年版。

［瑞典］托马斯·思德纳：《环境与自然资源管理的政策工具》，张蔚文、黄祖辉译，上海人民出版社2005年版。

［西］费尔南多·萨瓦特尔：《伦理学的邀请》，于施洋译，北京大学出版社2015年版。

［西］费尔南多·萨瓦特尔：《哲学的邀请》，林经纬译，北京大学出版社2014年版。

［西］费尔南多·萨瓦特尔：《政治学的邀请》，魏然译，北京大学出版社2014年版。

［希］塔基斯·福托鲍洛斯：《当代多重危机与包容性民主》（第2版），李宏译，山东大学出版社2012年版。

［新西兰］吉莉安·布洛克：《全球正义：世界主义的视角》，王珀、丁祎译，重庆出版社2014年版。

［意］塞鲁蒂、卢静主编：《全球治理：挑战与趋势》，社会科学文献出版社2014年版。

［意］马丁·李斯：《G20：为世界经济提供中国"方案"》，《社会科学报》2016年9月15日第2版。

［印度］阿马蒂亚·森：《贫困与饥荒》，王宇、王文玉译，商务印书馆2001年版。

［印度］阿马蒂亚·森：《以自由看待发展》，任赜、于真译，中国人民大学出版社2012年版。

［英］艾丹·维尔、安德鲁·乔纳斯、大卫·吉布斯：《从可持续发展到碳控制：生态国家重构与城市和区域的发展政策》，裴雪姣译，《国外理论动态》2013年第10期。

［英］安东尼·吉登斯：《气候变化的政治》，曹荣湘译，社会科学文献出版社2009年版。

［英］巴吉尼、［美］福斯：《好用的哲学》，陶涛译，中国人民大学出版社 2016 年版。

［英］约翰·伯格：《观看之道》，戴行钺译，广西师范大学出版社 2015 年版。

［英］戴维·赫尔德、安格斯·赫维：《民主、气候变化与全球治理》，谢亚辉摘译，《国外理论动态》2012 年第 2 期。

［英］哈耶克：《自由宪章》，杨玉生等译，中国社会科学出版社 2012 年版。

［英］杰弗·霍奇森：《资本主义、价值和剥削：一种激进理论》，于树生、陈东威译，商务印书馆 2013 年版。

［英］简·汉考克：《环境人权：权利、伦理与法律》，李隼译，重庆出版社 2007 年版。

［英］约瑟夫·拉兹：《公共领域中的伦理学》，葛四友译，江苏人民出版社 2013 年版。

［英］理查德·史密斯：《超越增长，还是超越资本主义？》，闫斐编译，《国外理论动态》2015 年第 4 期。

［英］戴维·罗斯：《正当与善》，林南译，上海译文出版社 2016 年版。

［英］罗素：《西方哲学史》（下册），马元德译，商务印书馆 1988 年版。

［英］马尔萨斯：《人口原理》，朱泱、胡企林、朱和中译，商务印书馆 1992 年版。

［英］迈克尔·诺斯科特：《气候伦理》，左高山等译，社会科学文献出版社 2010 年版。

［英］戴维·米勒：《民族责任与全球正义》，李广博译，重庆出版社 2014 年版。

［英］约翰·密尔：《论自由》，许宝骙译，商务印书馆 1998 年版。

［英］彼得·普雷斯顿：《发展理论导论》，李小云、齐顾波、徐秀丽译，社会科学文献出版社 2011 年版。

[英] 特里·伊格尔顿：《后现代主义的幻象》，华明译，商务印书馆2014年版。

[英] 奈杰尔·沃伯顿：《40堂哲学公开课》，肖聿译，新华出版社2012年版。

[英] 西莉亚·卢瑞：《消费文化》，张萍译，南京大学出版社2003年版。

[英] 特里伊格尔顿：《文化与上帝之死》，宋政超译，河南大学出版社2016年版。

[英] 伊曼纽尔·沃勒斯坦等：《资本主义还有未来吗?》，徐曦白译，社会科学文献出版社2014年版。

[英] 约翰·米可斯维特、阿德里安·伍尔德里奇：《第四次革命》，蒋林、沈莹译，《国外理论动态》2015年第4期。

《习近平谈治国理政》，外文出版社2014年版。

《总体安全观干部读本》编委会编著：《总体国家安全观干部读本》，人民出版社2016年版。

艾四林、王贵贤、马超：《民主、正义与全球化：哈贝马斯政治哲学研究》，北京大学出版社2010年版。

李廉水等编著：《应对气候变化研究进展报告》，气象出版社2012年版。

曹军骥等编著：《PM 2.5与环境》，科学出版社2014年版。

陈宝明：《气候外交》，立信会计出版社2011年版。

陈鼓应：《道家的人文精神》，中华书局2012年版。

陈鹤：《气候危机与中国应对：全球暖化背景下的中国气候软战略》，人民出版社2010年版。

崔彦红、高凌：《应对气候变化，保护人类健康——2008年世界卫生日主题》，《医学信息学杂志》2008年第29期。

丁立群：《发展：在哲学人类学的视野内》，黑龙江教育出版社1995年版。

丁仲礼等：《2050年大气CO_2浓度控制：各国排放权计算》，《中国科学》（D辑：地球科学）2009年第8期。

董勤：《安全利益对美国气候变化外交政策的影响分析——以对美国拒绝〈京都议定书〉的原因分析为视角》，《国外理论动态》2009年第10期。

冯俊、龚群主编：《东西方公民道德研究》，中国人民大学出版社2010年版。

傅聪：《欧盟气候变化治理模式研究：实践、转型与影响》，中国人民大学出版社2013年版。

甘绍平：《应用伦理学前沿问题研究》，江西人民出版社2002年版。

谷德近：《巴厘岛路线力：共同但有区别责任的演进》，《法学》2008年第2期。

郭锦鹏：《应对全球气候变化：共同但有区别的责任原则》，首都经济贸易大学出版社2014年版。

国家气候变化对策协调小组办公室、中国21世纪议程管理中心：《全球气候变化：人类面临的挑战》，商务印书馆2004年版。

何建坤：《全球应对气候变化与我国可持续发展》，载中国可持续发展研究会编《绿色发展：全球视野与中国抉择》，人民邮电出版社2014年版。

何一鸣：《国际气候谈判研究》，中国经济出版社2012年版。

洪大用等：《环境友好的社会基础：中国市民环境关心与行为的实证研究》，中国人民大学出版社2012年版。

胡鞍钢、管清友：《中国应对全球气候变化》，清华大学出版社2009年版。

胡鞍钢：《全球气候变化与中国绿色发展》，《中共中央党校学报》2010年第2期。

华启和：《气候博弈的伦理共识与中国选择》，社会科学文献出版社2014年版。

黄小喜：《国际碳交易法律问题研究》，知识产权出版社2012年版。

基础四国专家组：《公平获取可持续发展——关于应对气候变化

科学认知的报告》，知识产权出版社 2012 年版。

江晓原：《科学与政治："全球变暖"争议及其复杂性》，《科学与社会》2013 年第 2 期。

李传轩等：《气候变化与环境法：理论与实践》，法律出版社 2011 年版。

李春林：《气候变化与气候正义》，《福州大学学报》（哲学社会科学版）2010 年第 6 期。

厉以宁：《中国经济双重转型之路》，中国人民大学出版社 2013 年版。

刘福森：《西方文明的危机与发展伦理学——发展的合理性研究》，江西教育出版社 2005 年版。

刘国章：《差异、矛盾与和谐关系研究：从辩证系统思维的视角》，中央编译出版社 2015 年版。

刘远航编译：《汤因比历史哲学》，九州出版社 2010 年版。

卢风：《环境保护、非物质经济与价值观》，载曹孟勤、卢风主编《经济、环境与文化》，南京师范大学出版社 2012 年版。

卢风：《科技、自由与自然：科技伦理与环境伦理前沿问题研究》，中国环境科学出版社 2011 年版。

卢风：《人、环境与自然：环境哲学导论》，广东人民出版社 2011 年版。

卢愿清、史军：《低碳竞争力评价指标体系的构建》，《统计与决策》2013 年第 1 期。

吕忠梅：《环境法原理》，复旦大学出版社 2007 年版。

马建英：《从科学到政治：全球气候变化问题的政治化》，《国际论坛》2012 年第 6 期。

潘家华、陈迎：《碳预算方案：一个公平、可持续的国际气候制度框架》，《中国社会科学》2009 年第 5 期。

潘家华、庄贵阳、郑艳等：《低碳经济的概念辨识及核心要素分析》，《国际经济评论》2010 年第 4 期。

潘家华、庄贵阳、朱守先等：《低碳城市：经济学方法、应用与案例研究》，社会科学文献出版社 2012 年版。

余永定主编：《中国的可持续发展：挑战与未来》，生活·读书·新知三联书店 2011 年版。

钱宁：《"共同善"与分配正义论》，《学海》2006 年第 6 期。

强世功：《碳政治：大国格局下的战略抉择》，《中国经济》2009 年第 9 期。

秦鹏、杜辉：《环境义务规范论：消费视界中环境公民的义务建构》，重庆大学出版社 2013 年版。

沈斐：《中国经济学诠释——基于"资本内在否定性"的考察》，《马克思主义研究》2014 年第 3 期。

史军：《代际气候正义何以可能》，《哲学动态》2011 年第 7 期。

史军：《气候变化科学不确定性的伦理解析》，《科学对社会的影响》2010 年第 4 期。

史军：《气候变化冷思考》，《阅江学刊》2014 年第 3 期。

世界银行：《2010 年世界发展报告：发展与气候变化》，清华大学出版社 2010 年版。

苏向荣：《风险、信任与民主：全球气候治理的内在逻辑》，《江海学刊》2016 年第 6 期。

孙春晨：《消费主义的伦理审视》，载曹孟勤、卢风主编《资本、道德与环境》，南京师范大学出版社 2012 年版。

孙华玲：《气候难民的迁徙权研究》，博士学位论文，武汉大学，2013 年。

孙周兴：《未来哲学序曲：尼采与后形而上学》，上海人民出版社 2016 年版。

唐士其：《西方政治思想史》（修订版），北京大学出版社 2008 年版。

万俊人：《寻求普世伦理》，北京大学出版社 2009 年版。

王伟光、郑国光：《应对气候变化报告 2010：坎昆的挑战与中国的行动》，社会科学文献出版社 2010 年版。

王之佳编著：《中国环境外交》，中国环境科学出版社 1999 年版。

温家宝：《加强国际技术合作 积极应对气候变化》，《人民日报》2008年11月19日。

吴鹏：《以自然应对自然》，中国政法大学出版社2014年版。

谢地、谢斯儒：《中国梦的经济学解析》，《经济学家》2014年第1期。

辛格：《一个世界：全球化伦理》，东方出版社2005年版。

徐复观：《中国人性论史》，九州出版社2013年版。

徐嵩龄：《环境伦理学进展：评论与阐释》，社会科学文献出版社1999年版。

徐燕燕、薛丹丹：《各国为何紧盯中国碳排放峰值？》，《第一财经日报》2014年9月24日。

薛澜等：《应对气候变化的风险治理》，科学出版社2014年版。

郇庆治：《"碳政治"的生态帝国主义逻辑批判及其超越》，《中国社会科学》2016年第3期。

严双伍、肖兰兰：《中国与G77在国际气候谈判中的分歧》，《现代国际关系》2010年第4期。

杨洁勉主编：《世界气候外交和中国的应对》，时事出版社2009年版。

杨通进：《预防原则：制定转基因技术政策的伦理原则》，《南京林业大学学报》2008年第3期。

于宏源：《〈巴黎协定〉、新的全球气候治理与中国的战略选择》，《太平洋学报》2016年第11期。

俞可平：《权利政治与公益政治：当代西方政治哲学评析》，社会科学文献出版社2000年版。

张海滨：《气候变化对中国国家安全的影响——从总体国家安全观的视角》，《国际政治研究》2015年第8期。

张海滨：《气候变化正在塑造21世纪的国际政治》，《外交评论》2009年第12期。

张海滨：《应对气候变化：中国外交面临重大挑战》，《绿叶》2007年第8期。

张建云：《气候变化对水影响以及科学问题》，《中国水资源》2008年第2期。

张坤民：《低碳经济：可持续发展的挑战与机遇》，中国环境科学出版社2010年版。

张文伟：《美国"消费主义"兴起的背景分析》，《广西师范大学学报》（哲学社会科学版）2008年第1期。

张坤民、潘家华、崔大鹏主编：《低碳创新论》，人民邮电出版社2012年版。

张之沧：《新全球伦理观》，《吉林大学社会科学学报》2002年第4期。

赵汀阳：《每个人的政治》，社会科学文献出版社2014年版。

赵云芬、朱琳：《我国温室气体排放权分配之伦理原则》，《宁夏社会科学》2012年第5期。

中国环境与发展国际合作委员会编：《中国环境与发展国际合作委员会2011年度政策报告：中国经济发展方式的绿色转型》，中国环境科学出版社2012年版。

周晓农：《气候变化与人体健康》，《气候变化研究进展》2010年第4期。

朱晓勤、温浩鹏：《气候变化领域共同但有区别的责任原则——困境、挑战与发展》，《山东科技大学学报》（社会科学版）2010年第4期。

庄贵阳等：《中国城市低碳发展蓝图：集成、创新与应用》，社会科学文献出版社2015年版。

左高山：《政治暴力批判》，中国人民大学出版社2010年版。

Andrew Baldwin, "Carbon Nullius and Racial Rule: Race, Nature and the Cultural Politics of Forest Carbon in Canada", *Antipode*, Vol. 41, 2009.

Anil Agarwal and Sunita Narin, *Global Warming in an Unequal World: A Case of Environmental Colonialism*, New Delhi: Center for Science and Environment, 1991.

Avner de Shalit, *Why Posterity Matters: Environmental Policies and Future Generations*, London: Routledge, 1995.

Beinhocker, E., Oppenheim, J., Irons, B. et al., *The Carbon Productivity Challenge: Curbing Climate Change and Sustaining Economic Growth*, New York: McKinsey & Company, 2008, www. mckinsey. com/insights/energy_ resources_ materials/the_ carbon_ productivity_ challenge.

Benjamin K. Sovacool, *Energy & Ethics: Justice and the Global Energy Challenge*, London: Palgrave Macmillan, 2013.

Bill McKibben, "Don't Imagine the Future—It's Already Here", *Organization*, Vol. 20, No. 5, 2013.

Brian Norton, "Environmental Ethics and the Rights of Future Generations", *Environmental Ethics*, Vol. 4, Winter 1982.

Brian Norton, *Toward Unity among Environmentalists*, New York: Oxford University Press, 1991.

Broder, J. M., "In Obama's Team, 2 Camps on Climate", *The New York Times*, http: //www. nytimes. com/2009/01/03/washington/03enviro. html.

Brown, D., "A Comprehensive Ethical Analysis of the Copenhagen Accord", *Climate Ethics*, http: //www. rockblogs. psu. edu/climate/2010/01/a – comprehensive – ethical – analysis – of – the – copenhagen – accord. html.

Brown, D., "The World Waits in Vain for US Ethical Climate Change Leadership as the World Warms", *Climate Ethics*, http: //www. rockblogs. psu. edu/climate/2011/02/the – world – waits – in – vain – for – us – ethical – climate – change – leadership. html#more.

Brown, S., et al., "US Senate Letter to President Obama", *US Senators*, http: //www. graphics8. nytimes. com/images/blogs/greeninc/manuf. pdf.

Charles Taliafeno, "The Environmental Ethics of an Ideal Observe", *Environmental Ethics*, Vol. 10, No. 3, 1988.

Christian U. Becker, *Sustainability Ethics and Sustainability Research*, London and New York: Springer, 2012.

Committee on National Security Implications of Climate Change for Naval Forces, *National Security Implications of Climate Change for US Naval Forces*, Washington: The National Academic Press, 2011.

Cornelius Castoriadis, *Philosophy, Politics, Autonomy*, Oxford: Oxford University Press, 1991.

Dale Jamieson, "Ethics, Public Policy and Global Warming", in Stephen M. Gardiner ed., *Climate Change: Essential Readings*, Oxford and New York: Oxford University Press, 2010.

Dale Jamieson, "Adaption, Mitigation and Justice", in Walter Walter Sinnott – Armstrong & Richard B. Howarth eds., *Perspectives on Climate Change: Science, Economics, Politics, Ethics*, Elsevier, 2005.

David Harvey, *Seventeen Contradictions and the End of Capitalism*, Oxford: Oxford University Press, 2014.

Denis Goulet, *Development Ethics at Work: Explorations 1960 – 2002*, London and New York: Routledge, 2006.

Dominic Roser and Christian Seidel, *Climate Justice: An Introduction*, Translated by Ciaran Cronin, London and New York: Routledge, 2017.

Donald A. Brown, *American Heat: Ethical Problems with the United States' Response to Global Warming*, Lanham, ML: Rowman and Littlefield, 2002.

Eve Chiapello, "Capitalism and Its Criticism", in Paul du Gay and Glenn Morgan eds., *New Spirits of Capitalism: Crises, Justifications, and Dynamics*, Oxford: Oxford University Press, 2013.

Frans Berkhout:《低碳革命将改变人类的行为模式》,《社会科学报》2016年9月22日第1版。

Garrett Hardin, "The Tragedy of the Commons", *Science*, Vol. 162, 1968.

Glen P. Perters, Jan C. Minx and Ottmar Edenhofer, "Growth in Emission Transfers via International Trade from 1990 to 2008", *Proceedings of the National Academy of Sciences USA*, Vol. 108, No. 21, 2011.

Gordon Walker, *Environmental Justice: Concepts, Evidence, and Politics*, London: Routledge, 2012.

IPCC (Intergovernmental Panel on Climate Change), *Climate Change* 2007: *Mitigation of Climate Change*, Contribution of Working Group 3 to the Third Assessment Report of the Intergovernmental Panel on Climate Change, S. Solomon, D. Qin, M. Manning, Z. Chen, M. Marquis, K. B. Averyt, M. Tignor & H. L. Miller eds., Cambridge and New York: Cambridge University Press, 2007.

IPCC, *Climate Change* 2001: *Synthesis Report*, Contribution of Working Groups I, II, and III to the Third Assessment Report of the Intergovernmental Panel on Climate Change, Cambridge, UK: Cambridge University Press, 2001.

IPCC, "Summary for Policymakers", in *Climate Change* 2007: *Impacts, Adaptation and Vulnerability*, Contribution of Working Group II to the Fourth Assessment Report of the IPCC, Cambridge, UK: Cambridge University Press, 2007.

IPCC, *Impacts, Adaptation, and Vulnerability*, Contribution of Working Group III to the IPCC Fourth Assessment Report, Cambridge: Cambridge University Press, 2007.

J. Timmons Roberts & Bradley C. Parks, "A 'Shared Vision'? Why Inequality Should Worry Us", in Karen O'Brien et al. eds., *Climate Change, Ethics and Human Security*, Cambridge University Press, 2010.

James Fishkin, *The Dialogue of Justice: Toward a Self-Reflective Society*, New Haven: Yale University Press, 1992.

James Garvey, *The Ethics of Climate Change: Right and Wrong in a Warming World*, London: Continuum, 2008.

James Hansen, Larissa Nazarenko, Reto Ruedy et al., "Earth's Energy Imbalance: Confirmation and Implications", *Science*, Vol. 308, No.

5727, 2005.

Joel Feinberg, "The Rights of Animals and Unborn Generations", E. Partridge ed., *Responsibilities to Future Generations*, New York: Prometheus Books, 1981.

Joel Feinberg, *Harm to Others*, Oxford: Oxford University Press, 1984.

Joerg Tremmel, Katherine Robinson, *Climate Ethics: Environmental Justice and Climate Change*, London: I. B. Tauris & Co. Ltd, 2014.

John Kenneth Galbraith, *The Good Society: The Humane Agenda*, London: Sinclair – Stevenson, 1982.

John Vidal, "Warning: Extreme Weather Ahead", *The Guardian*, Monday13, June 2011.

Jon Barnett, "Climate Change, Insecurity, and Injustice", in W. Neil Adger et al. eds., *Fairness in Adaptation to Climate Change*, Cambridge: MIT Press, 2006.

Julie A. Nelson, "Ethics and the Economist: What Climate Change Demands of Us", *Ecological Economics*, Vol. 85, No. 1, January 2013.

Lin Boqiang and Sun Chuanwang, "Evaluating Carbon Dioxide Emissions in International Trade of China", *Energy Policy*, Vol. 38, No. 1, 2010.

Mark J. Lacy, *Security and Climate Change: International Relations and the Limits of Realism*, London & New York: Routledge, 2005.

Michael J. Sandel, "It's Immoral to Buy the Right to Pollute", in Robert N. Stavins ed., *Economics of the Environment: Selected Readings*, 4th ed., New York: W. W. Norton & Company, 2000.

Mihailo Markovic, *The Contemporary Marx*, Nottingham, England: Spokesman Books, 1974.

Naomi Klein, *This Changes Everything: Capitalism vs. the Climate*, New York: Simon & Schuster, 2014.

Nicholas Stern et al., *Stern Review: The Economics of Climate Change*,

London: HM Treasury, 2006.

Paul Baer and Ambuj Sagar, "Ethics, Rights and Responsibilities", in Stephen H. Schneider et al. eds. , *Climate Change Science and Policy*, St. Louis: Island Press, 2010.

Paul J. Crutzen, "Geology of Mankind: The Anthropocene", *Nature*, Vol. 415, No. 6867, 2002.

Philip Brickman and Donald Campbell, "Hedonic Relativism and Planning the Good Society," in M. H. Apley ed. , *Adaptation Level Theory: A Symposium*, New York: Academic Press, 1971.

Rockström, J. , Steffen, W. , Noone, K. et al. , "A Safe Operating Space for Humanity", *Nature*, Vol. 461, No. 7263, 2009.

Rolf Meissner, *The Little Book of Planet Earth*, New York: Springer, 2002.

Simon Caney, "Justice and the Distribution of Greenhouse Gas Emissions", *Journal of Global Ethics*, 2009, Vol. 5, No. 2, 2009.

Simon Caney, "Two Kinds of Climate Justice: Avoiding Harm and Sharing Burdens", *Philosophy, Politics & Society*, Vol. 22, No. 2, 2014.

Stephen M. Gardiner, "Ethics and Global Climate Change", *Ethics*, Vol. 114, April 2004.

Stephen M. Gardiner, *A Perfect Moral Storm: The Ethical Tragedy of Climate Change*, Oxford: Oxford University Press, 2011.

Young, Oran R. , *The Institutional Dimension of Environmental Change – Fit, Interplay and Scale*, Cambridge, MA: The MIT Press, 2002.

后　记

  本书从哲学层面解构了气候变化问题的根源，揭示资本主义与气候变化的内在关联，并提出了气候伦理的重构路径；厘清了中国对气候变化的三种判断，并使其上升到价值层面，有助于中国更好地为自身立场进行辩护；系统梳理了发达国家与发展中国家在气候价值立场上的四种分歧，既有利于我国在气候谈判中明辨"敌我"，也有助于各方摒弃狭隘的观念，推动全球气候伦理共识；提出了四条不同层次又相互补充的国际气候合作的伦理原则，以协调不同层面的利益，最终解决气候变化问题。

  本书旨在通过对气候公平、气候正义、气候权利、气候责任等基本气候伦理问题的研究，建构气候伦理学基本框架，拓展传统应用伦理学（尤其是环境伦理学）的研究范围，使伦理学研究更具现实指向。希望本书能够有助于我国在气候外交中了解各国政策立场背后的根本性价值分歧，有助于中国厘清自身在国际气候合作与全球气候治理中的立场与作用，构建中国的气候软实力，为中国在碳减排政治博弈中占领国际舆论道义制高点、争取必要的话语权、发挥中国在气候谈判中的作用提供决策依据和伦理支撑，从而也为广大发展中国家谋求生存和发展权提供实践指导。

  本书研究还存在以下不足，需要继续深入研究：

  首先，在中国的"政策选择"层面仅从价值立场维度分析了中国气候政策的伦理基础，提出了中国制定国际国内气候政策的指导性原则，但在具体操作层面的政策措施却显得欠缺。一方面是由于本书研究囿于伦理学的学科背景，更多地侧重于伦理层面的哲学分析，试图通过厘清根本性的价值问题，以为具体的政策实践提供理论指导；另一方面是由于操作层面的政策措施已经更多地由经济学、政治学和管理学等其他学科进行了更为充分的研究。当然，理论研究必须有助于更好地指导实践，因此，尚需深入结合气候谈判的进展与中国的经济社会发展，提出更具操作性的符合伦理原则与伦理精神的气候政策建议。

其次，在气候变化问题上，发达国家内部和发展中国家内部已经出现了一些分化，例如发达国家中有比较积极的北欧国家和比较消极的美国，在发展中国家也有比较积极的小岛国和比较消极的金砖国家。但本书研究仍然采用了传统气候政治中发达国家与发展中国家的二分法，这一方面是由于我国一贯坚持自己的发展中国家立场，在国际气候谈判中与发展中国家"并肩战斗"（如国际气候合作中的"基础四国"和"77国集团+中国"），努力维护广大发展中国家的利益；另一方面是由于发达国家与发展中国家集团内部的分歧属于表面的经济利益分歧，而发达国家与发展中国家之间的分歧则属于根本价值立场分歧。国际气候合作的根本矛盾仍然是发达国家与发展中国家之间的矛盾：发达国家不愿承担其历史责任，将减排压力转移给发展中国家，从而限制发展中国家的发展与崛起，这是一种新霸权主义。尽管如此，仍有必要进一步细分不同国家的气候政策，并分析其背后所隐含的价值分歧。

最后，本书提到借鉴中国的优秀传统文化，提升全球治理的价值理念，但未深入梳理中国传统文化中的"优秀气候治理基因"。同时，中国的发展经验与当前的全球治理理念如何具体引领国际气候合作，本书也未作深层研究。本书更清晰地定位了中国的国际气候合作立场，但下一步仍有必要继续在实践层面研究如何提升中国的"气候软实力"——如借鉴中国的传统文化、发展经验与治理理念。